KB139740

처음 만나는
HTML5 &
CSS3

ICHIBAN YOKU WAKARU HTML&CSS3 DESIGN KICHINTO NYUMON

Copyright ⓒ 2016 Sukeharu Kano
Korean translation copyright ⓒ 2017 J-PUB
Original Japanese language edition published by SB Creative Corp.

Korean translation rights arranged with SB Creative Corp., through Danny Hong Agency.

초판 1쇄 발행 2017년 12월 15일

지은이 카노 스케하루
옮긴이 김완섭
펴낸이 장성두
펴낸곳 제이펍

출판신고 2009년 11월 10일 제406-2009-000087호
주소 경기도 파주시 회동길 159 3층 3-B호
전화 070-8201-9010 / **팩스** 02-6280-0405
홈페이지 www.jpub.kr / **원고투고** jeipub@gmail.com
독자문의 readers.jpub@gmail.com / **교재문의** jeipubmarketer@gmail.com

편집부 이민숙, 황혜나, 이 슬, 이주원 / **소통·기획팀** 민지환
교정·교열 배규호 / **본문디자인** 북아이 / **표지디자인** 미디어픽스
용지 신승지류유통 / **인쇄** 에스에이치페이퍼 / **제본** 광우제책사

ISBN 979-11-88621-04-0 (93000)
값 25,000원

제이펍은 독자 여러분의 아이디어와 원고 투고를 기다리고 있습니다. 책으로 펴내고자 하는 아이디어나 원고가 있으신
분께서는 책의 간단한 개요와 차례, 구성과 저(역)자 약력 등을 메일로 보내주세요.   jeipub@gmail.com

처음 만나는

HTML5 & CSS3

카노 스케하루 지음 | 김완섭 옮김

Jpub
제이펍

차례

HTML5&CSS3

옮긴이 머리말 ix
머리말 xi
예제 데이터 사용법 xiii
베타리더 후기 xv

CHAPTER 1　웹사이트의 구조를 알자 … 1

SECTION 1　웹사이트가 표시되는 구조　　　　　　　　　2

SECTION 2　URL　　　　　　　　　　　　　　　　　　5

SECTION 3　웹사이트에 사용되는 파일 종류　　　　　　　9

SECTION 4　웹사이트의 파일 및 폴더 구조　　　　　　　16

SECTION 5　웹사이트 제작 환경을 준비하자　　　　　　22

CHAPTER 2　HTML 기초 지식과 마크업 실전 예제 … 29

SECTION 1　HTML이란?　　　　　　　　　　　　　　30

SECTION 2　HTML 형식　　　　　　　　　　　　　　33

SECTION 3　HTML 문서 구조　　　　　　　　　　　　37

SECTION 4　마크업의 구성 방식 연습하기　　　　　　　40

CHAPTER 3 CSS 기초 지식과 페이지 디자인 실전 예제 ... 55

SECTION 1 **CSS 기초 지식** 56

SECTION 2 **CSS 형식** 58

SECTION 3 페이지에 **CSS**를 적용하는 훈련 61

CHAPTER 4 텍스트 꾸미기 ... 73

SECTION 1 제목이나 본문의 폰트 크기 조정하기 74

SECTION 2 읽기 쉽게 행간 조절하기 82

SECTION 3 단락에서 리드 문장을 굵은 글씨로 설정 85

SECTION 4 폰트 설정하기 88

SECTION 5 텍스트의 정렬 방식 변경하기 96

SECTION 6 두 번째 행 이후를 한 글자 내린다 99

SECTION 7 텍스트 색 변경하기 102

SECTION 8 제목에 부제목 붙이기 111

CHAPTER 5 링크 설정과 이미지 표시 ... 115

SECTION 1 텍스트에 링크 추가하기 116

SECTION 2 텍스트 링크에 **CSS** 적용하기 129

SECTION 3 이미지 표시하기 139

SECTION 4 이미지 링크 걸기 145

SECTION 5 이미지 주변에 텍스트 배치하기 150

CHAPTER 6   박스와 정보 정리 … 155

SECTION 1   인라인 박스와 블록 박스   156
SECTION 2   항목 나열하기(리스트)의 마크업   159
SECTION 3   리스트를 정보 정리에 사용하자   162
SECTION 4   능숙한 <div> 사용법   173
SECTION 5   CSS의 박스 모델   178
SECTION 6   패딩, 보더 설정   183
SECTION 7   두 개 이상의 박스 나열하기   189
SECTION 8   박스의 디자인 조절하기   197

CHAPTER 7   테이블 … 209

SECTION 1   테이블 작성하기   210
SECTION 2   접근성을 고려한 테이블   220
SECTION 3   테이블의 디자인 변경   227

CHAPTER 8   폼 … 235

SECTION 1   폼 및 폼의 데이터 전송 구조   236
SECTION 2   다양한 폼 부품   239
SECTION 3   표준 폼의 예   263

CHAPTER 9 페이지 전체 레이아웃과 내비게이션 … 267

SECTION 1 실전 코딩을 위해 알아 두면 좋은 CSS 지식   268
SECTION 2 1단 칼럼형 레이아웃   275
SECTION 3 플렉스 박스를 사용한 칼럼 레이아웃   292
SECTION 4 내비게이션 메뉴 작성하기   304

CHAPTER 10 반응형 웹디자인 페이지 만들기 … 317

SECTION 1 반응협 웹디자인이란?   318
SECTION 2 반응형 웹디자인 사이트 만들기   323

찾아보기   363

옮긴이 머리말

HTML5&CSS3

HTML5와 CSS3는 불과 몇 년 전만 해도 배워 두면 좋은 신기술 중 하나였다. 하지만 지금은 선택이 아닌 필수 기술로 '배워 두면 좋은 기술'이 아닌 '반드시 알고 있어야 하는 기술'이 됐다. 모바일 우선(mobile first) 시대가 도래했기 때문이다.

이제 기업들은 PC 웹페이지와 모바일 웹페이지를 모두 만드는 것이 아니라 먼저 모바일 환경을 고려한 디자인(반응형 웹디자인)을 통해 모바일 중심의 웹사이트를 개발하고 있다. 그리고 이때 없어서는 안 되는 것이 바로 HTML5와 CSS3다.

이 책은 이론에 집중하기보다 저자의 실무 경험에서 나온 생생한 노하우를 전달하고 있다. 단순한 프로그래밍 지식뿐만 아니라 실무에서 사용되는 작업 순서나 생각 방식도 전수하는 것이 특징이다. 또한, 쉬운 코드와 그림을 이용해서 초보자도 쉽게 이해할 수 있도록 구성하였다.

개인적으로는 HTML과 CSS 자체를 소홀히 여기다가 고생한 경험이 많다. 요즘은 대부분의 자바스크립트 라이브러리나 프레임워크가 UI까지 제공하므로 사실 HTML/CSS를 대충 알아도 어느 정도 개발할 수 있다. 하지만 이런 프레임워크를 커스터마이징하면 문제가 생긴다. HTML 구조나 CSS 작성법을 잘 모르면 쉬운 변경도 한참 돌아가야 하는 것이다(나의 얘기다. 아주 간단한 기능 변경이지만 CSS를 잘 몰라서 한참 돌아간 경험이 있다). 따라서 이 책은 HTML/CSS에 소홀했던 중급 개발자에게도 빠른 시간 내에 기술을 보강할 수 있는 좋은 참고서가 되리라 생각한다.

웹 개발 시에 어려운 것 중 하나가 브라우저의 기능 지원 여부다. 어떤 브라우저는 지원하고 어떤 브라우저는 지원하지 않는 등의 지원 여부를 잘 파악해 두지 않으면 테스트 시에 많은 고생을 하게 된다. 이 책의 장점 중 하나는 각 기능에 대한 브라우저 지원 여부를 잘 정리했다는 것으로, 실무에 큰 도움이 되리라 믿는다.

싱가포르에서

옮긴이 **김완섭**

머리말

HTML5&CSS3

스마트폰용 웹사이트가 보급되기 시작한 후부터 HTML/CSS 작성법이 많이 달라졌다. 그렇다고 사용하는 태그(tag)나 CSS 기능이 크게 바뀐 것은 아니다. 스마트폰과 PC 양쪽에 적용하기 위한 코딩을 해야 하므로 지금과는 다른 방식으로 페이지를 구성할 필요가 생긴 것이다.

이 책은 반응형 웹디자인이 당연한 시대에 새로운 지침서로서 자리 잡을 수 있도록 집필됐다. '반응형이다' '스마트폰이다' 하는 것을 강조하지 않지만, 전면적으로 스마트폰 시대의 HTML/CSS 코딩에 역점을 두고 있다. 특히 HTML은 작성할 때의 '개념'에 중점을 두었고, CSS는 단순한 기능을 설명하는 것이 아니라 다양한 실전 기술을 다루었다.

1장에서는 웹사이트 구조와 URL의 특징 그리고 사용할 수 있는 파일 종류 및 특징 등 웹사이트 제작을 시작하기에 앞서 알아 두어야 할 기초 지식을 정리했다.

2장, 3장에서는 간단한 예를 통해 HTML/CSS 코딩 흐름을 배운다. 특히 언제 어떤 태그를 사용해서 페이지를 구성하면 좋은지를 개념 중심으로 설명했다.

4장부터 8장까지는 기능별로 HTML/CSS 코딩 예를 소개했다. '설명을 위한 예제'가 아닌 실전 기술을 도입해서 예제를 구성했으므로 학습은 물론 실무에도 적용할 수 있을 것이다.

9장은 레이아웃에 관해 다루었다. 전형적인 페이지 레이아웃과 내비게이션을, 현재 주류가 되는 플렉스 박스(flex box) 기술을 사용해 구현 방법을 상세하게 다루었다.

10장에서는 지금까지 소개한 기술을 조합해서 실제 웹사이트를 구축해 본다. 웹사이트의 HTML/CSS 작성 흐름과 사고방식에 따른 작업 순서를 소개했다. 아무리 복잡한 디자인이라도 사실은 '작은 기술들의 집합'으로 만들어져 있다는 것을 이해할 수 있도록 구성했다.

이 책은 태그 설명이나 CSS 설명뿐만 아니라 '이렇게 하면 페이지가 완성된다'와 같은 작업의 전체 흐름도 이해할 수 있도록 집필했다. 독자들도 이 책을 통해 자잘한 기술이 아닌 실무에 도움이 되는 능력을 키울 수 있었으면 하는 바람이다.

이 책의 집필을 위해 많은 분이 도움을 주셨다. 이 자리를 빌어서 깊은 감사를 드리는 바다. 특히 SB 크리에이티브 출판사와 토모야스 편집자 그리고 예제 코드 제작에 도움을 준 아내 사야카에게 감사한다.

지은이 **카노 스케하루**

예제 데이터 사용법

HTML5&CSS3

이 책을 읽기에 앞서 예제 데이터를 다운로드해 두자. 예제 데이터는 다음 URL을 통해 다운로드할 수 있다.

URL https://github.com/Jpub/HTML5andCSS3

다운로드한 파일은 PC의 바탕화면이나 '문서' 폴더 또는 자신이 원하는 곳에 압축을 풀어 저장한다.

예제 데이터에는 이 책에 등장하는 HTML 파일, CSS 파일, 이미지 파일 등이 다수 수록돼 있다. 어떤 파일을 열면 좋은지는 이 책의 HTML이나 CSS 코드 수록 부분에 명시하고 있다.

```html
<!-- ========== footer ========== -->
<footer>
    <div class="container footer-container">
        <ul class="footer-nav">
                <li><a href="course/index.html">코스 소개</a></li>
            <li><a href="qanda/index.html">자주하는 질문</a></li>
            <li><a href="contact/index.html">신청</a></li>
```

```css
<CSS>
/* ========== 푸터 ========== */
footer {
    ...
}
.footer-container {
    ...
}
```

그림 예제 데이터 저장 위치는 여기서 확인

예제 데이터 실행 환경

이 책에서 소개하는 예제는 IE11 이상, 엣지(Edge)13 이상, 크롬(Chrome), 파이어폭스 (Firefox), 사파리(Safari)에서 실행되도록 작성했다. 일부 예제는 안드로이드 6.0.x, iOS 9.x 및 10.x에서도 실행된다.

베타리더 후기

HTML5&CSS3

🐾 **공민서(엔트로피랩(주))**

HTML과 CSS를 약간은 알고 있다고 생각하고 가볍게 책을 펼쳤다가 자세히 들여다보고 코드도 쳐가며 실습해 보니 제대로 알지 못했던 저의 무지와 부족만 확실히 느꼈습니다. 필요할 때마다 인터넷 검색으로 때워서 속성값이 각각 무엇을 의미하는지 제대로 알지 못했는데, 이 책을 통해서 상세히 알 수 있었습니다. 그뿐만 아니라 이 책에는 독자들에게 도움이 될 만한 저자의 생생한 경험이 함께 녹아 있으므로 강력히 추천합니다. 특히, 웹페이지를 구성할 때 HTML이 탄탄히 받쳐 주고 CSS로 미려하게 표현하기 원한다면 이 책을 꼭 읽어 보기 바랍니다. 특히, 웹디자인 및 코딩을 시작하는 분들에게 추천해 드립니다.

🐾 **구민정(SK주식회사C&C)**

이 책은 웹 개발 또는 웹디자인에 입문하여 답답하고 궁금한 게 많은 분께 큰 도움이 될 것입니다. HTML5와 CSS3의 구조부터 세세한 기능들까지 친절하게 설명해 주고 있으며, 기능별로 목차가 나뉘어 있어서 나중에 참고용으로 사용해도 좋을 것 같습니다. 또한, 각 부분을 알아보기 쉽게 컬러로 편집하여 이미지 등을 많이 활용한 부분을 이해하는 데 많은 도움이 될 것 같습니다. 이 책을 통해 HTML5와 CSS3를 이해하고 자유자재로 쓸 수 있도록 연습한다면 상상 속에 그리던 완벽한 웹사이트가 완성될 것입니다.

🦋 김정헌(BTC)

이 책은 HTML, CSS와 관련된 모든 내용을 다루는 레퍼런스는 아니지만, HTML, CSS 기능 중에서도 실무에서 자주 사용하는 기술들을 자세하게 설명하고 있습니다. 눈높이는 철저하게 초보자를 향하면서도 실무에서 사용할 만한 노하우를 많이 담고 있는 것이 특징입니다. 최신 기술도 많이 다루는데, 특히 레이아웃에 강점을 보이는 플렉스(flex)는 저도 이 책을 통해 처음 알게 되었습니다. 이 책의 가장 큰 장점은 최신 트렌드와 노하우가 많다는 것입니다. 단, 초보자를 배려해서 그런지 용어를 지나치게 한글화한 것 같은 느낌은 받았습니다.

🦋 김진영(프리랜서)

백엔드 개발자로서 프런트에 깊은 조예는 없습니다. 하지만 업무를 수행하다 보면 기본적인 HTML과 CSS를 자주 다루게 되더군요. 최근에 자주 접하는 이슈는 모바일 웹과 관련한 반응형 디자인이었습니다. 그래서 이 책, 특히 9장과 10장 부분에 관심을 가지고 베타리딩을 진행하였습니다. 실무 경험이 반영된 해당 부분을 직접 타이핑하며 학습하신다면 이 책에 투자한 금액 이상의 결과를 얻으실 것으로 생각합니다. 후반부에 나오는 내용은 저와 같이 프런트에 깊이가 부족한 백엔드 개발자들에게도 유용한 내용이라고 생각합니다.

🦋 한홍근(서울옥션블루)

HTML, CSS의 구성 요소들을 빠르게 훑어볼 수 있었습니다. 자바스크립트를 다루고 있지는 않지만, 오히려 그 점 덕분에 웹프로그래밍을 처음 접하는 분들께 적합하다고 생각합니다. 간단한 페이지를 만들어 보면서 작은 성취감을 맛본 뒤에 자바스크립트를 추가로 배워서 적용한다면 더 쉽게 공부할 수 있을 듯합니다.

제이펍은 책에 대한 애정과 기술에 대한 열정이 뜨거운 베타리더들로 하여금
출간되는 모든 서적에 사전 검증을 시행하고 있습니다.

CHAPTER 1

HTML5&CSS3

웹사이트의
구조를 알자

HTML과 CSS는 비교적 배우기 쉬운 언어다. 간단한 기능 정도는 쉽게 이해할 수 있어서 웹페이지를 만드는 것이 어렵지 않다는 것을 알 수 있다. 하지만 복잡한 레이아웃을 가진 페이지를 만들거나 규모가 큰 사이트를 관리하게 되면 난이도가 아주 어려워지는 것도 사실이다. 이 장에서는 웹사이트를 구축하기 위해 필요한 기초 지식과 HTML/CSS를 작성하기 전에 알아 두어야 할 핵심 사항을 정리한다.

한 단계 높은 완성도를 목표로 하기 위해 알아 두어야 할 것

웹사이트가 표시되는 구조

모든 웹페이지는 웹브라우저가 인터넷상에 있는 웹서버로부터 데이터를 다운로드해서 표시하는 것이다. 웹디자인을 하기 위해 네트워크 구조나 웹서버에 대해 자세히 알 필요는 없지만, 사이트의 완성도를 높이기 위해 알아 두어야 할 몇 가지 중요한 사항들이 있다.

웹페이지의 데이터는 웹서버에서 다운로드한다

'웹페이지'는 HTML이나 CSS, 자바스크립트, 이미지 파일 등 다양한 '데이터'로 구성돼 있다. 웹브라우저(이하 브라우저)는 사용자가 보고 싶어하는 웹페이지의 각종 데이터를 '웹서버'로부터 다운로드하고 그 내용을 해석해서 화면에 표시하거나 음성으로 읽는다[1].

브라우저가 페이지를 표시하기 위해(또는 읽기 위해) 웹서버에 해당 데이터를 요구하는 것을 '요청(request)'이라고 한다. 또한, 요청를 받은 웹서버가 해당 데이터를 반환하는 것(브라우저로 데이터를 보내는 것)을 '응답(response)'이라고 한다. '브라우저가 요청한다' '웹서버는 요청을 받은 파일을 응답한다'는 처리를 통해 웹페이지가 처음으로 브라우저에 표시되는 것이다.

---

[1] 데이터를 다운로드하고 해석하고 표시하는 등의 처리를 브라우저가 '사용자를 대신해서' 해주기 때문에 브라우저를 '사용자 에이전트'라고 부르는 경우도 있다. 에이전트(agent)는 영어로 '대리인'이라는 뜻으로 '사용자를 대신해서 처리를 하는 사람(물건)'을 말한다.

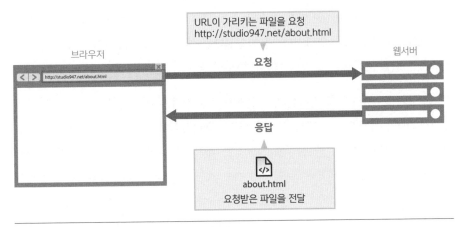

그림 1-1 브라우저가 요청해서 웹서버가 응답한다

그런데 브라우저가 요청한 데이터를 웹서버가 가지고 있지 않다면 어떻게 될까?

이럴 때를 위해서 **웹서버는 요청받은 데이터뿐만 아니라 요청한 처리가 잘 됐는지 알리는 결과도 함께 반환한다.** 이때 반환하는 결과에는 몇 가지 종류가 있으며, 각각 번호가 붙어 있다. 이 번호를 '응답 코드'라고 한다(https://goo.gl/T5VuxG 참고).

주요 응답 코드에는 다음과 같은 것이 있다.

표 1-1 주요 응답 코드

응답 결과 메시지	설명
200 OK	요청이 성공해서 URL이 가리키고 있는 데이터가 제대로 반환됐다
301 Moved Permanently	사이트의 URL이 이사 등의 이유로 영구적으로 변경됐다. 새로운 URL로 리다이렉트(전송)됐다
302 Found	URL이 일시적으로 변경됐고, 대체 URL로 리다이렉트됐다
403 Forbidden	패스워드 등이 걸려 있어서 접근할 수 있는 권한이 없다. URL이 가리키고 있는 파일에 접근할 수 없다
404 Not Found	URL이 가리키고 있는 파일이 없다
500 Internal Server Error	프로그램 오류 등으로 서버에서 오류가 발생했다. URL이 가리키고 있는 파일에 접근할 수 없다
503 Service Unavailable	사이트의 변경 작업 등으로 URL이 가리키고 있는 파일을 일시적으로 사용할 수 없다

이 코드들 중에 제대로 데이터가 전송된 것을 의미하는 '200'이 반환된다면 아무런 문제가 없다. 하지만 다른 응답 코드가 반환된다면 웹서버가 요청된 데이터를 전송하지 못했다는 것을 뜻하므로 필요한 대처를 해야 한다.

'필요한 대처'는 웹서버 쪽에서 한다. 기본적으로는 웹서버 관리자가 설정 파일 등을 편집해서 200번 이외의 응답 코드에 대처하지만, 웹디자이너도 한 가지 중요한 임무가 있다. '404'가 발생했을 때, 즉 사용자가 요청한 페이지가 존재하지 않는 경우에 표시할 웹페이지(404 페이지라고도 한다)를 만들어 두는 것이다. 링크 위치가 틀리거나 사용자가 URL을 잘못 입력하는 경우가 자주 발생하므로 생각보다 404 페이지가 표시되는 경우가 많다[2].

404 페이지가 존재하지 않는 사이트

404 페이지가 존재하는 사이트

그림 1.2 **요청한 페이지가 존재하지 않는 경우의 화면 표시 예**

---

2   404 페이지도 다른 웹페이지와 마찬가지로 웹서버에 업로드해 두어야 한다. 보통은 루트 폴더(웹서버의 최상위 폴더)에 '404.html'이라는 HTML 파일을 업로드하지만, 웹서버 측 설정에 따라 달라질 수도 있다.

URL은 한 번 정한 후에는 변경하지 않는 것이 철칙

URL

브라우저로 웹서버에 데이터를 요청할 때에 '어디에 있는' '어떤 데이터'인지를 명확히 지정할 필요가 있다. 원하는 데이터를 확실히 요청하기 위해서 사용하는 것이 'URL'이다.

URL이란?

URL[3]은 다음과 같은 형태로 구성된다. 브라우저의 주소창에 표시되며, 사용자가 직접 입력하기도 한다.

▶ URL 예

```
http://jpub.tistory.com/
```

URL은 특정 파일을 가리키는 '주소 및 이름'이라고 보면 된다. 인터넷상에 공개돼 있는 모든 파일, 데이터에는 고유 URL이 할당돼 있다. URL은 세상에 하나만 존재하며, 동일 URL이 두 개 이상의 데이터를 가리킬 수는 없다. 이런 이유로 브라우저가 원하는 데이터의 주소를 명확히 요청할 수 있는 것이다.

URL은 다음과 같이 몇 개의 부분으로 나눌 수 있다.

| 스킴 | 도메인명 | 경로 |

그림 1-3 **URL은 몇 개의 파트로 구성된다**

---

3   URL은 'Uniform Resource Locator'의 약자다.

✈️ 스킴

URL은 '스킴(scheme)'으로 시작된다.

인터넷에서는 웹페이지에 사용되는 HTML이나 이미지뿐만 아니라 메일 등 다양한 종류의 데이터를 주고받는다. 스킴이란 '이 URL이 가리키는 데이터가 웹페이지용인지 메일용인지 아니면 다른 용도인지'를 나타내는 것이다. 스킴에는 몇 가지 종류가 있지만, 웹페이지에서 사용되는 것은 'http' 또는 'https'다.

https는 해당 웹페이지를 요청할 때와 응답이 돌아올 때 모두 전송 중인 데이터가 암호화되고 있다는 것을 나타낸다. 데이터가 암호화되면 인터넷상의 제3자가 혹 데이터를 가로채더라도 그 내용을 확인할 수 없다. https는 이전까지만 해도 주로 신용카드 번호나 로그인 암호 등 노출되면 위험한 데이터를 전송할 때 사용됐다. 하지만 최근에는 보안에 대한 의식이 높아지면서 사이트 전체적으로 암호화를 하는 경우가 많아졌다. 참고로 스킴이 http인 경우는 전송되는 데이터(브라우저와 웹서버가 주고 받는 데이터)가 암호화되지 않는다.

> 📖 **N o t e** 'file:///' 스킴
>
> 웹페이지의 요청, 응답에 사용되는 스킴은 기본적으로 http와 https 두 종류뿐이지만, 브라우저에서 로컬 파일[4]을 열 때는 'file:///'이라는 특수한 스킴이 사용된다.

✈️ 도메인명

스킴 다음에 오는 'jpub.kr'이나 'example.com'처럼 슬래시(/) 바로 뒤에 오는 부분을 '도메인명'이라고 한다[5]. 도메인명은 조직(기업 등)이나 개인이 도메인 등록 관리 단체에 등록비를 내고 사는 것이다. 동일한 도메인명을 가진 웹사이트는 전 세계에 하나밖에 없다. 이전에는 도메인명에 영어나 일부 기호만 사용할 수 있었지만, 현재는 한자나 한글 등도 사용할 수 있다.

---

4   현재 브라우저가 실행되는 컴퓨터에 저장돼 있는 파일을 가리킨다.
5   도메인명은 '호스트명'이라고 불리기도 한다.

참고로 도메인명 앞에 'www' 등이 붙는 URL도 있다. 이 도메인명 앞에 붙는 문자를 '서브 도메인'이라고 한다. 도메인명이 같더라도 서브 도메인이 다르면 별도의 웹사이트로 취급된다. 다음 그림의 URL 세 개는 서브 도메인이 다르므로 각각 별도의 웹사이트로 존재한다.

```
http://jpub.kr
http://www.jpub.kr
                                            ─── 서브 도메인
http://isbn.jpub.kr
```

그림 1-4 서브 도메인이 있는 URL 예

경로

도메인명 뒤의 슬래시(/) 이후는 '경로(Path)'라고 한다. 이 경로 부분은 웹사이트의 폴더 또는 파일의 계층 구조를 나타낸다. 경로에 대한 자세한 내용은 '텍스트에 링크 추가하기'(p.116~128)를 참고하자.

약간 복잡한 URL 예

URL 중에는 마지막 '/'이나 파일명 뒤에 '?'나 '&', '='가 붙는 것이 있다.

▶ '?'나 '&' 등이 포함된 URL 예

```
http://example.com/products/camera.html?search=true&lang=ko
```

이 URL은 브라우저가 일반 URL(http://example.com/products/camera.html 부분)에 어떤 정보를 추가해서 웹서버에 요청하고 있음을 뜻한다.

'?' 이후는 웹서버에 전송되는 추가 정보로 '요청 파라미터'라고 한다. 요청 파라미터는 예를 들어 페이지 내에 검색 기능이 있어서 사용자가 입력한 검색 문자열을 웹서버에 전송할 때에 사용된다.

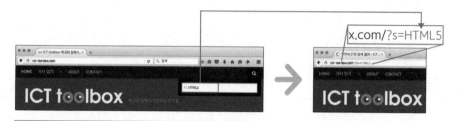

그림 1-5 **URL**의 '?' 부분 사용 예. 사이트 내 검색 기능이 있어서 검색 문자열을 웹서버에 전달할 때 사용한다

CHAPTER 1

SECTION 3

HTML5&CSS3

웹페이지는 다양한 파일로 구성돼 있다

웹사이트에 사용되는 파일 종류

하나의 HTML 파일이 있으면 하나의 웹페이지가 만들어진다. 하지만 보통은 HTML만 준비하는 것이 아니라 CSS 파일로 레이아웃을 조절하거나 이미지를 표시하기도 한다. 여기서는 웹사이트에서 사용할 수 있는 파일의 종류와 효과적인 사용법을 알아본다.

HTML 파일

웹페이지를 만들 때 가장 중요한 것이 이 HTML 파일이다. 페이지에 게재하는 텍스트나 이미지 정보에 태그를 붙여서 구조화한 것(사람이 읽을 수 있고 컴퓨터가 처리할 수 있는 형태)이 HTML이다. HTML 파일의 확장자는 '.html' 또는 'htm'이다.

CSS 파일

HTML 파일에는 웹페이지에 표시할 텍스트나 이미지 등의 콘텐츠 정보를 지정할 수 있다. 하지만 '어떤 식으로 표시할지' 같은 레이아웃을 지시하는 정보는 HTML이 가지고 있지 않다.

CSS는 HTML에 레이아웃 기능을 제공하는 것으로 HTML과는 다른 별도의 언어다. 보통 웹페이지는 HTML 파일과 CSS 파일을 조합해서 만든다. CSS 파일의 확장자는 '.css'다.

자바스크립트 파일

HTML 파일과 CSS 파일, 이미지 파일로 만들어진 웹페이지는 한 번 브라우저에 표시한 후 다음 페이지가 표시되기 전까지는 콘텐츠 내용이나 레이아웃 등이 전혀 변하지 않는다. 하지만 자바스크립트(JavaScript)라는 프로그래밍 언어를 사용하면 한 번 표시한 웹페이지라도 다양하게 변형시킬 수 있다. 자바스크립트 파일의 확장자는 'js'다.

인터넷에서 사이트들을 돌아다니다 보면 일정 간격으로 사진이 자동으로 바뀌는 '슬라이드쇼'를 본 적이 있을 것이다. 또한, 트위터나 페이스북 등의 SNS 사이트에서는 아래쪽으로 스크롤하면 새로운 그림들이 계속 표시되어 마치 끝이 없는 페이지처럼 보이는 경우도 있다. 이렇게 처음에 표시한 상태가 점점 변하는 페이지는 자바스크립트를 사용해서 만들어진 것이라 보면 된다. 자바스크립트로 웹페이지에 동작을 부여하려면 HTML이나 CSS를 작성하는 것과는 전혀 다른 프로그래밍 기술이 필요하다.

이미지 파일

브라우저가 표시할 수 있는 이미지 파일의 형식은 정해져 있다. JPEG 형식, PNG 형식, GIF 형식, 그리고 약간 특수한 SVG 형식, 네 종류다. 이 파일 형식들에는 각각 장단점이 있어서 이미지 내용에 맞게 형식을 선별해야 한다.

✈️ 사진 또는 그러데이션이 있는 그림은 JPEG

이미지가 사진이거나 그러데이션을 많이 사용한(사용하고 있는 색이 많은) 그림인 경우는 JPEG 형식의 이미지를 사용하는 것이 좋다. JPEG 파일의 확장자는 '.jpg' 또는 '.jpeg'다.

JPEG 형식은 트루컬러(약 1,670만 색)를 표현할 수 있는 것이 특징으로 색을 많이 사용하는 사진 등에 적합하다. 또한, 색의 수를 유지한 채 압축률을 변경할 수 있어서 파일 크기를 작게 만들 수도 있다(단, 압축률을 높이면 화질이 떨어진다).

그림 1-6 사진처럼 색상 수가 많은 이미지는 **JPEG** 형식이 최적

✈️ 그래프나 도표, 색이 적은 그림은 PNG

그래프나 도표, 한 가지 색이 많은 면적을 차지하는 그림, 그래픽에 문자가 포함된 경우 등 윤곽이 뚜렷하고 색상 수가 적은 이미지에는 PNG 형식을 사용한다. PNG 형식은 색 수를 256색으로 제한할 수 있고, 트루컬러로도 표현할 수 있는 형식이지만, 윤곽이 뚜렷한 이미지인 경우는 색 수를 제한한 PNG 파일을 사용한다. 포토샵 등의 이미지 편집 소프트웨어에서는 색 수를 256색으로 제한한 PNG 형식을 'PNG-8'이라고 한다. PNG 형식 파일의 확장자는 '.png'다.

기업 로고

UI 부품

그림 1-7 로고나 **UI** 부품(사용자 인터페이스) 등 색 수가 적은 그래픽에는 **PNG**가 최적

🖐️ 이미지에 마스크를 하는 경우도 PNG

이미지에 마스크(mask)를 하고 싶은 경우에는 트루컬러의 PNG 형식을 사용한다. 마스크란 이미지의 일부를 추출해서 투명하게 만드는 기능이다. 깨끗한 마스크를 만들 수 있는 것은 트루컬러의 PNG 형식밖에 없다.

참고로 포토샵 등의 이미지 편집 소프트웨어에서는 트루컬러이면서 마스크 기능이 있는 PNG 형식을 'PNG-24'라고 한다. 파일 확장자는 PNG-8과 마찬가지로 '.png'를 사용한다.

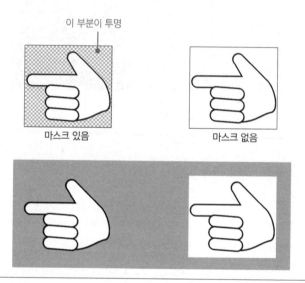

이 부분이 투명

마스크 있음

마스크 없음

그림 1-8 마스크가 있는 이미지와 없는 이미지

🖐️ 애니메이션이 필요한 경우는 GIF

만화처럼 여러 장의 이미지를 조합해서 움직이는 그림(애니메이션)을 만들고 싶을 때는 GIF 형식의 파일을 사용한다. 애니메이션 기능은 페이지를 불러올 때 표시되는 '로딩 사인(loading sign)'[6]이나 짧은 동영상을 작성할 때 자주 사용된다.

---

6   로딩 애니메이션, 프리 로더 또는 로딩 아이콘이라고 한다.

GIF 형식은 색 수가 256색으로 제한돼 있는 파일 형식으로 확장자는 '.gif'다. GIF 형식으로 정지 이미지(움직이지 않는 이미지)를 만들 수도 있지만, 이때는 PNG-8을 사용하는 것이 성능 면이나 파일 크기 면에서 유리하다. 따라서 GIF 형식은 애니메이션 이미지를 만들 때 사용한다고 보면 된다.

그림 1-9 페이지를 불러오고 있음을 나타내는 회전하는 로딩 사인은 **GIF** 애니메이션으로 만드는 것이 일반적이다

✈️ 자바스크립트로 조작할 수 있는 특수한 그래픽

JPEG, PNG, GIF는 모두 '비트맵(bitmap)'이라 불리는 이미지 형식으로, 기본적으로는 이미지를 이루는 개별 화소들이 색 정보를 가지고 있다. 반면에 선이나 색 정보를 수식 형식으로 표현하는 '벡터(vector)'라는 형식의 이미지도 있다. 벡터 형식은 확대·축소해도 화질이 변하지 않는 반면, 비트맵에 비해 그리는 속도가 느린 것이 단점이다. 웹사이트에서 사용할 수 있는 이미지 중에서 SVG가 유일한 벡터 형식의 이미지다.

그림 1-10 벡터 형식은 확대해도 화질이 바뀌지 않는다

SVG 형식은 이미지 파일이지만, 데이터 내부는 'SVG'라는 HTML과 닮은 언어로 작성돼 있다. 그러므로 SVG 파일은 텍스트 편집기로 편집할 수 있음은 물론,[7] 자바스크립트를 사용하면 실시간으로 이미지를 편집할 수 있는 것도 큰 특징이다.

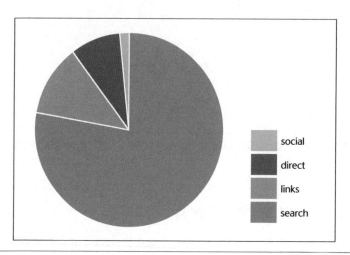

그림 1-11 **SVG 형식의 이미지를 사용한 예**

📖 **Note** **파일 형식에 집착할 필요는 없다**

현재는 이미지 처리 소프트웨어나 브라우저의 표시 성능이 향상되어 파일 형식의 차이에 따른 화질 차이는 크게 느끼지 못한다. 파일 형식 선택 때문에 신경질적으로 반응하지는 말자.

기타 자주 사용되는 파일

비교적 새로운 브라우저에서는 이미지 파일 이외에도 동영상 파일이나 음성 파일을 페이지에 삽입할 수도 있다(파일 포맷에 따라 다르지만 일반적으로 HTML5 지원 브라우저라면 이 기능을 사용할 수 있다).

---

7   하지만 복잡한 그래픽은 일러스트레이터(Illustrator) 등의 전용 소프트웨어로 작성하는 것이 일반적이다.

📹 동영상 파일

HTML5에서 추가된 새로운 기능으로 최신 브라우저에서는 동영상 파일을 페이지 내에 삽입할 수 있다. 얼마 전까지만 해도 브라우저에 따라 재생할 수 있는 동영상 형식이 달라서 동일한 동영상을 다른 형식의 파일로 여러 개 준비했어야 했다. 현재는 MP4 형식의 동영상 파일만 있으면 주요 브라우저에서 모두 재생할 수 있다. MP4 형식의 파일 확장자는 '.mp4'다.

🔊 음성 파일

HTML5에서는 동영상뿐만 아니라 음성 파일도 재생할 수 있다. 주요 브라우저에서는 음성 데이터만 저장하고 있는 MP4 형식이나 MP3 형식의 파일을 재생할 수 있다. MP3 파일의 확장자는 '.mp3'다.

쉬운 **URL** 구조와 편리한 데이터 관리를 고려한 데이터 정리

웹사이트의 파일 및 폴더 구조

웹사이트에는 수많은 파일이 사용되므로 효율적으로 정리해 두는 것이 중요하다.

웹사이트의 파일 및 폴더 구조

웹사이트에서 사용되는 파일을 정리할 때는 '해당 폴더 구조가 그대로 URL이 된다'는 것을 항상 염두에 두어야 한다. 원칙적으로는 다음 세 가지에 주의해서 폴더 구조를 만들어야 한다[8].

- **URL은 가능한 한 짧게 만든다.**
- **URL만 보고서도 해당 페이지의 내용을 추측할 수 있는 폴더명, 파일명을 붙인다.**
- **폴더의 계층은 가능한 한 얕게 구성한다('/'가 많이 생기지 않게 한다). '폴더 안에 폴더 가 있는' 구조는 가능하면 피한다.**

실전 예 1: HTML 파일을 가능한 한 루트에 둔다

실무에서는 크게 두 가지의 파일, 폴더 구조를 사용한다. 그중 하나가 HTML 파일을 가능한 한 '루트' 폴더에 두는 방법이다. 루트 폴더란 최상위에 있는 폴더로, 예를 들면 다음과 같이 폴더가 구성된다.

---

8 웹서버에서는 '폴더'를 '디렉터리(directory)'라고 부르는 것이 일반적이다. 단, 여기서는 이해하기 쉽도록 디렉터리가 아닌 폴더라고 부르겠다.

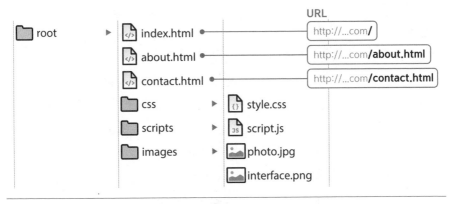

그림 1-12 **HTML 파일을 루트에 두는 폴더 구조와 URL**

이 방법으로 파일을 정리하면 폴더를 거의 사용하지 않는다. 전체적인 계층 구조의 깊이가 얕아지며, URL도 짧아진다. 어떤 파일이 있는지 금방 파악할 수 있으며, 페이지수가 적은 웹사이트라면 관리도 매우 쉽다.

단, 폴더를 거의 사용하지 않으므로 페이지 수가 늘어나면 대량의 HTML 파일이 루트폴더에 저장되면서 관리가 힘들어진다는 단점이 있다. 그러므로 이 폴더 규모는 중소규모(페이지 수가 많아도 수십 페이지 내외 정도)의 웹사이트에 적합하다.

➤ 실전 예 2: 페이지 하나당 폴더 하나 만들기

실무에서 사용하는 두 번째 파일 및 폴더 구성은 웹사이트의 메인 페이지(시작 페이지)를 제외한 모든 페이지를 별도의 폴더에 저장하는 방법이다. 또한, 각각의 폴더에는 images 폴더를 만들어 페이지에 포함되는 이미지는 이 images 폴더에 저장해 둔다[9].

---

9 사용할 이미지가 적은 경우는 루트에 'images' 폴더만 만들어서 사용하기도 한다.

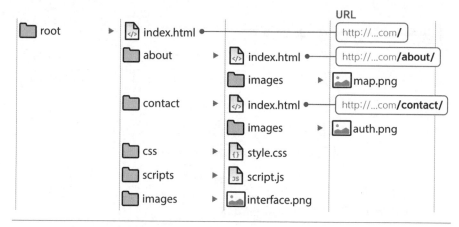

그림 1-13 페이지 하나당 폴더 하나를 만드는 구조와 URL

전체적으로 폴더가 많아져서 파일을 찾기가 어려워진다는 단점이 있다. 하지만 index. html이라는 파일명을 URL에 생략할 수 있어서[10] 첫 번째 방법보다 URL이 짧아질 수도 있다. 이 폴더 구조는 처리하는 파일 수가 많은 대기업의 웹사이트나 취급하는 상품이 많은 전자상거래 사이트 등에 적합하다. 최근에는 'index.html'을 생략한 URL이 요구되고 있어서 소규모 사이트에서도 이 방식으로 폴더를 작성하는 경우가 늘고 있다.

> 📖 **N o t e**　정적 페이지와 동적 페이지
>
> 웹페이지에는 미리 작성해 둔 HTML 파일을 표시하는 '정적 페이지'와 브라우저의 요청을 받아 웹서버에 설치된 프로그램을 실행, HTML을 생성하는 '동적 페이지'가 있다. 동적으로 페이지를 생성하는 대표적인 예가 CMS[11]다.

10 　'특수한 파일명 index.html'(p.123)

11 　콘텐츠 관리 시스템(Contents Management System)이라고도 불린다. 대량의 페이지를 수동이 아닌 자동으로 생성하는 것을 목적으로 하는 프로그램으로 워드프레스(WordPress)나 드루팔(Drupal) 등이 유명하다.

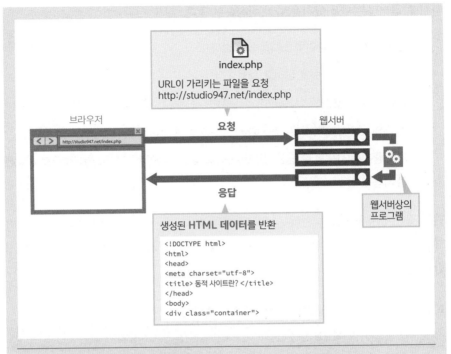

브라우저

요청

웹서버

index.php

URL이 가리키는 파일을 요청
http://studio947.net/index.php

http://studio947.net/index.php

응답

웹서버상의
프로그램

생성된 HTML 데이터를 반환

```
<!DOCTYPE html>
<html>
<head>
<meta charset="utf-8">
<title>동적 사이트란?</title>
</head>
<body>
<div class="container">
```

그림 1-14 **동적 페이지의 요청, 응답 흐름**

정적인 웹사이트를 만드는 경우에는 HTML을 포함한 모든 파일 및 폴더 구조를 그대로 웹서버에 업로드해서 공개한다. 그러므로 작업용 PC에서 개발을 시작하기 전에 최종적인 파일 및 폴더 구조를 고민해서 결정할 필요가 있다.

반면, CMS를 사용한 동적 사이트를 만들 때는 디자이너가 생성할 페이지의 모형이 되는 '템플릿(template)'을 작성한다. 사용할 CMS에 따라서 템플릿 보관 위치가 정해져 있으므로 작성한 파일을 최종적으로 업로드할 위치는 작업 중인 파일 및 폴더 구조와 달라질 수도 있다.

파일명, 폴더명은 URL의 외형을 생각해서 결정한다

HTML 파일의 파일명이나 폴더명은 그 이름이 그대로 URL로 브라우저 주소창에 표시된다. 이것을 고려해서 파일명이나 폴더명만으로도 처리 내용을 유추할 수 있도록 이름을 붙이는 것이 좋다.

파일명, 폴더명은 다음 규칙을 따라 작성하면 좋다.

- 영어, 숫자, 또는 영어와 숫자를 조합한다.

- 영어는 가능한 한 쉬운 단어를 사용한다.

- 영어의 경우 소문자만 사용한다. 대문자는 사용하지 않는다.

- 두 개의 단어를 함께 사용해야 하는 경우에는 두 단어를 하이픈(-)으로 연결한다.

- 기호 중에는 사용할 수 없는 것(스페이스, &, :, ?, = 등)이 있으므로 원칙적으로 하이픈만 사용한다.

만약 같은 종류의 파일이 여러 개 있다면(예를 들어, 뉴스 기사에 1페이지와 2페이지가 있는 경우나 슬라이드쇼에 여러 장의 사진을 사용하는 경우 등) 파일명 뒤에 번호 또는 날짜와 시간을 붙이는 것도 좋다.

표 1-2 사용할 수 있는 파일명과 사용할 수 없는 파일명

	파일명	설명
○	contact.html	영어만 사용한 파일명
○	img001.jpg	영어와 숫자를 사용한 파일명
○	work02.html	영어와 숫자를 사용한 파일명
○	news-2020724.html	영어, 숫자, 하이픈, 날짜를 조합한 파일명
△	share_contents.html	언더바(밑줄)보다 하이픈을 사용하는 것이 좋다
×	쇼핑.html	한글을 사용하지 않는다
×	PressRelease.html	대문자를 사용하지 않는다
×	watch and clock.html	파일명에 스페이스(공백)을 사용할 수 없다
×	coding/design.html	파일명에 슬래시(/)를 사용할 수 없다

CSS 파일이나 자바스크립트 파일 등 HTML 파일, 이미지 파일 이외의 파일이나 폴더는 깊게 생각할 필요 없이 다음과 같이 정하면 된다.

- 이미지 파일을 저장하는 폴더명은 'images' 또는 'img'로 한다.

- CSS 파일을 저장하는 폴더명은 'css'로 하며, 파일명은 'style.css' 'main.css' 등으로 한다.

- 자바스크립트 파일을 저장하는 폴더명은 'script' 또는 'scripts'로 하고, 파일명은 'script.js' 등으로 한다.

📖 Note 언더바(_)가 아닌 하이픈(-)을 사용하는 이유

언더바와 하이픈 모두 파일명에 사용할 수 있지만, 이 책에서는 '-'을 권장한다.

컴퓨터는 단어를 나눌 때 기본적으로 '-'을 사용한다. '_'는 인식되지 않는다. 따라서 컴퓨터 동작에 맞추어 단어를 나눌 때는 '-'을 사용하자. 참고로 구글은 검색 시에 '_'를 사용하느냐 '-'을 사용하느냐에 따라 검색 결과가 크게 달라진다. 원칙적으로 '-'을 사용할 것을 권장한다. 다음 동영상을 참고하자.

https://www.youtube.com/watch?v=AQcSFsQyct8(영어)

전용 도구를 사용하면 효율 상승

웹사이트 제작 환경을 준비하자

웹페이지 제작을 위해서는 브라우저, 텍스트 편집기, FTP 클라이언트가 필요하다.

브라우저

브라우저에는 윈도우(Windows)의 엣지(Edge) 또는 인터넷 익스플로러(IE, Internet Explorer)가 있고, 맥(Mac)의 경우에는 사파리(Safari)가 있다. 그 외에 OS에 상관없이 사용할 수 있는 크롬(Chrome), 파이어폭스(Firefox) 등이 있다. 웹사이트를 만들려면 이 네 가지 브라우저(엣지, IE, 크롬, 파이어폭스) 중 하나를 메인으로 사용하면 된다. 단, 본격적으로 웹을 개발하려면 실행 확인을 위해 모든 브라우저를 설치해 두는 것이 일반적이다.

또한, 스마트폰용 웹사이트를 만드는 경우에는 안드로이드(Android)나 아이폰(iPhone) 등의 실제 기계를 준비하는 것이 좋다. 스마트폰용 웹사이트의 기본적인 표시나 동작 확인은 PC용 브라우저로도 할 수 있지만, 최종적인 확인은 실제 스마트폰을 사용하는 것이 확실하다.

표 1-3 **주요 브라우저**

	브라우저명	OS	특징
	마이크로소프트 엣지	윈도우10	윈도우10에만 탑재돼 있는 IE의 후속 버전이다. PC뿐만 아니라 태블릿인 'Surface'에도 탑재돼 있다
	마이크로소프트 IE	윈도우	엣지가 등장하기 전까지 윈도우의 표준 브라우저였다. 이후 새로운 버전이 나오지 않는다. 최종 버전은 11이다.

표 1-3 주요 브라우저(계속)

	브라우저명	OS	특징
	애플 사파리	맥OS/iOS	맥OS나 iOS에 기본 탑재돼 있는 브라우저
	구글 크롬	윈도우/맥OS/안드로이드/iOS	구글이 개발한 브라우저
	모질라 파이어폭스	윈도우/맥OS/안드로이드/iOS	모질라 재단이 개발한 브라우저

텍스트 편집기

HTML이나 CSS를 편집하기 위해서 HTML/CSS 코딩과 웹사이트 개발에 적합한 전용 텍스트 편집기를 준비하자. 윈도우의 메모장이나 맥OS의 텍스트 편집기로도 HTML과 CSS를 편집할 수 있지만, 가능하면 다른 것을 사용하도록 하자[12].

처음으로 편집기를 선택할 때는 다음 사항을 중점적으로 확인하는 것이 좋다.

- **코드 색 강조 기능**

  HTML 태그나 주석 등을 다른 색을 사용해 강조해 주는 기능이다. 쾌적하게 HTML이나 CSS를 작성하려면 필수 기능이라고 할 수 있다.

- **코드 자동 완성 기능**

  HTML 태그나 CSS를 작성할 때 처음 몇 글자만 입력하면 입력 가능한 후보들을 제시해 주는 기능이다. 태그명 등을 완전하게 기억하지 못해도 입력할 수 있도록 해주므로 편리하다.

---

12 메모장에서 작성한 HTML과 CSS는 브라우저에서 동작하지 않는 경우가 종종 있다. 또한, 텍스트 편집기로 HTML을 편집하려면 환경 설정을 변경해 주어야 한다.

· **한글 지원**

한글 편집기가 아니라면 줄바꿈(창 너비에 맞도록 자동으로 줄바꿈해 주는 것)이나 텍스트 선택이 부자연스러울 수 있다. 한글 처리가 되지 않더라도 HTML이나 CSS를 작성할 수 있지만, 불편하니 피하는 것이 좋다.

조작성이 자신에게 맞는지 검색 등 자주 사용하는 기능의 조작성이 좋은지 등도 중요 포인트다. 몇 번 사용해 보고 자신에게 맞는 것을 선택하자.

```
                                    index.html
  index.html            ×
1  <!DOCTYPE html>
2  <html>
3  <head>
4  <meta charset="utf-8">
5  <title>탐색 경로 목록 작성하기 | c06-02-c</title>
6  <style>
7  .breadcrumb ol {
8      list-style-type: none;
9      margin: 0;
10     padding: 0;
11 }
12 .breadcrumb li {
13     display: inline;
14 }
15 .breadcrumb li::after {
16     content: "»";
17 }
18 .breadcrumb li:last-child::after {
```
코드 색 강조 기능

```
                                    codehint.html
  codehint.html          ×
1  <!DOCTYPE html>
2  <html>
3  <head>
4      <meta charset="utf-8">
5      <meta http-equiv="X-UA-Compatible" content="IE=
6      <title></title>
7      <link rel="stylesheet" href="">
8  </head>
9  <body>
10     <di|
11 </bo| div           <div>
12 </ht| dir           <div>
       div           Tag
       div           Tag
       div           Tag
       details       Tag
       datalist      Tag
```
입력 자동 완성 기능

그림 1-15 코드 색 강조 기능과 입력 자동 완성 기능

📖 **Note** 멀티 파일 검색 및 변경 기능이 있으면 편리

웹사이트를 제작하면 수많은 HTML 파일을 만들게 된다. 한 번 만든 파일을 나중에 수정할 때는 '멀티 파일 검색/변경' 기능을 사용하면 편리하다. 이 기능이 있으면 특정 폴더 내에 있는 모든 파일을 일괄 검색 및 변경할 수 있으므로 작업 속도를 높일 수 있다. 다음 표에서 소개하는 편집기 중에는 Brackets, Sublime Text, Adobe Dreamweaver가 이 기능을 제공한다.

✈️ 추천 텍스트 편집기

지금부터 편집기를 골라야 하는 독자들을 위해 몇 가지를 추천하고자 한다. 이미 사용하고 있는 익숙한 편집기가 있다면 일부러 바꿀 필요는 없다.

표 1-4 HTML/CSS 편집에 추천하는 텍스트 편집기

소프트웨어명	윈도우/맥	유료/무료	코드 색 강조 기능	코드 자동 완성 기능	한글 지원	URL
Brackets	윈도우/맥	무료	있음	있음	○	URL http://brackets.io/
CotEditor	맥	무료	있음	없음	○	URL https://coteditor.com/
Sublime Text	윈도우/맥	유료	있음	있음	△	URL http://www.sublimetext.com
Adobe Dream weaver	윈도우/맥	유료	있음	있음	○	URL http://www.adobe.com/kr/products/dreamweaver.html

※ 이외에 인기 있는 무료 편집기로 아톰(Atom)이 있다. 윈도우/맥을 지원하며 코드 색 강조 및 자동 완성 기능을 지원한다. https://atom.io/

FTP 클라이언트

웹사이트의 모든 데이터가 준비됐으면 웹서버에 업로드해서 공개한다. 데이터 업로드에는 FTP 클라이언트를 사용하는 것이 기본이다[13]. 주요 FTP를 표에 정리해 보았다.

표 1-5 대표적인 FTP 클라이언트

소프트웨어명	윈도우/맥	유료/무료	URL
WinSCP	윈도우	무료	URL https://winscp.net/
CyberDuck	윈도우/맥	무료	URL https://cyberduck.io
FileZilla	윈도우/맥	무료	URL https://ko.osdn.net/projects/filezilla/
Transmit	맥	유료	URL https://panic.com/transmit/

---

13 최근에는 FTP 클라이언트가 아닌 '버전 관리 시스템'이라는 시스템을 사용해서 데이터를 공개하는 경우도 있다.

확장자를 표시해 보자

HTML에 이미지 파일의 링크를 작성할 때 등 웹사이트를 작성할 때에는 파일의 확장자를 아는 것이 중요하다. OS 설정을 변경해서 파일의 확장자가 보이도록 설정해 두자.

➡️💻 윈도우에서 확장자 표시하기

윈도우의 초기 설정에서는 확장자를 표시하지 않도록 돼 있으므로 반드시 OS의 설정을 변경해야 한다. 방법은 다음과 같다.

설정 윈도우에서 확장자 표시

1️⃣ 제어판을 열어서 '모양 및 개인 설정' ➡ '파일 탐색기 옵션'을 클릭한다(❶).

2 '파일 탐색기 옵션' 창이 뜨면 '보기' 탭을 선
택한다(2). 아래의 '고급 설정'에서 '알려진 파
일 형식의 확장명 숨기기'의 체크를 해제한다
(3). 마지막으로 '확인' 버튼을 클릭한다.

▶️ 맥에서 확장자 표시하기

맥에서는 대부분의 파일 확장자를 표시하도록 기본 설정돼 있으므로 반드시 설정을
변경하지 않아도 된다. 만약 모든 파일의 확장자를 표시하고 싶다면 다음과 같이 설정
하면 된다.

설정 맥에서 확장자 표시하기

1 Finder 애플리케이션으로 변경해서
'Finder' 메뉴의 '환경설정'을 선택한
다(1).

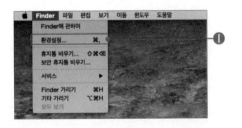

2 'Finder 환경설정' 창이 뜨면 '고급' 버튼을 클릭하고
(2), '모든 파일 확장자 보기'를 체크한다(3).

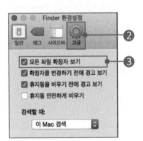

HTML 기초 지식과 마크업 실전 예제

이 장에서는 HTML을 작성하기 위해 필요한 기초 지식과 작성 형식을 살펴보겠다. 형식을 살펴보고 난 후에는 텍스트로 된 일반 문서를 마크업 (HTML으로 변경)하는 방법과 태그 선택 방법을 소개한다.

CHAPTER 2

SECTION 1

HTML5&CSS3

HTML의 기본적인 역할과 문법을 배우자

HTML이란?

웹페이지를 만들 때 가장 중요한 것이 'HTML'이다. 여기선 이 HTML의 기본적인 역할과 문법을 소개한다.

HTML은 '태그를 사용해서 문서를 꾸미는' 것

HTML(Hyper Text Markup Language)은 웹페이지를 작성하기 위한 컴퓨터 언어다. 웹페이지로 표시하고 싶은 텍스트나 이미지에 태그를 붙여서 해당 텍스트(또는 이미지)가 가지는 의미를 사람과 컴퓨터 모두가 이해할 수 있도록 하는 것이 HTML의 역할이다. 하나의 웹페이지를 표현하기 위해서는 적어도 하나의 HTML 문서(HTML으로 작성된 코드)가 필요하다.

➤ '태그'의 의미는 처음부터 정해져 있다

HTML에는 미리 정의돼 있는 태그가 약 200여 개가 있다. 200여 개라고 하면 많다고 생각할 수도 있지만, 사실 자주 사용하는 것은 30~40개 정도다. 또한, 반드시 알아야 할 태그는 10가지 정도에 불과하다. HTML5으로 업그레이드된 후 이전 버전의 HTML에 비해 태그 수가 배 정도로 늘었지만, 실제 인터넷상에 공개돼 있는 웹사이트의 HTML을 보면 태그를 많이 사용하는 것보다 가능한 한 간단하게 작성하려고 한 것을 볼 수 있다. 많은 종류의 태그 사용법을 배우는 것보다 어떻게 문서를 구조화하는가가 더 중요하다고 볼 수 있다.

➤ HTML의 버전

태그 정의나 문법을 포함한 HTML 전체적인 사양은 W3C(The World Wide Web

Consortium)라는 국제 인터넷 표준화 단체가 정하고 있다. W3C에는 전 세계의 기업 및 개인이 참여해서 HTML 사양을 논의한다. 이 논의 과정이나 최종적으로 결정된 사양은 모두 W3C의 웹사이트에 공개된다.

W3C가 정한 HTML 사양의 문서에는 버전 번호가 붙어 있다. HTML 버전은 이 문서의 버전으로 최신판은 'HTML5'다[14]. HTML5의 사양이 확정된 것은 2014년이지만, 이미 많은 웹사이트가 HTML5 사양에 맞추어 제작되었으며, 그 보급률도 높은 편이다.

HTML5 이전 버전으로는 HTML4.01, XHTML1.0이 있으며, 오래된 사이트에서는 아직 접할 수 있다. 단, 새롭게 만들려는 사이트에는 일부러 오래된 버전의 HTML을 사용할 필요는 없다.

HTML 사양서는 익숙해지기 전까지는 이해하기가 어렵지만, 태그의 의미나 사용법 등이 상세하고 정확하게 기록돼 있다. 관심 있는 독자라면 그 내용을 들여다보자.

W3C에서 공개하고 있는 최신 HTML 사양서(영문)

`URL` https://www.w3.org/TR/html51/

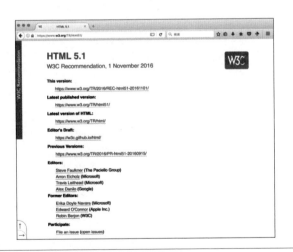

그림 2-1 **HTML5.1 사양서**

---

14   2016년 11월 1일에 HTML5를 강화·개선한 'HTML5.1'이 정식으로 공개됐다. 주로 자바스크립트의 기능 개선이 중심이며, HTML과 관련된 실용적인 변경은 없었다.

🖥 HTML5와 이전 버전의 차이

HTML5는 과거 버전에 비해 태그 종류가 큰폭으로 늘었으며, 많은 기능이 추가됐다. 또한, 일부 태그의 작성법이 간단해져서 HTML 작성이 수월해졌다.

새로운 기능이나 태그 작성법의 사양 변경과 함께 HTML5는 이전 버전에 비해 더 엄격한 사양을 요구하고 있다. 주요 브라우저(엣지/IE, 사파리, 크롬, 파이어폭스)도 W3C가 공개한 HTML 사양에 맞게 개발을 진행하고 있으며, 서로 다른 브라우저에서 다른 결과를 보여 주는 문제가 이전 버전에 비해 많이 줄었다. 브라우저 차이로 인한 오작동 문제가 이전보다 줄었으므로 웹사이트를 만들 때도 이런 차이를 고려하지 않고 제작에 집중할 수 있게 됐다.[15]

참고로 이 책에서는 HTML5를 사용하고 있으며, 설명할 때는 'HTML'이라고 명시하고 있다.

---

15 옮긴이 이번 버전의 경우는 동일한 기능의 코드라도 IE에서는 동작하지만, 크롬에서는 오류가 발생하거나 그 반대의 경우도 종종 있었다. 따라서 한 가지 기능을 만든 후에는 모든 브라우저에서 테스트를 해야 했으며, 브라우저 종류에 따라 다른 코드를 사용해야 했었다. 사실 이 문제는 HTML5에서도 존재하지만, 예전보다는 많이 줄었다.

개별 태그의 형식을 파악하자

HTML 형식

SECTION 2

HTML5&CSS3

HTML 태그의 형식에는 간단한 규칙이 있다. 여기서는 태그의 형식과 명칭에 대해 설명한다.

HTML의 일반적인 형식

태그의 전형적인 형식을 살펴보자. 링크를 의미하는 <a> 태그를 예로 형식과 각 부분의 명칭을 소개한다.

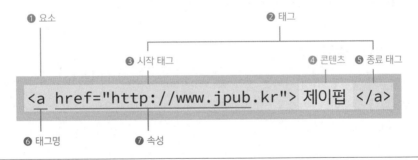

그림 2-2 **태그의 전형적인 형식과 부분별 명칭**

❸ 시작 태그와 ❺ 종료 태그로 ❹ 콘텐츠를 감싸는 것이 HTML의 기본적인 형식이다. HTML의 ❷ 태그는 ❹ 콘텐츠에 의미를 부여하기 위해 사용된다. 이 예에서는 '제이펍'이라는 텍스트에 '링크라는 의미를 부여하고' 있다. <a>는 '앵커(anchor) 링크'(이른바 링크)라는 의미의 태그다.

❸ 시작 태그는 콘텐츠의 시작을 나타내는 태그이고, < 또는 >로 태그명을 감싸서 표

현한다. 시작 태그에는 ❻ 태그명 외에 하나 이상의 ❼ 속성이 포함된다. 속성에 대해서는 뒤에서 자세히 설명하겠다.

❺ 종료 태그는 </ 와 >로 태그명을 감싸서 기술한다.

✈️ 콘텐츠와 요소

시작 태그와 종료 태그로 감싼 부분을 '❹ 콘텐츠'라고 한다. 콘텐츠란 '브라우저에 표시되는 부분'이라고 생각하면 된다.

또한, '시작 태그~콘텐츠~종료 태그'를 하나로 묶어서 '❶ 요소(element)'라고 한다. **콘텐츠와 요소는 HTML을 다룰 때 매우 중요한 용어이므로 꼭 기억해 두자.**

✈️ 태그명

HTML에는 미리 정의돼 있는 ❻ 태그명이 몇 가지 존재한다. 콘텐츠의 의미나 문서 구조에 따라 적절한 태그명을 선택해야 한다.

✈️ 속성과 속성값

시작 태그의 태그명 뒤에 나오는 것이 '❼ 속성(attribute)'이다. 태그에 부가적인 정보를 첨부할 때에 사용한다. 속성은 하나만 사용하거나 복수 개 사용할 수 있으며, 전혀 사용하지 않는 경우도 있다.

속성에는 크게 나누어 '특정 태그에만 사용할 수 있는 속성'과 '태그 종류에 상관없이 사용할 수 있는 속성' 두 가지가 있다. 예를 들어, <a> 태그에는 'href 속성'이 있다. href 속성은 링크할 페이지의 위치-텍스트를 클릭했을 때 표시되는 페이지-를 URL로 지정하기 위한 것으로 <a> 태그만의 고유 속성이다.

'태그 종류에 상관없이 모두 사용할 수 있는 속성'은 문자 그대로 어떤 태그든 사용할 수 있는 속성으로 '전역 속성(global attribute)'이라고 부른다. 대표적인 것으로 class 속성과 id 속성이 있다.

속성은 기본적으로 다음과 같은 형태로 기술한다.

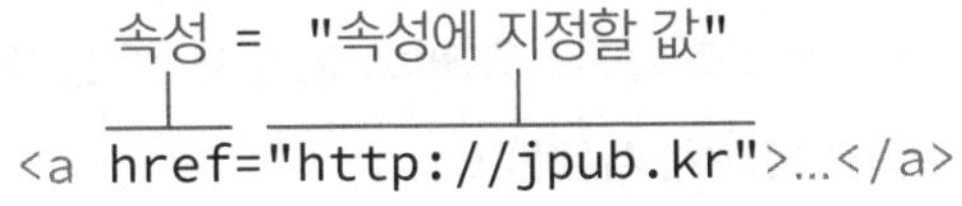

속성 = "속성에 지정할 값"

```
<a href="http://jpub.kr">...</a>
```

그림 2-3 속성의 기본적인 형식

'속성(예: href)' 다음에 '='를 기술하고, 그 다음에 지정할 값을 '"'로 감싸서 작성한다. 또한, 태그명과 속성 사이, 속성과 속성 사이에는 공백(스페이스)을 넣어서 구분한다. 공백은 눈에 보이지 않아서 실수로 빼먹거나 중복해서(공백 두 개 등) 넣을 수 있으므로 주의가 필요하다.

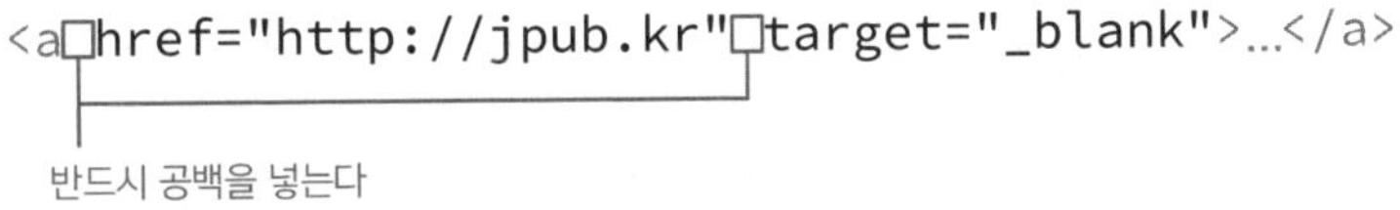

```
<a□href="http://jpub.kr"□target="_blank">...</a>
```

반드시 공백을 넣는다

그림 2-4 태그명과 속성, 속성과 속성 사이에는 반드시 공백을 넣는다

✈️ 공요소

태그에는 시작 태그와 종료 태그가 있으며, 그 사이에 콘텐츠를 넣는 것이 HTML의 기본 형식이다. 하지만 그중에는 '공요소(Empty element, 비어 있는 요소)'라는 것이 있어서 종료 태그가 없는 것도 있다. 공요소에는 종료 태그가 없어서 텍스트 등의 콘텐츠를 감쌀 수 없다.

어떤 태그가 공요소인지 외우는 수밖에 없지만, 기본적으로 '화면에 표시할 콘텐츠가 없는 태그' 또는 '표시할 콘텐츠를 속성으로 지정하는 태그'는 공요소라고 생각하면 된다. 대표적인 공요소에는 다음과 같은 것이 있다.

- **<meta>** 태그: 화면에는 표시되지 않으며 HTML 문서 자체에 대한 정보를 닮는다.
- **<link>** 태그: HTML 문서에 CSS 파일을 추가하기 위해 주로 사용된다.

-
 태그: 줄바꿈을 의미하는 태그로 줄바꿈 외에 표시하는 콘텐츠가 없다.

- <img> 태그: 이미지를 표시하는 태그로 표시할 콘텐츠는 src 속성에서 지정한다.

- <input> 태그: 폼의 텍스트 필드나 체크박스 등을 표시하는 태그로 표시할 폼(즉 표시할 콘텐츠)은 type 속성에서 지정한다.

📖 N o t e   공요소의 특수한 작성법

공요소의 태그를 작성할 때에 '>' 앞에 '/'를 작성하는 경우가 있다. 예를 들어,
은
 이라고 작성한다. 이것은 'XHTML 기법'이라는 형식이다. HTML5 이전 사양인 HTML4.01과 XHTML1.0은 미묘하게 형식이 달라서 HTML4.01에서는 '/'를 사용하지 않아도 된다. HTML5에서는 양쪽 형식을 모두 사용할 수 있지만, 이 책에서는 공요소에 '/'는 기술하지 않는 쪽을 선택하고 있다.

CHAPTER
2

SECTION 3

HTML5&CSS3

HTML은 구조가 중요하다
HTML 문서 구조

HTML 문서에는 다수의 태그가 사용된다. 태그의 콘텐츠에는 별도의 태그가 포함되는 경우가 많으며, 요소(태그와 콘텐츠)와 요소 사이에 중첩 구조가 만들어진다. 여기서는 요소 간에 만들어지는 중첩 구조에 관해 소개하겠다.

요소와 요소는 중첩 구조를 이룬다

태그의 콘텐츠(시작 태그와 종료 태그 사이에 있는 부분)에는 기본적으로 텍스트가 포함되지만, 다른 태그가 콘텐츠가 되기도 한다. 이렇게 태그의 콘텐츠에 또다른 태그가 포함되는 예를 소개하겠다. 이 예에 등장하는 <p> 태그는 텍스트의 단락을 뜻하고, <a>는 링크를 뜻한다.

▶ **태그의 중첩 구조 예**

```
<p>각 상영관의 상영 시간은 <a href="schedule.html">스케줄 페이지</a>를 참고하세요.</p>
```

이 예에서 <p>와 </p> 사이의 콘텐츠에 일반 텍스트뿐만 아니라 <a> 요소(<a> 태그와 그 콘텐츠)도 포함돼 있다[16]. 이런 식으로 요소 안에 다른 요소가 있는 구조를 '중첩 구조'라고 한다[17]. 새롭게 HTML을 작성할 때뿐만 아니라 기존 페이지를 편집할 때도 이 중첩 구조를 파악하는 것이 중요하다. 또한, 웹페이지의 레이아웃을 조정하기 위해 CSS를 작성할 때도 HTML의 중첩 구조를 파악해 두는 것이 매우 중요하다.

HTML 요소(태그와 콘텐츠)의 중첩 구조에는 해당 구조와 관련된 몇 가지 용어가 존재한다.

---

16 '콘텐츠와 요소'(p.34)
17 '트리 구조'나 '다단 구조'라고 부르는 경우도 있다. 이 책에서는 중첩 구조라는 용어를 사용한다.

✈️ 부모 요소와 자식 요소

특정 요소의 관점에서 한 단계 상위에 있는 요소를 '부모 요소'라고 하며, 반대로 한 단계 아래에 있는 요소를 '자식 요소'라고 한다. 짧게 '부모', '자식'이라고 하는 경우도 있다.

그림 2-5 부모 요소와 자식 요소

✈️ 조상 요소와 자손 요소

특정 요소의 부모 요소 그리고 그 부모 요소의 부모 요소처럼 계속 상위 단계로 올라가면 있는 요소를 '조상 요소'라고 한다. 반대로 특정 요소의 자식 요소 그리고 그 자식 요소의 자식 요소처럼 자식 요소보다 아래 단계가 있는 요소를 '자손 요소'라고 한다.

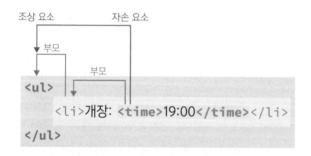

그림 2-6 조상 요소와 자손 요소

✈️ 형제 요소

같은 단계에 있는 요소, 즉 부모 요소가 같은 요소를 '형제 요소'라고 한다. 형제 요소 중 특정 요소보다 먼저 나오는 요소를 '형 요소', 뒤에 나오는 요소를 '동생 요소'라고 하는 경우도 있다.

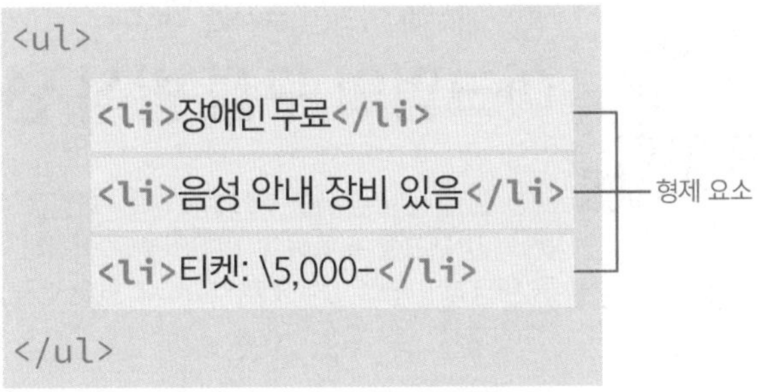

```
<ul>
    <li>장애인 무료</li>
    <li>음성 안내 장비 있음</li>      형제 요소
    <li>티켓: \5,000-</li>
</ul>
```

그림 2-7 형제 요소

✈ 이것은 금지! 부모 요소로부터 탈선한 자식 요소

자식 요소는 반드시 부모 요소의 시작 태그와 종료 태그 사이에 작성해야 한다. 그러므로 부모 요소의 종료 태그보다 뒤에 자식 요소의 종료 태그를 두는 것은 절대 금지다. 다음은 부모 요소로부터 자식 요소가 탈선된 잘못된 예를 보여 주고 있다.

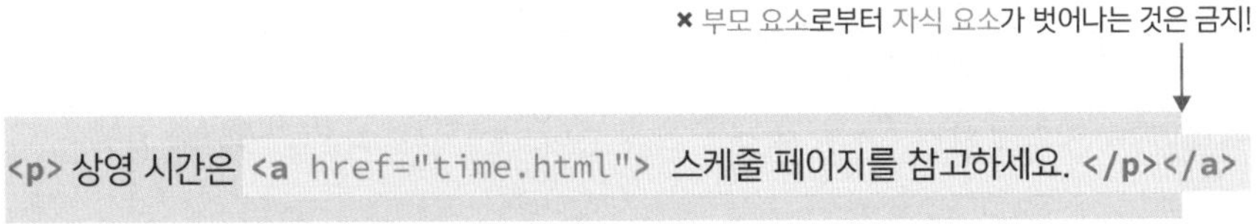

✕ 부모 요소로부터 자식 요소가 벗어나는 것은 금지!

```
<p> 상영 시간은 <a href="time.html"> 스케줄 페이지를 참고하세요. </p></a>
```

그림 2-8 부모 요소로부터 탈선한 자식 요소의 예

구성 방식과 마크업 순서를 익히자

마크업의 구성 방식 연습하기

실전 예를 통해 문서를 마크업해 가는 과정을 살펴보겠다. 여기서는 어떤 태그를 선택하고, 어디서부터 어디까지를 하나로 묶는지 등 마크업의 구성 방식을 파악하도록 한다.[18]

마크업의 기본적인 구성 방식을 익히자

HTML의 태그는 개별적으로 보면 어렵지 않지만, 언제 어떤 태그를 사용해서 마크업하는지 정하기가 쉽지 않다. 그래서 간단한 예제를 통해 텍스트 원고를 HTML로 변경하는 과정(마크업 과정)을 살펴보도록 하겠다. 기존 사이트에 페이지를 추가할 때나 블로그 같은 웹사이트에 글을 등록하는 과정을 생각하면 된다.

원래 원고는 다음과 같다. 먼저, 원고를 읽고 글의 대략적인 구조를 파악해 보자.

TEXT **원래 원고**　　　　　　　　　　　　　　　　　　　　　　　　⤓ chapter2/c02-01.txt

한 단계 높은 웹 개발을 목표로 하는 세미나-vol.2 로컬 개발 환경 구축. 참가자 모집!

'한 단계 높은 웹 개발을 목표로 하자' 1회 세미나에는 100명 이상이 참가해서 성황리에 끝났습니다. 호평에 힘입어 2회를 개최하고자 합니다.

2회의 테마는 '로컬 개발 환경 구축'입니다. 정적인 HTML/CSS를 작성해서 웹사이트를 구축할 뿐만 아니라 최근 늘고 있는 워드프레스 등의 CMS 패키지를 이용한 동적 웹사이트 구축에도 최적인 로컬 개발 환경 구축을 처음부터 소개합니다.

작업용 PC에 로컬 웹서버 구축의 이점과 사전에 알아 두어야 할 필요 지식을 소개하고, 후반에는 XAMPP/MAMP 설치 방법을 소개합니다.

18 　[옮긴이] 참고로 마크업(mark-up)이란 일반적인 텍스트를 HTML 태그를 사용해 웹문서(웹페이지)로 변경하는 것을 뜻한다.

강사로는 웹스펙터클 주식회사의 엔지니어인 홍길동 씨를 초대할 예정입니다. 또한, 세미나 종료 후에는 친목을 위한 자리도 마련할 예정입니다. 여러분의 많은 참가 부탁드립니다.

장소와 시간
- 장소: Mr. HandsON 신주쿠 콘퍼런스 타워 11F A회장(지도)
- 일시: 10월 16일 19:00~21:00(개장은 18:30부터)
- 입장료: 20,000원

주의 사항
- 노트북 없이도 수강이 가능하지만, 지참을 추천합니다. 와이파이 사용이 가능합니다.
- 사전에 티켓을 구매해 주세요.
- 접수대에서 첨부한 QR 코드를 확인합니다. 메일 본문을 출력하든가 바로 이 메일을 보여 주세요.

홍길동 씨 프로필
미국에서 IT 기술을 공부한 후 통신 계열 대기업에서 근무. 회원 전용 사이트 구축 및 운영을 담당했다. 2013년부터 웹스펙터클 주식회사에서 근무하고 있으며, 각종 웹서비스 기획, 개발 및 인프라 정비를 담당하고 있다.

글의 제목 정하기

원고를 마크업할 때 먼저, '제목'(대제목, 소제목)을 선별해서 표시해야 한다. **대제목이 중요한 것은 텍스트를 통해 '해당 글의 내용을 바로 알 수 있기 때문'이다.** 원래 원고의 첫 번째 줄을 대제목으로 추출하기 위해 해당 텍스트를 <h1> 태그로 감싼다.

HTML 대제목 정하기　　　　　　　　　　　　　 chapter2/c02-02/index.html

```
<h1>한 단계 높은 웹 개발을 목표로 하는 세미나-vol.2 로컬 개발 환경 구축. 참가자 모집!</h1>
```

대제목을 위한 <h1> 태그

<h1> 태그는 '페이지의 가장 중요한 제목, 즉 대제목'을 뜻한다. 글 전체의 내용을 요약하고 있는 텍스트를 대제목으로 정하는 것이 좋다.

대제목은 매우 중요한 요소다. 왜냐하면 이 페이지를 보는 사용자는 대제목을 보고 나서 이후 내용을 계속 읽을지 여부를 정하기 때문이다. 또한, 검색 엔진도 이 대제목의 내용을 중요시하므로 잘 검색되기 위해서는 글의 내용에 맞는 최적의 제목을 만들어야 한다.

중제목 정하기

대제목을 정했다면 다음 제목(중제목)들을 정한다.

HTML 글의 중제목 정하기	chapter2/c02-02/index.html

```
<h1>한 단계 높은 웹 개발을 목표로 하는 세미나-vol.2 로컬 개발 환경 구축. 참가자 모집!</h1>
...
<h2>장소와 시간</h2>
...
<h2>주의 사항</h2>
...
<h2>홍길동 씨 프로필</h2>
...
```

<h1> 이외의 제목 태그

HTML의 제목 태그에는 중요한 순서부터 <h1>, <h2>, <h3>, <h4>, <h5>, <h6>의 6종류가 있다. 이 중 <h1>은 앞에서 설명한 대로 글 전체의 내용을 알 수 있는 대제목을 마크업하기 위해 사용한다. 그것보다 중요도가 낮은 <h2>~<h6>는 글의 일부를 부분적으로 요약할 때에 사용한다. 긴 문장을 정리해서 읽기 쉽게 만들기 위한 제목들이라 생각하면 된다. 이 원고에서는 도중에 나오는 '장소와 시간', '주의 사항', '홍길동 씨 프로필' 등을 <h2> 제목으로 지정하고 있다.

만약 <h2> 제목의 범위 안에 있는 텍스트에 또 다른 소제목이 필요하다면 <h3>를 사용하면 된다. 그리고 <h3>의 범위 안에 있는 텍스트에 다시 소제목을 붙이고자 한다면 <h4>를 사용하면 된다. 점점 중요도를 낮추면서 제목을 정하고, 문장의 구조를 정리해 가는 것이다. 일반적으로 <h3>와 <h4>까지만 사용하고, <h5>와 <h6>는 사용하지 않는다.

단락 만들기

제목을 정했으니 나머지 텍스트들을 마크업하자. 먼저, 문장 부분을 단락 단위로 나누기 위해 <p>와 </p>로 감싸도록 한다.

HTML 글의 단락 만들기   ⬇ chapter2/c02-02/index.html

```
<p>'한 단계 높은 웹 개발을 목표로 하자' 1회 세미나에는... 호평에 힘입어 2회를 개최하고자 합니다.</p>
<p>2회의 테마는 '로컬 개발 환경 구축'입니다.... 구축에도 최적인 로컬 개발 환경 구축을 처음부터 소개
합니다.</p>
<p>작업용 PC에 로컬 웹서버 구축의 이점과... XAMPP/MAMP 설치 방법을 소개합니다.</p>
<p>강사로는 웹스펙터클 주식회사의 엔지니어인... 여러분의 많은 참가 부탁드립니다.</p>
<h2>홍길동 씨 프로필</h2>
<p>미국에서 IT 기술을 공부한 후 통신 계열 대기업에서 근무... 인프라 정비를 담당하고 있다.</p>
```

✈️ 단락을 만들 때는 <p> 태그

'단락'이란 긴 문장의 일부로 문장의 서두부터 줄바꿈하는 부분까지를 말한다. 원래 원고에서는 문장의 서두에 공백을 넣고 있지만, 이것은 지워도 상관없다. <p>는 '단락'을 의미하는 태그로 문장의 서두부터 줄바꿈하는 부분까지를 감싸는 것이 원칙이다.

<p>~</p>로 감싸면 HTML 표시에서는 단락이 끝난 다음 줄에 빈 줄이 한 줄 생겨서 다음 단락과 자연스럽게 구분된다.

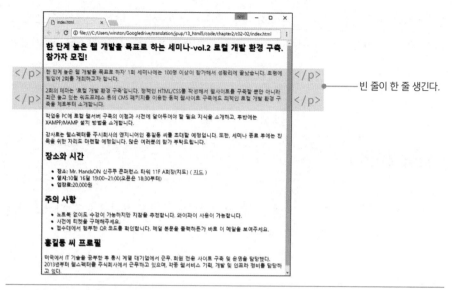

그림 2-9 <p>~</p>로 감싸면 단락과 단락 사이에 빈 줄이 한 줄 생긴다.

이 빈 줄이 생기지 않도록 단락 끝에 강제 줄바꿈(
 태그)을 넣는 경우가 자주 있다. 하지만 단락 끝에
 태그를 사용하는 것은 바른 HTML이라고 볼 수 없다. 아름다운 HTML 마크업을 목표로 한다면 단락의 끝에
을 넣는 것이 아니라 <p>~</p>로 감싸서 표현해야 한다[19]. 그리고 나서 빈 줄을 제거하기 위한 CSS를 설정하면 된다 (3장 3절 참고).

목록 만들기

<h2>로 제목을 지정했으면 '장소와 시간' 및 '주의 사항' 다음에 나오는 내용들은 모두 나열해서 작성할 수 있다. 이때 사용하는 것이 <ul>과 <li> 태그다. <li>~</li>로 감싼 텍스트의 서두에는 자동적으로 '·'이 붙는다. 따라서 원래 원고에 있던 '-'는 지운다.

19
은 다른 용도로도 사용된다. 자세한 것은 '제목에 부제목 붙이기'(p.111)를 참고하자.

여기서 사용하는 <ul>은 '비순열 항목(순서 없이 나열함)'을 뜻하는 태그다. 또한, <li>는 나열하기의 각 항목을 뜻하는 태그다[20].

⬇ chapter2/c02-02/index.html

HTML 나열형 항목 만들기

```
<h2>장소와 시간</h2>
<ul>
    <li>장소: Mr. HandsON 신주쿠 콘퍼런스 타워 11F A회장(지도)</li>
    <li>일시: 10월 16일 19:00~21:00(개장은 18:30부터)</li>
    <li>입장료: 20,000원</li>
</ul>

<h2>주의 사항</h2>
<ul>
    <li>노트북 없이도 수강이 가능하지만 지참을 추천합니다. 와이파이 사용이 가능합니다.</li>
    <li>사전에 티켓을 구매해 주세요.</li>
    <li>접수대에서 첨부한 QR 코드를 확인합니다. 메일 본문을 출력하든가 바로 이 메일을 보여 주세요.</li>
</ul>
```

링크 만들기

문서의 대략적인 의미 부여(마크업)가 끝났으므로 이제 좀 더 상세하게 텍스트를 마크업해 보도록 하겠다. 먼저, '지도'라고 적힌 부분을 <a>(링크를 의미하는) 태그로 감싼다.

또한, 읽는 사람의 관심을 끌 수 있도록 '장소:', '일시:', '입장료:' 부분을 굵은 글씨로 강조해 본다.

⬇ chapter2/c02-02/index.html

HTML 텍스트를 상세하게 마크업하기

```
<ul>
    <li><b>장소:</b>Mr. HandsON 신주쿠 콘퍼런스 타워 11F A회장(지도)(<a href="http://
jpub.kr">지도</a>)</li>
    <li><b>일시:</b>10월 16일 19:00~21:00(개장은 18:30부터)</li>
    <li><b>입장료:</b>20,000원</li>
</ul>
```

---

20 '항목 나열하기(리스트)의 마크업'(p.159)

✈️ 굵은 글씨의 `<b>` 태그

텍스트를 굵은 글씨로 표시하려면 `<b>` 태그를 사용하면 된다. 크게 중요한 텍스트는 아니지만 읽는 사람의 시선을 끌 필요가 있는 글자라면 이 `<b>` 태그를 적용한다. 만약 태그로 감싼 텍스트가 '중요'한 경우라면 `<b>` 태그가 아닌 `<strong>` 태그를 사용하자.

▶ **`<strong>` 사용 예. 텍스트 자체가 중요한 경우는 `<b>`가 아닌 `<strong>`을 사용한다**

```
<p><strong>강연 중에는 입실할 수 없습니다</strong>. 시간 여유를 가지고 참가해 주시기 바랍니다.</p>
```

HTML 태그에는 `<b>`나 `<strong>`처럼 텍스트를 강조하기 위해 사용되는 것들이 있다. 각 태그의 의미를 하나하나 생각해서 엄격하게 구분해야 하는 것은 아니니 브라우저로 실제 표시되는 것을 확인하면서 목적에 맞는 것을 선택하도록 하자.

표 2-1 텍스트 표시를 강조하기 위한 태그 목록

태그	의미	사용 예	표시 결과
`<b>`	굵은 글씨로 표시	`<b>` 접수: `</b>` 1층 로비에서 접수해 주세요	**접수:** 1층 로비에서 접수해 주세요
`<i>`[21]	기울임꼴로 표시	작년부터`<i>`12%`</i>` 상승	작년부터 *12%* 상승
`<u>`[22]	밑줄 긋기	링크와 `<u>`밑줄`</u>`은 구분이 안 된다	링크와 밑줄은 구분이 안 된다
`<strong>`	중요	`<strong>` 취소 시에는 연락 주세요`</strong>`	**취소 시에는 연락 주세요**
`<em>`	강조	`<em>` 정원이 차서 접수를 그만 받도록 하겠습니다`</em>`	***정원이 차서 접수를 그만 받도록 하겠습니다***
`<mark>`	마커(형광펜)	첫날은 `<mark>`혼잡이 예상됩니다`</mark>`	첫날은 ==혼잡이 예상됩니다==

---

21 글씨체(폰트)에 따라서는 기울임꼴이 없는 경우도 있다.

22 텍스트에 밑줄을 그으면 링크와 모양이 비슷해서 구분이 안 가는 경우가 있다. 따라서 `<u>`는 사용하지 않는 것이 좋다.

글을 섹션 단위로 정리하기

제목, 단락, 항목 나열하기 등에 링크 등을 추가해서 HTML로의 변환 작업이 거의 마무리됐다고 볼 수 있다. 하지만 좀 더 세련된 마크업을 원한다면 글을 섹션(section) 단위로 정리하는 것도 좋다. 섹션이란 '제목과 그 내용'을 하나로 묶은 세트를 뜻한다.

HTML 글의 일부를 섹션으로 정리하기 `chapter2/c02-02/index.html`

```
<section>
    <h2>장소와 시간</h2>
    <ul>
        <li><b>장소: </b>Mr. HandsON 신주쿠 콘퍼런스 타워 11F A회장(지도) (<a
href="http://jpub.kr">지도</a>)</li>
        ...
    </ul>
</section>

<section>
    <h2>주의 사항</h2>
    <ul>
        <li>노트북 없이도 수강이 가능하지만 지참을 추천합니다. 와이파이 사용이 가능합니다.</li>
        ...
    </ul>
</section>

<section>
    <h2>홍길동 씨 프로필</h2>
    <p>미국에서 IT 기술을 공부한 후 통신 계열 대기업에서 근무. 회원 전용 사이트 구축 및 운영을
... 및 인프라 정비를 담당하고 있다.</p>
</section>
```

🛬 글의 일부분을 하나로 묶는 `<section>` 태그

섹션이란 글의 일부나 문서의 한 절을 뜻한다. 웹사이트 글에서는 제목과 그 제목에 해당되는 내용을 한 세트로 `<section>`~`</section>` 태그로 묶는다. `<section>`은 HTML5에서 새롭게 소개된 태그이지만, 사용법이 명확하지 않아서 실제로는 잘 사용되지 않는다. <section>을 사용한다고 해서 검색 엔진의 검색 결과에 더 잘 노출되는 것도 아니므로 무리해서 사용할 필요는 없다.

글 전체를 <article>로 정리하기

글 전체를 감쌀 때는 <article> 태그를 사용한다. <article> 태그도 <section> 태그와 마찬가지로 '제목과 그 내용'을 하나로 묶는 것이다.

HTML 글 전체를 <article>로 정리하기　　　　　　　　　⬇ chapter2/c02-02/index.html

```
<article>
    <h1>한 단계 높은 웹 개발을 목표로 하는 세미나-vol.2 로컬 개발 환경 구축. 참가자 모집!</h1>
    ...
    <section>
        <h2>홍길동 씨 프로필</h2>
        <p>미국에서 IT 기술을 공부한 후 통신 계열 대기업에서 근무... 회원 전용 사이트 구축 및 운영을 담당했다.</p>
    </section>
</article>
```

✈ 글 전체를 하나로 묶는 <article> 태그

<section>이 글의 일부를 묶는 역할을 한다면 <article>은 '글 전체를 하나로 묶기 위해' 사용한다. 해당 페이지의 가장 중요한 <h1>과 글 전체를 <article>로 감싸는 것이 전형적인 사용 방식이다. <article>도 HTML5에서 새롭게 소개된 태그이지만, <section>과 마찬가지로 그 용도가 명확하지 않아 무리해서 사용할 필요는 없다.

HTML 문서의 기본 영역 마크업

글을 마크업했지만 이외에도 어떤 웹페이지라도 작성해 두어야 할 공통 부분이 있다. 텍스트 편집기로 신규 파일을 만들고 다음 HTML을 입력해 보자. 그리고 HTML의 <body>~</body> 사이에 앞서 작성한 HTML을 붙여넣기 하자.

HTML 모든 HTML에 공통적으로 필요한 부분   ⬇chapter2/c02-03/index.html

```
<!DOCTYPE html>
<html lang="ko">
<head>
<meta charset="utf-8">
<meta name="description" content="한 단계 높은 웹 개발을 목표로 하는 세미나 vol.2를 2월
16일에 개최합니다. 이번에는 로컬에 웹서버를 구축하는 방법을 소개합니다. 참가자 모집 중!">
<title>한 단계 높은 웹 개발을 목표로 하는 세미나-vol.2 로컬 개발 환경 구축. 참가자 모집!</
title>
</head>
<body>
<article>
...                    여기에 HTML로 작성한 글을 삽입한다.
</article>
</body>
</html>
```

📖 **Note**   HTML 파일의 문자 코드는 UTF-8로 설정

HTML 파일을 작성할 때에 파일의 문자 코드를 'UTF-8'로 설정하자. 다른 문자 코드(EUC-KR 등)를 사용해야만 하는 경우도 있겠지만, 현재 웹사이트에서는 UTF-8을 표준으로 사용하고 있다[23].

참고로 대부분의 편집기에서는 문자 코드 이외에 '줄바꿈 코드'를 선택할 수 있지만, 이것은 어떤 것을 선택하든 HTML에는 영향을 주지 않는다.

---

23 문자 코드는 텍스트 편집기에서 파일을 신규로 생성하거나 또는 처음으로 파일을 저장할 때 지정할 수 있다. 대부분의 편집기가 신규 파일을 UTF-8로 생성하므로 크게 신경 쓸 필요는 없다. 단, 윈도우의 메모장(notepad)의 경우 ANSI로 저장하므로 코드를 변경해 주어야 한다.

이것으로 하나의 HTML 파일이 완성됐다. 파일을 브라우저로 열어서 확인하면 다음과 같이 표시될 것이다.

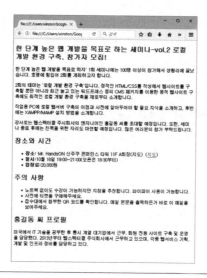

그림 2-10 완성된 HTML 예

DOCTYPE 선언

HTML 태그 한 줄 앞에 있는 <!DOCTYPE html>은 DOCTYPE 선언이라고 하는 것으로 어떤 버전의 HTML으로 작성돼 있는지 보여 주는 것이다.

<!DOCTYPE html>은 이 문서가 HTML5 사양에 기반하여 작성돼 있음을 나타낸다. 신규로 작성하는 HTML에는 이 HTML5용 DCOTYPE 선언을 사용하면 된다.

참고로 이전 버전의 HTML에는 다음 표에 있는 것과 같이 DOCTYPE을 선언했었다. 오래된 웹사이트를 유지보수할 때 접하게 될지도 모른다.

표 2-2 이전 버전(HTML 4.01, XHTML1.9)의 대표적인 DOCTYPE 선언

HTML 버전	DOCTYPE 선언
HTML 4.01	<!DOCTYPE HTML PUBLIC "-//W3C//DTD HTML 4.01 Transitional//EN" "http://www.w3.org/TR/1999/REC-html401-19991224/loose.dtd">
XHTML 1.0	<!DOCTYPE html PUBLIC "-//W3C//DTD XHTML 1.0 Transitional//EN" "http://www.w3.org/TR/xhtml1/DTD/xhtml1-transitional.dtd">

➤ <html> 태그와 lang 속성

DOCTYPE 선언 후에는 <html> 태그를 작성하고, 자식 요소로 <head> 태그와 <body> 태그를 추가한다.

또한, <html> 태그에는 lang 속성을 설정한다. 이 lang 속성에는 웹페이지에서 사용되는 주요 언어를 지정해 둔다[24]. 페이지에서 사용하는 언어가 한국어라면 <html lang="ko">라고 작성한다. 만약 다른 언어로 페이지를 만든다면 <html lang=""> 속성을 다음 표를 참고로 변경하면 된다.

표 2-3 대표적인 언어의 lang 속성

언어	언어 코드	<html> 태그 작성 예
영어	en	<html lang="en">
중국어	zh	<html lang="zh">
일본어	ja	<html lang="ja">
스페인어	es	<html lang="es">

➤ <head> 태그

<head>~</head> 안에는 'HTML 자체에 대한 정보'를 기입한다. 이런 HTML 관련 정보를 '메타 데이터(meta data)'라고 한다.

---

24 검색 엔진은 <html> 태그의 이 lang 속성을 보고 해당 페이지의 주요 언어를 판별할 수도 있다(저자 개인적인 견해).

<head>~</head>에 기술한 메타 데이터는 브라우저에 표시되지는 않지만, <body>~</body> 부분을 제대로 표시하는 역할과 검색 사이트 등에 페이지 내용을 전달하는 중요한 역할을 한다. <head>~</head> 안에 최소한으로 작성해 두어야 할 것은 다음 세 줄이다.

<meta charset="utf-8">

해당 HTML의 문자 코드가 'UTF-8'라는 것을 나타낸다. 브라우저는 이 부분을 보고 HTML 문자 코드를 판별하므로 제대로 기술하지 않으면 글자가 깨져서 표시될 수도 있다. 또한, 가능한 한 빨리 브라우저에게 문자 코드를 알려 줄 필요가 있으므로 반드시 <head> 태그 바로 다음 줄에 작성하도록 하자.

<meta name="description" content="한 단계 높은 웹 개발을… 참가자 모집 중">

페이지의 개요를 기술하는 부분이다. 이 개요는 'content="…"'의 '…' 부분에 70~80글자 정도의 길이로 작성해 둔다.

<title>~</title>

HTML 파일의 제목을 '~' 부분에 작성한다. 여기에 작성한 것은 브라우저 창의 제목으로 표시된다. 눈에 잘 안 띄므로 사소하게 생각할 수 있지만, 사실은 매우 중요한 태그다.

이 <title>~</title>의 콘텐츠 부분과 <meta name="description" content="…">의 '…' 부분은 검색 사이트의 검색 결과에 표시될 가능성이 높으므로 페이지에 표시되지 않는다고 대충 작성해서는 안 된다.

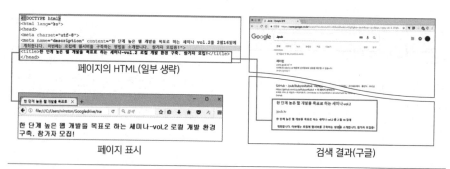

그림 2-11 **<title> 태그의 텍스트와 <meta name="description">의 내용이 표시되는 곳**

<body> 태그

브라우저 창에 표시되는 부분은 모두 <body>~</body> 부분에 기입한다. 'HTML을 작성한다'고 하면 대부분은 <body>~</body> 에 태그와 콘텐츠를 추가하는 작업을 뜻한다.

CHAPTER 3

HTML5&CSS3

CSS 기초 지식과 페이지 디자인 실전 예제

이 장에서는 CSS를 이해하기 위한 기초 지식을 배우고, 실전 예제를 통해 페이지를 디자인해 본다.

CSS3이란 CSS2.1의 기능을 확장한 버전

CSS 기초 지식

하나의 HTML 파일을 작성하면 웹페이지로서 최소한의 기능을 하지만, 여기에 추가적으로 화면상에 표시되는 방식이나 외형을 조절하는 것이 일반적이다. 이때 사용하는 것이 CSS다. 여기서는 CSS의 언어적인 특징을 소개한다.

HTML에 스타일 정보를 추가하는 것이 CSS

CSS는 Cascading Style Sheets를 줄인 말로 간단히 '스타일 시트'라고 부르기도 한다.

HTML은 태그를 사용해 콘텐츠에 의미를 부여하지만, 이 콘텐츠를 어떤 식으로 표시할지, 페이지의 스타일 및 레이아웃(배치)을 조절하는 기능은 가지고 있지 않다. HTML이 브라우저에 표시될 때 그 방식(외형)을 조절하는 것이 바로 CSS다.

CSS의 버전

HTML과 마찬가지로 CSS에도 버전이 있다[25]. CSS 사양도 W3C에서 정하고 있으며 인터넷상에 문서도 공개돼 있다.

현재 CSS의 최신 버전은 2004년에 대략적인 윤곽이 확정되고 2011년에 정식으로 공개된 'CSS2.1'이다[26]. CSS2.1에는 CSS 문법이나 기본적인 동작 사양이 정의돼 있으며, 특히 중요한 스타일 기능이 포함돼 있다.

현재는 CSS2.1의 문법과 기본적인 동작, 주요 기능을 기반으로 새로운 기능들이 추가되고 있는 상태다. 이렇게 2.1 이후에 등장한 다양한 기능들을 모아서 'CSS3'이라고 부른다.

---

25 'HTML의 버전'(p.30)
26 현재 2.1에 있는 오류를 수정한 버전인 CSS2.2도 입안되고 있는 중이다.

CSS2.1과 CSS3에는 완전한 호환성이 있으며, 웹페이지를 만들 때에 '이것이 CSS2.1 기능인지 아니면 CSS3 기능인지'를 신경 쓸 필요가 없다. 모두 'CSS'라고 생각하면 된다.

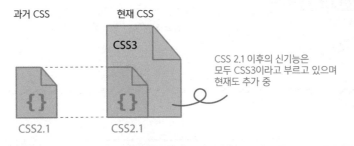

과거 CSS   현재 CSS

CSS3

CSS 2.1 이후의 신기능은 모두 CSS3이라고 부르고 있으며 현재도 추가 중

{ }   { }

CSS2.1   CSS2.1

그림 3-1 **현재 CSS는 CSS2.1을** 기반으로 새로운 기능을 추가한 상태다

CSS의 기본적인 작성법을 정복하자

CHAPTER
3

SECTION 2

HTML5&CSS3

CSS 형식

HTML이 표시될 때의 디자인이나 레이아웃은 모두 CSS에서 정의한다. 먼저 CSS의 기본적인 형식을 확인해 보자.

CSS 기본 형식

CSS의 기본 형식은 다음과 같다.

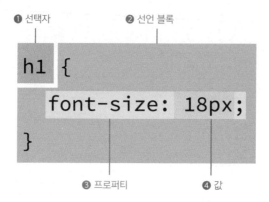

❶ 선택자　　❷ 선언 블록

```
h1 {
    font-size: 18px;
}
```

❸ 프로퍼티　　❹ 값

그림 3-2 **CSS 기본 형식과 명칭**

📧 선택자

CSS에는 HTML의 '어디에', '어떤' 스타일을 적용할지를 기술한다. CSS의 기본 형식 중 '❶ 선택자(selector)'는 '어디에'에 해당하는 부분이다. 이 선택자로 HTML 문서 내에서 스타일을 적용할 '요소'를 선택한다.

다양한 선택자가 존재하며, 여러 가지 방법으로 HTML 요소를 선택할 수 있다. 앞의 그림(3-2)에서는 태그명으로 요소를 선택하는 '유형 선택자'를 사용하고 있다. 다른 선택 자들에 대해서는 이후 본문에서 언급될 때 별도로 설명하겠다.

➤ 선언 블록

'어디에'를 지정하는 선택자 다음에는 '어떤' 스타일을 적용할지 기술하는 '❷ 선언 블록' 이 나온다. '{~}' 안에 적용하고 싶은 스타일을 작성한다.

➤ 프로퍼티와 값

❸ 프로퍼티(property)와 ❹ 값이 선택자로 선택한 요소에 적용할 스타일이다. 프로퍼 티와 값은 콜론(:)으로 연결해서 기술한다. 콜론 뒤에 바로 값을 작성해도 되며, 공백을 두고 값을 작성해도 된다. 또한, 값 뒤에는 반드시 세미콜론(;)을 붙여야 한다.

프로퍼티에는 몇 가지 종류가 있다. 그림의 'font-size'는 요소에 포함된 콘텐츠의 폰트 크기를 변경하기 위한 프로퍼티다. 만약 설정하고 싶은 스타일이 여러 개 있다면(예를 들어, 폰트 크기를 변경한 후 텍스트 색깔도 변경하고 싶은 경우) 프로퍼티와 값을 하나의 세 트(한 줄)로 해서 여러 줄에 걸쳐 작성하면 된다.

프로퍼티에 설정하는 ❹ 값에도 몇 가지 종류가 있다. 그림의 '18px'는 숫자와 단위(px 부분)로 구성된 것으로[27] 프로퍼티 종류에 따라 다른 종류의 값을 지정할 수 있다. 값 을 작성하는 방법에 대해서는 이후 새로운 프로퍼티가 나올 때마다 소개하겠다.

---

27 'CSS 단위'(p.74)

HTML과 CSS에는 새로운 기능이 계속 추가되고 있다. 특히, CSS의 각 기능은 브라우저 버전이 오래된 경우 제대로 동작하지 않는 경우가 있다.

그래서 실제 웹사이트를 제작할 때는 사전에 브라우저별로 적용 가능 여부를 확인해서 어떤 기능을 사용하면 좋을지 사전에 정해 두는 것이 일반적이다. 이런 판단을 할 때 도움이 되는 것이 다음 사이트나 자료다[28].

HTML이나 CSS의 브라우저 지원 버전을 조사하려면

'caniuse.com'이라는 사이트가 도움이 된다. 각 브라우저의 HTML, CSS, 자바스크립트 지원 현황을 정리해 둔 사이트다. 새로운 기능을 사용할 때는 이 사이트를 통해 어떤 브라우저에서 동작하는지 확인하면 좋다.

caniuse.com

URL http://caniuse.com

어떤 브라우저가 사용되고 있는지 조사하려면

사용자가 어떤 OS, 어떤 단말기, 어떤 브라우저를 사용해서 웹사이트에 접속하고 있는지 조사하려면 'StatCounter Global Stats' 등을 참고로 하면 된다.

StatCounter Global Stats

URL http://gs.statcounter.com

---

28   이 책의 마지막 부분에 있는 '참고 자료: HTML/CSS 기능과 브라우저 지원 현황'이라는 칼럼을 참고하자.

실제로 스타일을 적용해 보자

페이지에 CSS를 적용하는 훈련

실무에서 사용하는 작업 흐름에 맞추어 HTML에 CSS를 적용하는
훈련을 해보겠다.

이 훈련의 핵심

2장에서 만든 HTML 문서를 CSS를 사용해서 꾸며 보겠다. 새롭게 등장하는 프로퍼티
에 대해 간단히 설명하겠지만, 먼저 HTML의 외형을 꾸밀 때 어떤 작업 순서를 따르는
지와 CSS를 어떤 순서로 작성하는지를 파악하자.

신규로 CSS 파일을 생성해서 HTML에서 CSS 불러오기

실제 웹사이트를 만들 때는 HTML 파일과 별도로 전용 CSS 파일을 작성하는 것이 일
반적이다. 여기서는 HTML 파일(c03-01 폴더의 index.html)과 같은 위치에 'style.css'라는
이름으로 CSS 파일을 저장한다. 또한, HTML 파일과 마찬가지로 문자 코드는 'UTF-8'
로 설정한다.

CSS 파일의 첫 번째 줄은 다음과 같이 작성한다[29].

---

29   HTML과 CSS에서 문자 코드를 지정할 때는 'UTF-8'이라고 대문자로 작성해도 되고 'utf-8'처럼 소문자로 작성해도 된
     다. 이 책에서는 소문자를 사용한다.

CSS 파일의 문자 코드 지정하기 chapter3/c03-01/style.css

```
@charset "utf-8";
```

다음은 HTML 파일을 편집해서 이 style.css 파일을 불러온다.

HTML **HTML에 외부 CSS 파일 불러오기** chapter3/c03-01/index.html

```
...
<head>
<meta charset="utf-8">
<meta name="description" content="한 단계 높은 웹 개발을 목표로 하는 세미나-vol.2... 참
가자 모집 중!">
<link rel="stylesheet" href="style.css">
<title>한 단계 높은 웹 개발을 목표로 하는 세미나-vol.2 로컬 개발 환경 구축. 참가자 모집!</
title>
</head>
...
```

🏷 @charset "utf-8";

CSS 파일에 작성한 charset "utf-8";은 CSS 파일의 문자 코드를 지정하기 위한 것이다.
반드시 CSS 파일의 첫 번째 줄에 작성해야 한다.

🏷 CSS 파일을 불러오는 <link> 태그

HTML에서 CSS 파일을 불러올 때에 <head>~</head> 사이에 다음과 같은 형식으로
<link> 태그를 추가한다. href 속성에는 HTML 파일로 불러오고 싶은 CSS 파일의 '경
로'를 지정한다. 이 경로에 대해서는 뒤에서 자세히 설명하겠다[30].

형식 **CSS 파일을 불러올 때의 <link> 태그 형식**

```
<link rel="stylesheet" href="불러오고 싶은 CSS 파일의 경로">
```

---

30 '텍스트에 링크 추가하기'(p.116)

참고로 HTML 4.01이나 XHTML 1.0에서는 CSS를 불러오는 <link> 태그에 type 속성도 함께 작성해야 했지만, HTML5에서는 불필요하다.

```
<link rel="stylesheet" href="style.css" type="text/css">
```

HTML5에서 type 속성은 불필요

그림 3-3 **HTML 4.01이나 XHTML 1.0에서 필요했던 type 속성이 HTML5에서는 불필요**

📖 **Note** CSS를 적용하는 다른 방법

HTML에 CSS를 적용하려면 외부 CSS 파일을 사용하는 것이 일반적인 방법이지만, 이외에도 두 가지 방법이 더 있다.

태그 자체에 직접 작성

모든 태그에는 style 속성을 추가할 수 있다. style 속성은 해당 태그에 CSS를 지정하기 위한 것이다. 다음 예에서는 '아직 주문이 확정되지 않았습니다.'라는 <p>의 글자색을 빨간색으로 변경하고, 글자 두께도 두껍게 지정하고 있다.

▶ **태그에 style 속성 추가하기**

```
<p style="color: #ff0000;font-weight: bold;"> 아직 주문이 확정되지 않았습니다.</p>
```

style 속성의 값으로 프로퍼티와 그 값을 지정하고 있다. 세미콜론(;)을 사용해서 복수의 프로퍼티와 값을 연결해서 작성할 수도 있다(; 뒤에 줄바꿈을 추가할 수는 없다). 태그에 바로 CSS 스타일을 작성하므로 선택자는 기술하지 않는다.

단, 이렇게 style 속성을 사용하는 방법은 공개할 웹사이트에서는 사용할 수 없다. 왜냐하면 태그 단위로 CSS를 작성하면 HTML이 복잡해져서 관리가 어렵다는 것이 첫 번째 이유다.

또 한 가지 중요한 이유는, style 속성을 사용하면 상세도가 높아져서 나중에 CSS를 덮어쓰기하기가 어려워지기 때문이다. 상세도에 대해서는 '상세도'(p.269)에서 자세히 다룬다.

<style> 태그를 사용해서 HTML에 작성

다른 한 가지 방법은 HTML의 <head>~</head>에 <style> 태그를 추가해서 해당 콘텐츠로 CSS를 작성하는 방법이다.

```
...
<head>
...
<style>
p {
    color: #ff0000;
    font-weight: bold;
}
</style>
</head>
<body>
    <p>아직 주문이 확정되지 않았습니다.</p>
</body>
</html>
```

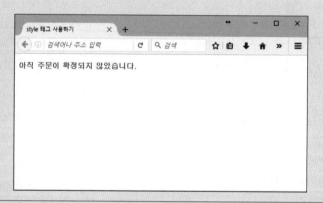

그림 3-4 **<style>** 태그의 스타일이 적용돼서 글자색이 빨간색으로 굵게 표시된다

<style> 태그를 사용하는 방법도 실제 웹사이트에서는 많이 사용되지 않지만, 해당 HTML에서
만 사용되는 짧은 CSS를 작성해야 할 때 등 보완하는 방식으로 사용하는 경우도 있다. 또한, 이
방법은 HTML과 CSS를 함께 확인할 수 있어서 학습이 수월하다. 이 책에서는 이 방식을 사용
한다.

페이지 전체의 폰트 지정하기

여기서부터는 HTML의 스타일을 변경해 나가도록 하겠다. CSS는 모두 외부 파일(style. css)에 작성한다.

CSS를 편집할 때는 먼저 페이지 전체 스타일을 조절하는 CSS부터 작성한 후 특정 위치에 적용할 스타일을 추가해 가는 것이 기본이다. 가능한 한 '페이지 전체 스타일 ➡ 특정 위치의 스타일'순으로 CSS를 작성해야 전체적인 코드 길이가 짧고 간결해진다.

여기서는 먼저 페이지 전체 폰트를 'sans-serif(고딕체)'로 설정한다.

CSS | 페이지 전체 폰트 지정   ⬇ chapter3/c03-01/style.css

```
@charset "utf-8";

body {
    font-family: sans-serif;
}
```

➤ 유형 선택자와 font-family 프로퍼티

여기서 사용한 CSS 선택자는 'body'다. 이 선택자는 유형 선택자(type selector)라고도 하며, <body> 태그에 '{ }' 안에 지정한 스타일을 적용한다.

또한, font-family 프로퍼티는 텍스트를 표시할 때 사용할 폰트를 지정하기 위한 것이다[31]. 여기선 값으로 'sans-serif(고딕체)'를 지정하고 있다.

➤ CSS 상속

'상속'이란 특정 요소에 지정한 프로퍼티의 값이 그 자식 요소, 자손 요소에게도 적용되는 것을 뜻한다. CSS의 중요 사양 중 하나다.

---

31   'font-family 프로퍼티'(p.89)

예에서 <body> 요소에 font-family 프로퍼티를 적용하고 있지만, 이 <body> 콘텐츠에는 <h1>이나 <p> 등 다수의 자식 요소가 포함돼 있다. 이런 자식 요소에도 <body>에 지정한 font-family 프로퍼티의 값이 그대로 적용(상속)되는 것이다.

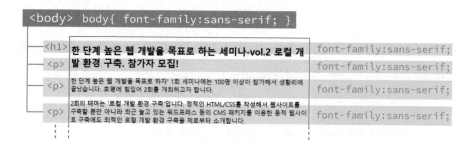

그림 3-5 **CSS 상속. <body> 요소에 설정한 font-family 프로퍼티가 자식 요소에도 적용된다**

값이 자식 요소에 상속되는지 여부는 프로퍼티 단위로 정해진다. 정확하게 파악하려면 프로퍼티를 사용할 때마다 확인해야 하지만, 대략적으로 다음과 같이 이해하면 된다.

- 폰트 관련(폰트 패밀리, 폰트 사이즈, 텍스트 색 등)의 프로퍼티는 상속된다.
- 배경색이나 배경 이미지 등의 프로퍼티는 상속되지 않는다.
- 박스 모델[32] 관련 프로퍼티는 상속되지 않는다.
- 그외 대부분의 프로퍼티는 상속되지 않는다.

---

32 'CSS의 박스 모델'(p.178)

\<h1\>, \<h2\>의 폰트 크기를 지정하고, \<p\>와 \<p\> 사이의 공백을 제거하기

다음으로 \<h1\>, \<h2\>의 폰트 크기를 줄이고 \<p\>와 \<p\> 사이의 공백을 제거해 보겠다.

CSS 제목의 폰트 크기를 지정하고 단락 간 공백 조절한다   chapter3/c03-01/style.css

```css
body {
    font-family: sans-serif;
}
h1 {
    font-size: 21px;
}
h2 {
    font-size: 18px;
}
p {
    margin-top: 0;
    margin-bottom: 0;
}
```

✈ font-size 프로퍼티

지금 CSS 추가한 'h1', 'h2', 'p'는 모두 유형 선택자다. 태그명이 \<h1\>, \<h2\>, \<p\>인 모든 요소에 스타일이 적용되며, 각각 다음과 같이 스타일을 변경한다.

- 모든 \<h1\> 요소(우리가 작성한 HTML에는 하나밖에 없다)의 폰트 크기를 **21px**로 설정한다.
- 모든 \<h2\> 요소의 폰트 크기를 **18px**로 설정한다.
- 모든 \<p\> 요소의 상하 간격을 **0**으로 설정한다(즉, 모든 \<p\> 요소(단락)의 위아래에 있는 공백을 제거한다).

font-size 프로퍼티 값에는 숫자 뒤에 'px'를 붙인다. 이것은 CSS의 '단위'에 해당하는 것으로 px는 값이 '픽셀(pixel)' 단위라는 것을 나타낸다. 단위에 대한 자세한 내용은 'CSS 단위'(p.74)를 참고하자.

장소와 시간에서 사용하고 있는 ' · ' 제거하기

페이지 전체 스타일을 조정했으니 다음은 특정 부분에만 적용되는 스타일을 작성해 보자. 먼저, '장소와 시간' 아래에 있는 항목들에서 앞에 있는 ' · '를 제거하도록 한다.

우리가 작성한 HTML 문서에는 <ul>~</ul>이 두 군데 사용되고 있다. 첫 번째는 '장소와 시간'이고, 두 번째는 '주의 사항' 부분이다. 이 중에서 '장소와 시간' 부분의 항목들에서만 ' · '를 지우고 싶지만, 유형 선택자를 사용해서 요소를 선택하면 두 곳의 <ul>요소가 모두 변경돼 버린다. '장소와 시간' 부분의 항목들만 선택하기 위해서 여기서는 클래스(class) 선택자를 사용한다. HTML에 스타일을 변경하고 싶은 <ul>에 class 속성을 추가한 후 style.css에 해당 클래스용 CSS를 추가하면 된다.

HTML **'장소와 시간' 아래에 있는 <ul>에 class 속성 추가** 　⬇ chapter3/c03-01/index.html

```
...
<h2>장소와 시간</h2>
    <ul class="info">
    <li><b>장소: </b>Mr. HandsON 신주쿠 콘퍼런스 타워 11F A회장(지도) (<a
href="http://jpub.kr">지도</a>)</li>
        <li><b>일시:</b>10월 16일 19:00~21:00(개장은 18:30부터)</li>
        <li><b>입장료:</b>20,000원</li>
</ul>
...
```

CSS **클래스명이 '.info'인 요소에 스타일을 적용한다** 　⬇ chapter3/c03-01/style.css

```
...
.info {
    list-style-type: none;
}
```

✈️ class 선택자

예에서 사용한 것은 '클래스 선택자'라는 것이다. 동일 클래스명(HTML의 class 속성에 지정한 값)을 가지는 모든 요소에 스타일을 적용하는 선택자로 마침표(.)에 이어 클래스명을 기술한다.

> **형식** 클래스 선택자의 형식
>
> .클래스명

> 📖 **Note** 선택자는 클래스 선택자를 주로 사용한다
>
> CSS에는 다양한 선택자가 있지만, 특정 요소에 스타일을 적용할 때는 클래스 선택자를 주로 사용한다.

프로필 섹션에 외곽선을 추가하고 제목 부분 꾸미기

마지막으로 강사의 프로필 부분에만 상자(외곽선)를 넣은 후 제목 부분 위아래에 있는 공백을 조절하도록 하겠다. 여기서도 클래스 선택자를 사용하므로 먼저 HTML의 해당 요소(<section>)에 class 속성을 추가한다.

> **HTML** <section>에 class 속성 추가 📥 chapter3/c03-01/index.html
>
> ```
> ...
> <section class="profile">
>     <h2>홍길동 씨 프로필</h2>
>     <p>미국에서 IT 기술을 공부한 후 통신... 개발 및 인프라 정비를 담당하고 있다.</p>
> </section>
> ...
> ```

```
...
.info {
    list-style-type: none;
}
.profile {
    padding: 16px;
    border: 1px solid #095cdc;
}
.profile h2 {
    margin-top: 0;
    margin-bottom: 0;
}
```

이것으로 CSS를 사용해서 HTML를 꾸미는 작업이 끝났다.

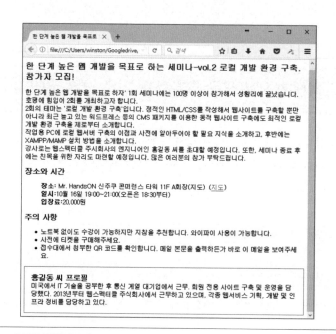

그림 3-6 CSS가 적용된 웹페이지

✈ 자손 선택자

이번에 사용한 선택자는 .profile과 .profile h2 두 가지다. 전자는 클래스 선택자이지만, 후자는 '자손 선택자'라는 것이다.

자손 선택자는 첫 번째 지정한 선택자(여기선 .profile)로 선택된 요소의 자손 요소 중 두 번째 선택자(여기선 h2)에 해당하는 요소만 선택한다. 첫 번째 선택자와 두 번째 선택자 사이에는 공백을 둔다. 자손 선택자는 특정 위치에 있는 요소만 선별하기 위해 사용된다.

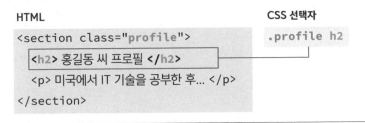

그림 3–7 자손 선택자는 첫 번째 선택된 요소의 자손 요소를 선택한다

✈ 유형 선택자, 클래스 선택자, 자손 선택자는 자주 사용하는 3대 선택자

HTML 문서의 요소를 선택하는 선택자에는 현재 약 40여 종류가 있다. 그중에서도 유형 선택자, 클래스 선택자, 자손 선택자는 자주 사용하는 3대 선택자라고 보면 된다. 이 세 종류의 선택자는 어떤 HTML 요소를 선택하는지 이해하기 쉽고 CSS 관리가 수월하다는 장점이 있다. 선택자를 고를 때는 먼저 이 세 종류 중 하나를 검토하도록 하자.

텍스트 꾸미기

이 장에서는 CSS의 텍스트 꾸밈 기능에 대해 설명한다. 폰트 크기나 색 변경, 행간 조정 등 텍스트와 관련된 다양한 CSS 기능이 존재하며, 모두 자주 사용되는 기능들이다. 여기서 제대로 배워 두도록 하자.

폰트 크기 변경 방법과 CSS 단위

제목이나 본문의
폰트 크기 조정하기

폰트 크기 조절에 대해서는 3장에서도 다뤘지만, 여기선 보다 상
세한 폰트 크기 지정 방법을 소개하도록 한다.

CSS 단위

CSS 프로퍼티 중에는 폰트 크기 및 폭, 높이 등을 설정할 수 있는 것이 있다. 이런 프
로퍼티에는 길이(또는 높이)를 지정해야 하는데, 이때 '숫자+단위' 형태로 값을 지정한다.

$$\text{width: 300px;}$$

그림 4-1 단위 지정 예. 여기서는 폭에 300px라는 값과 단위를 지정하고 있다

CSS에서 길이를 지정할 때 사용하는 단위에는 다음과 같은 것이 있다.

표 4-1 CSS에서 길이를 지정할 때 사용하는 주요 단위

단위	읽는 법	설명	사용 예
px	픽셀	모니터의 1픽셀(화소)을 1px이라고 한다. 폰트 크기나 박스 크기[33] 등을 지정할 때 사용한다	font-size: 16px;
em	엠	문자 하나의 크기를 1em이라고 한다. 폰트 크기나 박스 크기 등을 지정할 때 사용한다	font-size: 1.25em;
%	퍼센트	퍼센트는 기준이 되는 길이의 퍼센티지를 지정하는 단위다. 기준이 되는 길이는 대상 프로퍼티에 따라 달라진다. 주로 박스의 크기를 지정할 때 사용한다	width: 100%;

33 'CSS의 박스 모델'(p.178)

표 4-1 CSS에서 길이를 지정할 때 사용하는 주요 단위(계속)

단위	읽는 법	설명	사용 예
rem	루트엠 또는 렘	\<html\> 태그에 지정한 폰트 크기를 1rem이라고 한다. 폰트 크기를 상대적으로 지정할 때 편리하다	font-size: 1.2rem;
vw	뷰포트 위드(viewport width)	뷰포트(창 크기 또는 최대 화면 크기) 폭의 100분의 1을 1vw라고 한다	width: 100vw;
vh	뷰포트 하잇(viewport height)	뷰포트 높이의 100분 1을 1vh라고 한다	height: 50vh;

CHAPTER 4

➤📄 폰트 크기를 지정할 때 자주 사용하는 단위

폰트 크기를 지정할 때 자주 사용하는 단위는 px, em, %, rem 등이다. 이 네 가지 단위 중 가장 이해하기 쉬운 것은 px다. 폰트 크기를 px로 지정하면 문자 하나의 크기가 픽셀 수와 일치하게 된다.

예를 들어, font-size: 16px이라고 설정하면
문자 하나가 16px 상자 안에 들어가도록 크기가 설정

그림 4-2 **font-size** 을 단위로 **px**를 사용했을 때 설정되는 폰트 크기

컴퓨터 모니터는 무수히 많은 작은 점들로 구성돼 있다[34]. '1px'은 이 작은 점 하나의 크기다.[35]

사실은 이 작은 점 하나의 크기는 화면 종류에 따라 다르다. 그러므로 폰트 크기를 '16px'이라고 지정해도 실제로 표시되는 문자의 크기는 개인이 가진 화면에 따라 제각

---

34   이 작은 점을 '화소' 또는 '픽셀'이라고 한다.
35   옮긴이 정확히는 점이 아니라 사각형이다. 일반적으로 말하는 해상도 값(예를 들면, 1024×768은 화면 가로가 1024개, 세로가 768개의 작은 사각형들로 구성된다는 것을 뜻한다.)

각으로 표시되는 것이다. 일반적으로 노트북 화면은 일반 PC보다 픽셀 하나의 크기가 작아서 글자도 약간 작게 표시된다. 또한, 스마트폰 화면은 노트북 화면보다 픽셀 크기가 작아서 더 작게 보인다.

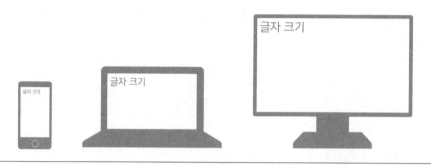

그림 4-3 폰트 크기를 동일하게 16px이라고 지정해도 화면 종류에 따라 크기가 다르게 표시된다

최근 웹사이트에서는 PC용 문자 크기를 14~16px 정도로 설정하는 경우가 많다. 스마트폰용으로는 14px은 너무 작아서 16px 이상으로 설정하는 것이 일반적이다.

em과 %를 사용해서 폰트 크기를 지정할 때 주의 사항

폰트 크기를 지정하는 font-size 프로퍼티는 부모 요소에 지정된 값을 상속받는다[36]. font-size 프로퍼티에 지정하는 값의 단위를 'em'으로 하면 부모 요소에 지정한 폰트 크기를 1em으로 해서 해당 요소의 크기가 정해진다. 따라서 요소가 내포 관계(중첩 관계)에 있는 경우는 예상 외의 폰트 크기로 표시될 수 있으므로 주의가 필요하다.

| HTML 요소(여기서는 <div>)가 내포 관계에 있다 | ⬇ chapter4/c04-01-a/index.html |

```
...
<style>
body {
    font-size: 1em;
```

---

36 'CSS 상속'(p.65)

```
}
div {
    font-size: 0.8em;
}
</style>
</head>
<body>
body 폰트 크기(1em = 16px) ●━━━━━━━━━━━━━━━━━━━━━━━━━━━━━━━━━━━●❶
<div>
    body->div의 폰트 크기(16px을 상속한 폰트 크기의 0.8em = 약 13px) ●━━━━━━●❷
    <div>
        body-> div->div의 폰트 크기(13px을 상속한 폰트 크기의 0.8em = 약 10px) ●━━●❸
    </div>
</div>
...
```

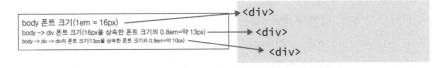

그림 4-4 <div>의 자식 요소인 <div>의 텍스트는 더 작게 표시된다

<style>~</style>에 기술된 CSS를 보면 <body> 요소의 폰트 크기를 1em으로 지정하고 있다. 주요 브라우저의 표준 폰트 크기는 16px으로 설정돼 있으므로 <body>~</body> 내에 작성된 텍스트의 폰트 크기(❶ 부분)는 16px이 된다.

<body>의 바로 밑에 자식 요소인 <div>가 있다. font-size 프로퍼티는 부모 요소의 값을 상속하므로 이 <div>의 폰트 크기는 16px로 초기화돼 있다. 여기에 다시 CSS가 적용되는 것이다. <div> 폰트 크기를 0.8em으로 설정하고 있으므로 이 <div>의 폰트 크기는 '16px의 0.8배'인 13px로 표시되는 것이다(❷).

또한, 이 <div>도 자식 요소로 <div>를 가지고 있다. 이 <div>도 부모 요소의 폰트 크기를 상속하므로 처음부터 13px로 설정돼 있다. 여기에 다시 CSS를 적용하므로 이 <div>의 폰트 크기는 '13px의 0.8배'인 약 10px이 된다(❸).

이와 같이 em 단위를 사용하면 HTML 구조나 CSS 작성법에 따라 폰트 크기 제어가 어려워지는 경우가 있어서 주의가 필요하다.

참고로 폰트 크기 단위로 '%'를 사용하는 경우도 같은 문제가 생긴다.

태그 단위로 폰트 크기 지정하는 방법

웹페이지의 폰트 크기를 결정하는 방법에는 크게 두 가지가 있다. 첫 번째는 px 단위를 사용해서 태그마다 폰트 크기를 지정하는 방법이다. 이 방법은 상속 문제가 없으며, 간단하고 알기 쉽다는 것이 특징이다.

다음 HTML과 같이 페이지 내에 <h1>, <h2>, <p>, <ul> 태그가 있다고 하자. 그리고 제목인 <h1>, <h2>의 폰트 크기는 각각 20px, 16px로 정하고 다른 텍스트는 14px로 정해야 하는 경우를 생각해 보자. <h1>, <h2> 이외의 폰트 크기는 <body> 요소에서 설정한다.

HTML 태그 단위로 폰트 크기 지정하기   ⬇ chapter4/c04-01-b/index.html

```
...
<head>
...
<style>
body {
    font-size: 14px;
}
h1 {
    font-size: 20px;
}
h2 {
    font-size: 16px;
}
</style>
</head>
<body>
<h1>4월 28일 오픈!</h1>
```

```
<p>책을 읽으며 커피를 마실 수 있는 새로운 형태의 서점&카페 Boofé가 오픈합니다. 오픈 기념으로 커피
를 반값에 판매합니다.</p>
<h2>장소 및 영업 시간</h2>
<ul>
    <li>서울 중구 명동 123번지</li>
    <li>영업 시간: 10:00 - 21:00</li>
</ul>
</body>
</html>
```

단위로 px를 사용해서 태그별로 폰트 크기를 지정하는 방법은 CSS 가독성이 좋아지
며, 어떤 요소가 어떤 픽셀 크기로 표시되는지 쉽게 파악할 수 있는 이점이 있다. 특
히, 포토샵 등의 이미지 처리 프로그램으로 작성한 페이지 디자인을 HTML으로 변경
하는 경우는 이 방법을 사용하는 것이 일반적이다.

모든 폰트 크기를 상대적으로 정하는 방법

웹페이지의 폰트 크기를 정하는 다른 한 가지 방법은 기준이 되는 폰트 크기를 정해
두고, 각 요소의 폰트 크기를 기준 폰트 크기에 맞추어 상대적으로 지정하는 방법이
다. 단위로는 px와 rem을 사용한다.

HTML **폰트 크기를 상대적으로 정하기** chapter4/c04-01-c/index.html

```
...
<head>
<meta charset="utf-8">
<title>제목과 본문의 폰트 크기 조절하기</title>
<style>
html {
    font-size: 14px;
}
h1 {
    font-size: 1.4rem;
}
```

```
h2 {
    font-size: 1.14rem;
}
</style>
</head>
<body>
<!-- body 안은 '태그 단위로 폰트 크기를 지정하는 방법' c04-010b/index.html과 동일
-->
...
</body>
</html>
```

📬 폰트 크기를 상대적으로 정하는 방법

폰트 크기를 상대적으로 정하는 방법에서는 먼저 <html> 요소에 '기준이 되는 폰트 크기'를 px 단위로 설정한다(<body> 요소가 아니다. 주의하자). 예에서는 기준 폰트 크기를 14px로 설정하고 있다. font-size 프로퍼티는 상속되므로 <p>나 <ul> 등 기준 폰트 크기인 14px로 표시된다.

▶ **<html> 태그에 기준이 되는 폰트 크기를 지정한다**

```
html {
    font-size: 14px;
}
```

기준 폰트 크기를 지정했으면 다음은 제목 등의 폰트 크기를 지정한다.

▶ **<h1>, <h2>의 폰트 크기 지정**

```
h1 {
    font-size: 1.4rem;
}
h2 {
    font-size: 1.14rem;
}
```

여기서 사용하는 단위는 rem(루트엠)이다. **'루트(root)'란 모든 요소의 부모 요소로 항상 <html>을 가리킨다.** rem 단위를 사용하면 <html>에 지정한 폰트 크기를 기준으로 요소의 폰트 크기를 지정할 수 있다. 이번 예제에서는 다음과 같이 설정하고 있다.

<h1>	<html>의 폰트 크기(**14px**)를 1.4rem(1.4배)한 것	=	약 20px
<h2>	<html>의 폰트 크기(**14px**)를 약 1.14rem(1.14배)한 것	=	약 16px
기타 요소	<html>의 폰트 크기(**14px**)를 상속	=	14px

그림 4-5 **<h1>, <h2>, 기타 요소의 폰트 크기**

rem 단위를 사용하면, 'em과 %를 사용해서 폰트 크기를 지정할 때 주의 사항(p.76)'에서 소개한 상속 문제 없이 모든 요소의 폰트 크기를 상대적으로 정할 수 있다. <html> 요소에 지정한 폰트 크기만 바꾸면 모든 요소의 폰트 크기를 일괄적으로 변경할 수 있어서 CSS 관리나 수정이 수월해진다. 특히, 반응형 웹디자인[37]에서 PC용과 스마트폰용 폰트 크기를 변경하고 싶을 때(예를 들어, 스마트폰에서 문자 크기를 전체적으로 크게 표시하고 싶을 때 등)에 위력을 발휘한다.

---

37 10장 '반응형 웹페이지를 만들어 보자'에서 설명한다.

텍스트의 행간은 가독성에 큰 영향을 끼친다

읽기 쉽게 행간 조절하기

행간이란 텍스트의 행과 행 사이의 간격(공백)을 뜻한다. 행간을 어떻게 지정하느냐에 따라 문장의 가독성이 크게 달라진다. 특히 블로그나 뉴스 사이트 등 기사를 읽어야 하는 사이트에서는 행간 조정이 매우 중요하다.

텍스트의 행간 조절하기

다음 예제에서는 <body>에 포함된 모든 텍스트의 행간을 1.7로 설정하고 있다.

HTML 가독성 좋은 행간 설정하기   ⬇ chapter4/c04-02/index.html

```
...
<style>
body {
    line-height: 1.7;
}
</style>
</head>
<body>
    <p>HCCX-5는 액티브 자이로스콥을 탑재해서 손떨림을 크게 줄여 주는 카메라 보조 장치입니다. 일
반 카메라는 물론 스마트폰까지 다양한 장비에 장착할 수 있습니다. 가벼워서 휴대하기 편하며 아마추어부터
프로까지 폭넓은 사용자층을 확보하고 있습니다.</p>
</body>
</html>
```

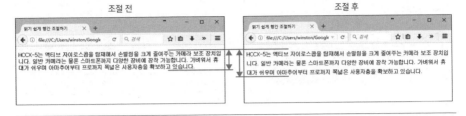

그림 4-6 행간 조절 전과 조절 후

✈️ line-height 프로퍼티 값

line-height 프로퍼티를 사용하면 텍스트의 행 위아래에 공백이 추가된다. 값에는 단위 없이 숫자만 지정한다.

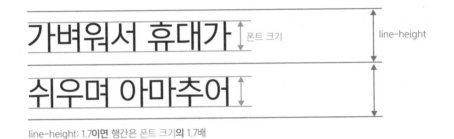

line-height: 1.7이면 행간은 폰트 크기의 1.7배

그림 4-7 line-height 프로퍼티로 설정한 행의 높이

line-height 프로퍼티는 자식 요소에 상속되므로 <body>에 설정해 두면 페이지 전체의 행간을 일괄적으로 변경할 수 있어서 편리하다.

일반적으로 line-height에 설정하는 값은 1.5~1.8 정도가 적당하다. 단, 제목 등 폰트 크기가 큰 요소는 1.2 정도로 설정하는 경우도 있다.

참고로 주요 브라우저의 line-height 프로퍼티 초깃값은 1.5 정도로 설정돼 있다. 특히 문장이 긴 경우는 행간에 따라 가독성이 크게 달라지므로 설정 값을 조금씩 변경해 가며 가장 읽기 쉬운 값을 찾도록 하자.

line-height: **1.0**

너무 좁다

1.7

적당

3.0

너무 넓다

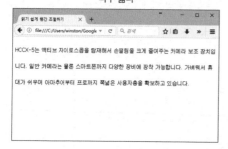

그림 4-8 행간은 너무 넓거나 너무 좁으면 가독성이 떨어진다

뉴스 사이트나 블로그를 위한 실전 테크닉

단락에서 리드 문장을 굵은 글씨로 설정

리드(lead) 문장이란 기사의 개요를 담고 있는 짧은 텍스트로 보통은 전체 기사 앞에 게재된다. 이 리드 문장의 텍스트를 굵게 표시해서 강조해 보자.

클래스 선택자 사용하기

HTML에는 '리드 문장'을 뜻하는 태그가 없으므로 단락 태그인 \<p>에 클래스명을 붙여서 설정한다. 이 클래스명을 선택자에 사용해서 CSS로 텍스트를 굵게 표시할 수 있다.

HTML **단락에서 리드 문장만 굵게 표시하기**   chapter4/c04-03/index.html

```
...
<style>
body {
    line-height: 1.7;
}
.lead {
    font-weight: bold;
}
</style>
</head>
<body>
<h1>손떨림 없는 사진을</h1>
<p class="lead">HCCX-5는 액티브 자이로스콥을 탑재해서 손떨림을 크게 줄여 주는 카메라 보조 장치입니다. 일반 카메라는 물론 스마트폰까지 다양한 장비에 장착할 수 있습니다.</p>
<p>가벼워서 휴대하기 편하며... 문의해 주세요. </p>
</body>
</html>
```

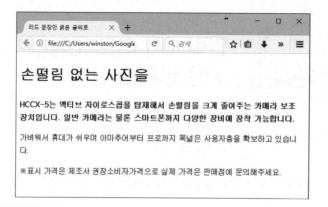

그림 4-9 단락의 시작 문장이 굵게 표시된다

font-weight 프로퍼티

font-weight은 요소의 텍스트를 굵게 표시할지를 정하는 프로퍼티다. 값은 'bold(굵은 글씨)' 또는 'normal(일반 글씨)' 중 하나를 지정하는 것이 일반적이다.

> **형식** **텍스트를 굵게 표시할 때 사용하는 font-weight 프로퍼티**
>
> ```
> font-weight: bold;
> ```

반대로 처음부터 굵은 글씨로 표시되는 <h1> 등을 일반 글씨로 바꿀 수도 있다. 예를 들어, <h1>의 텍스트를 일반 글씨로 표시하고 싶을 때는 다음과 같은 형식의 CSS를 사용한다.

▶ **<h1> 텍스트를 보통 굵기로 표시하기**

```
h1 {
    font-weight: normal;
}
```

📖 N o t e   font-weight 프로퍼티의 값은 bold, normal 이외에도 있다

font-weight 프로퍼티의 값에는 100, 200, 300, 400, 500, 600, 700, 800, 900 등 9가지 종류의 숫자를 사용해서 지정할 수도 있다. 400으로 지정하면 텍스트는 일반 굵기로 표시된다. 400보다 작은 값을 지정하면 보통보다 얇은 텍스트로, 큰 값을 지정하면 보통보다 두꺼운 텍스트로 표시된다.

font-weight 프로퍼티에 사용하는 값은 bold 또는 normal 중 하나가 일반적이지만, 구글 폰트 등 웹폰트[38]를 사용할 때는 값에 숫자를 지정하는 경우도 있다.

---

38   '웹폰트 사용하기'(p.90)

웹폰트의 등장으로 선택의 폭이 넓어졌다

폰트 설정하기

표시할 폰트를 설정하도록 한다. 폰트 설정에는 몇 가지 패턴이 있으며 여기선 실제 웹사이트에서 자주 사용되는 방법을 소개하도록 한다.

웹페이지에 표시하는 폰트는 컴퓨터나 스마트폰 등 기기에 설치돼 있는 폰트나 뒤에서 설명할 웹폰트 중에서 선택할 수 있다. 최근에는 웹폰트를 사용하는 경우가 늘었지만, 아직 컴퓨터에 설치된 폰트 중에서 선택하는 경우가 적지 않다.

하지만 윈도우, 맥, 안드로이드, iOS 등의 모든 OS에 공통적으로 설치돼 있는 폰트는 존재하지 않는다. 그러므로 설치돼 있는 폰트 중에서 선택할 때는 어떤 기기에서 접속하든 문제가 없도록 몇 가지 후보 폰트들을 준비해 둘 필요가 있다.

일반적인 폰트 지정 방법

한글 웹사이트에서는 보통 화면에서 읽기 쉬운 굴림체나 돋움체, 고딕체 등을 사용하는 편이다. 이들 폰트를 사용하는 경우 다음과 같이 CSS를 작성하는 것이 일반적이다.

HTML 폰트를 굴림체로 설정하는 경우의 전형적인 작성 패턴   ⬇chapter4/c04-04-a/index.html

```
...
<head>
<meta charset="utf-8">
<title>폰트 설정하기</title>
<style>
body {
    line-height: 1.7;
```

```
    font-family: "돋움", dotum, "굴림", gulim, arial, helvetica, sans-serif;
}
.lead {
    font-weight: bold;
}
</style>
</head>
<body>
...
</body>
</html>
```

➤▣ font-family 프로퍼티

폰트를 설정할 때는 font-family 프로퍼티를 사용한다. 값에는 폰트 후보들을 쉼표로 구분해서 지정한다. 폰트명에 공백이 있거나 한글이 있다면 큰따옴표(")로 감싼다.

font-family 프로퍼티에 여러 개의 폰트가 지정돼 있으면 브라우저는 첫 번째 것부터 순서대로 해당 폰트가 컴퓨터에 존재하는지 확인한다.

참고로 고딕체로 표시하는 경우 마지막에 반드시 'sans-serif'를 넣어야 한다. 이 sans-serif는 '고딕체'라는 뜻으로 지정한 폰트가 모두 없는 경우 고딕체로 표시하라는 뜻이다.

> 📕 **N o t e**   **폰트 종류는 크게 나누어 두 가지**
>
> 폰트는 디자인에 따라 크게 '세리프(serif)체'와 '산세리프(sans-serif)체' 두 가지로 나눌 수 있다[39].
>
> 세리프체는 가로선보다 세로선이 두껍고 붓이 멈추는 곳에 악센트(강조)가 있다. 참고로 '세리프'란 프랑스어로 '악센트'를 뜻하며, 자주 사용되는 명조체는 이 세리프체로 분류된다.
>
> 산세리프체는 가로와 세로의 두께 차이가 없고 붓이 멈추는 곳에 악센트도 없다. 고딕체가 이 산세리프체로 분류되며, '산(sans)'이란 프랑스어로 '없다'라는 뜻이다.

---

39 산세리프체, 세리프체 이외에도 영문 폰트에는 한 글자의 폭이 동일한 '고정폭(mono-space)' 폰트나 '필기체(cursive)' 폰트, 장식을 강조한 '디스플레이체(display)' 등이 있다.

세리프 — Serif

Sans Serif

가
명조체

가
고딕체

그림 4-10 **세리프체(명조체)와 산세리프체(고딕체)**

인쇄물 등에서는 긴 문장에 세리프체(명조체)를 사용하는 것이 읽기 쉽다고 알려져 있다. 그러므로 영문 웹사이트 등에서는 뉴스 사이트를 중심으로 세리프체가 많이 사용된다. 하지만 한글의 경우 명조체는 형태가 복잡해서 컴퓨터 화면에서 읽기가 어렵다. 따라서 한글은 긴 문장이라도 고딕체를 사용하는 것이 일반적이다.

웹폰트 사용하기

컴퓨터나 스마트폰에 설치돼 있는 폰트만으로는 사용할 수 있는 것이 많지 않다. 하지만 '웹폰트'를 사용하면 폰트 선택 폭이 훨씬 넓어진다. 웹폰트는 최근 들어 아주 활발히 사용되고 있다.

'웹폰트'란 웹페이지에 표시할 폰트를 웹서버로부터 다운로드하는 기능이다. 웹폰트를 사용하면 폰트 선택의 폭이 넓어지는 것 외에도 어떤 컴퓨터에서 열람하든 동일한 폰트로 표시할 수 있다는 이점이 있다[40]. 여기서는 구글 폰트(Google Fonts)라는 서비스가 제공하는 한글 폰트 중 '나눔 고딕체'를 사용하는 예를 소개하겠다.

---

40 웹폰트가 보급되지 않았던 시기에는 특수한 폰트를 사용하려면 이미지를 만드는 수밖에 없었다. 웹폰트를 사용하면 HTML에 이미지가 아닌 텍스트 데이터를 기입할 수 있으므로 검색 엔진과의 친밀도를 높일 수 있다.

```
...
<head>
<meta charset="utf-8">
<title>웹폰트 이용하기</title>
<link rel="stylesheet" href="http://fonts.googleapis.com/earlyaccess/
nanumgothic.css">
<style>
body {
    line-height: 1.7;
    font-family: 'Nanum Gothic', sans-serif;
}
.lead {
    font-weight: bold;
}
</style>
</head>
<body>

...

</body>
</html>
```

그림 4-11 **나눔 고딕체로 표시된다**

➤▤ 웹폰트 사용하는 방법

웹폰트를 사용하는 방법에는 다음 두 가지가 있다.

> **(1) 폰트 데이터를 자신의 웹서버에 업로드해서 사용하는 방법**
>
> **(2) 구글 폰트 등의 웹서비스를 사용하는 방법**

예제에서는 (2)의 방법을 사용한다. 또한, 실제 웹사이트에서도 대부분이 (2)를 채용한다.

자신의 웹서버에 업로드하는 (1)은 직접 폰트를 만드는 경우가 아니라면 다른 사이트에서 폰트를 다운로드할 필요가 있다. 이때는 폰트 라이선스 유무 등을 충분히 확인한후 사용하는 것이 좋다[41].

➤▤ 구글 폰트 이외의 웹폰트 서비스

구글 폰트 이외에도 웹폰트를 제공하는 서비스들이 다양하게 존재한다. 단, 구글 폰트처럼 무료로 사용할 수 있는 서비스는 드물며, 대부분 유료다. 특히 한글 폰트의 경우 프로용 고품질의 폰트 등은 유료라고 생각하면 된다[42]. 그러므로 웹폰트의 사용은 예산이 어느 정도 있는 프로젝트로 한정될 수 있지만, 디자인을 중시하는 웹사이트에서는 사용 예가 늘고 있는 추세다.

표 4-2 한글 폰트가 있는 대표적인 프로용 웹폰트 서비스

서비스명	설명	URL
Adobe TypeKit	어도비가 운영하는 서비스. 영문 폰트가 중심이지만 한글 폰트도 이용 가능	https://typekit.com
윤디자인	한국 사이트로 다양한 고급 폰트를 제공한다	http://www.font.co.kr
Typolink	한국 사이트로 고급 폰트 외에도 일부 무료 폰트를 제공한다	http://www.typolink.co.kr/

---

41 특히 폰트 데이터를 웹서버에 업로드해도 문제가 되지 않는지, 웹폰트로서 사용할 수 있는지 등을 확인해야 한다.
42 예제에서 소개한 나눔 고딕은 무료다.

구글 폰트에서 폰트 선택하는 방법

실제로 구글 폰트에서 폰트를 선택해서 웹페이지에 적용해 보자.

연습 구글 폰트 서비스 사용법

1 브라우저로 구글 폰트(https://fonts.google.com/)에 접속해서 사용하고 싶은 폰트를 찾는다. 오른쪽 사이드바(❶)에서 폰트 종류 및 두께 등을 선택해서 필터[43]할 수도 있다. 왼쪽에는 조건에 맞는 폰트 목록이 표시된다. 개별 폰트는 폰트 크기를 바꾸거나(❷), 실제 텍스트를 입력해 보면서(❸) 어떻게 표시되는지 확인할 수 있다.

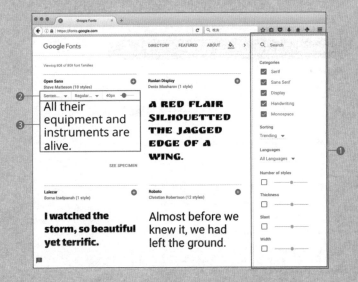

2 마음에 드는 폰트가 있으면 [+]를 클릭한다(❹). 페이지 하단에 '1 Family Selected'라는 탭이 표시된다(❺). 이 탭을 클릭하면 웹폰트를 불러오기 위해 필요한 코드가 뜬다[44].

---

43 조건을 설정해서 해당 조건에 맞는 것만 추려내는 것.
44 여기서는 예로 'Oswald' 폰트를 선택하고 있다.

3 'Embed Font'에 있는 <link> 태그는 HTML의 <head>~</head>에 복사한다. 또한, 'Specify in CSS'에는 CSS 코드가 존재한다. 폰트를 사용하고 싶은 요소의 CSS에 이것을 복사하면 된다.

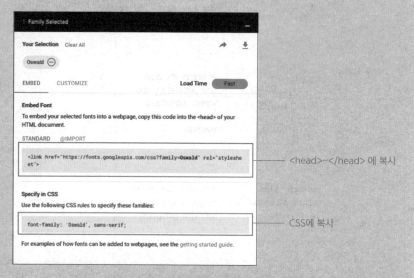

다음 코드는 실제로 'Oswald' 폰트를 페이지에 적용한 예다.

HTML 구글 폰트에서 폰트를 불러오는 HTML   ⬇extra/webfont/index.html

```html
<head>
<meta charset="utf-8">
<title>구글 폰트의 폰트 불러오기</title>
<link href="https://fonts.googleapis.com/css?family=Oswald"
rel="stylesheet">
```

```
<link rel="stylesheet" href="style.css">
</head>
<body>
  <h1 class="heading"><mark>Introducing New <br>Swallow<br>Programming
Language</mark></h1>
</body>
```

CSS 구글 폰트에서 폰트를 불러오는 CSS   extra/webfont/style.css

```
...
.heading {
  margin: 0;
  padding: 0;
  font-size: 62px;
  line-height: 1.6;
  font-family: 'Oswald', sans-serif;
}
```

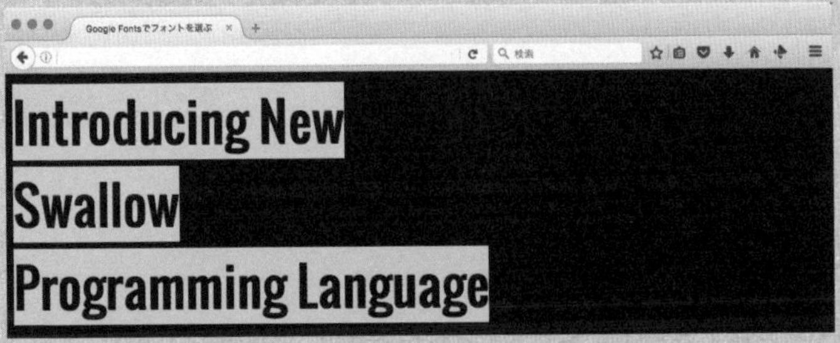

그림 4-12 텍스트가 'Oswald'체로 표시된다

왼쪽 정렬, 가운데 정렬, 오른쪽 정렬을 자유자재로

텍스트의 정렬 방식 변경하기

텍스트는 대부분 왼쪽 정렬되지만, CSS를 사용해서 가운데 정렬이
나 오른쪽 정렬로 변경할 수 있다.

제목 텍스트를 가운데 정렬하기

본문의 대제목(<h1>) 텍스트를 가운데 정렬하려면 다음과 같이 CSS를 작성하면 된다.

| HTML **제목 텍스트를 가운데 정렬하기** | ⬇chapter4/c04-05-a/index.html |

```
...
<style>
...
.headline {
    text-align: center;
}
...
</style>
</head>
<body>
<h1 class="headline">손떨림 없는 사진을</h1>
...
</body>
</html>
```

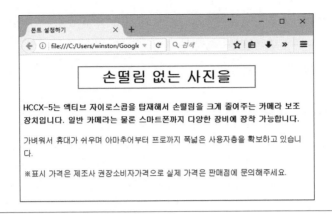

그림 4-13 **제목의 텍스트가 가운데 정렬된다**

✈️ text-align 프로퍼티

텍스트의 정렬 방식을 변경하려면 text-align 프로퍼티를 사용한다. text-align 프로퍼티
에 설정할 수 있는 값은 다음 네 가지다.

표 4-3 **text-align 프로퍼티에 설정할 수 있는 값**

text-align	설명	표시 예
text-align: left;	텍스트를 왼쪽 정렬한다	손떨림 없는 사진을
text-align: center;	텍스트를 가운데 정렬한다	손떨림 없는 사진을
text-align: right;	텍스트를 오른쪽 정렬한다	손떨림 없는 사진을
text-align: justify;	텍스트를 균등 배치한다	다음 예제 참고

'text-align: justify;'를 지정하면 텍스트가 균등 배치(왼쪽과 오른쪽에 맞추어)된다. 이것은 주로 기사 등 장문을 깔끔하게 표시할 때 사용된다. 다음 예에서는 모든 <p>의 텍스트를 균등 배치하고 있다.

HTML <p>의 텍스트를 균등 배치 ⬇ chapter4/c04-05-b/index.html

```
...
<style>
...

p {
    text-align: justify;
}
...
</style>
</head>
<body>
<h1 class="headline">손떨림 없는 사진을</h1>
<p class="lead">HCCX-5는... 스마트폰까지 다양한 장비에 장착 가능합니다.</p>
<p>가벼워서 휴대하기...까지 폭넓은 사용자층을 확보하고 있습니다. </p>
<p>※표시 가격은...문의해 주세요. </p>
</body>
</html>
```

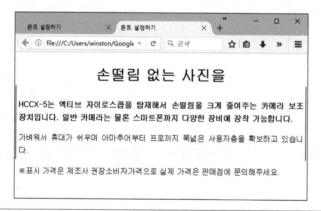

그림 4-14 **text-align: justify;**를 지정하면 텍스트가 균등하게 배치된다

들여쓰기 기능을 이용한 실전 테크닉

두 번째 행 이후를
한 글자 내린다

항목 나열이나 주의 사항 등 행의 선두에 기호가 붙는 텍스트가 있다. 이때 기호만 앞으로 나와서 표기되도록 하는 표현법을 소개하겠다.

클래스 선택자 사용하기

주의 사항(또는 참고 사항)을 언급할 때 자주 사용되는 '※' 기호만 앞에 두고, 나머지 텍스트를 정렬해 보자. '주의 사항'을 의미하는 태그는 정의돼 있지 않으므로 태그에 클래스 속성을 붙여서 설정한다. 주의 사항은 <p> 태그나 <ul> 태그를 사용해서 마크업할 수 있지만, 여기서는 <p> 태그를 사용한다.

| HTML '※' 기호만 앞에 표기 | ⬇ chapter4/c04-06/index.html |

```
...
<style>
...
.note {
    padding-left: 1em;
    text-indent: -1em;
}
</style>
</head>
<body>
...
<p class="note">※표시 가격은 제조사 권장소비자가격으로 실제 가격은 판매점에 문의해주세요. </p>
</body>
</html>
```

> ※표시 가격은 제조사 권장소비자가격으로 실제 가격은 판매점에
> 문의해주세요.

그림 4-15 ※ 기호만 앞으로 나오고 나머지 텍스트는 정렬된다

✈️ text-indent 프로퍼티, padding-left 프로퍼티

padding-left는 CSS의 박스 모델과 관련된 중요한 프로퍼티다. padding-left 프로퍼티에 대해서는 뒤에서 자세히 설명하겠지만, 여기서는 '텍스트의 시작 위치'를 1em, 즉 한 글자분 오른쪽으로 이동시키는 것이라는 정도로 알고 있으면 된다.

텍스트의 위치를 1em분 오른쪽으로 이동한 <p class="note">에 추가로 text-indent 프로퍼티를 적용한다. text-indent 프로퍼티는 텍스트의 첫 번째 줄 시작 위치를 이동시킨다. 이 예에서는 '-1em'을 설정하고 있는데, 이것은 첫 번째 줄만 한 글자분 왼쪽으로 이동시키는 것이다[45]

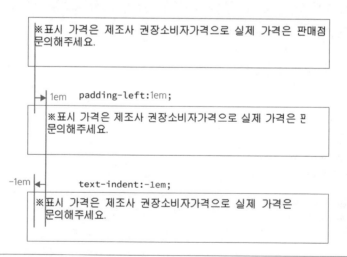

그림 4-16 padding-left 프로퍼티와 text-indent 프로퍼티의 움직임

---

45   text-indent 프로퍼티는 서두에 나오는 ※ 등의 기호를 정렬할 때 자주 사용된다. 텍스트를 간결하게 정렬하는 것이 목적이므로 값의 단위는 'em'을 사용한다. '○ 글자분 왼쪽 또는 오른쪽' 형식으로 텍스트를 시작 위치를 쉽게 이동시킬 수 있기 때문이다.

text-indent 프로퍼티의 형식은 다음과 같다.

> **형식** **text-indent 프로퍼티 형식**
>
> text-indent: 첫 번째 행을 이동시키고 싶은 길이;

 N o t e 값이 0이면 단위는 필요 없다

길이나 크기를 지정하는 프로퍼티의 값에는 원칙적으로 단위를 붙여야 한다. 단위는 'em'이거나 'px' 또는 '%' 등이 되지만, 지정할 값이 0인 경우는 단위를 붙일 필요가 없다. 예를 들어, text-indent 프로퍼티의 값을 '0'으로 설정하려면 다음과 같이 작성하면 된다.

▶ **길이나 크기가 0인 경우는 단위를 사용할 필요가 없다**

text-indent: 0

CHAPTER
4

SECTION 7

HTML5&CSS3

color 프로퍼티와 색 지정 방법 마스터하기

텍스트 색 변경하기

여기서는 페이지 전체의 텍스트 색을 변경하는 방법과 부분적으로 변경하는 방법, 두 가지를 소개하겠다.

페이지 전체의 텍스트 색 변경하기

웹디자인에서는 페이지 전체의 텍스트 색을 변경하는 경우가 자주 있다. 다음 예제에 서는 텍스트 색을 어두운 감색으로 설정하고 있다. 페이지 전체의 텍스트 색을 변경할 때는 CSS의 선택자를 'body'로 설정하면 된다.

HTML 페이지 전체의 텍스트 색 변경하기   ⤓ chapter4/c04-07-a/index.html

```
...
<style>
body {
    color: #002a5a;
}
</style>
...
```

그림 4-17 **페이지 전체의 텍스트 색 변경하기**

➤📧 color 프로퍼티

텍스트의 색을 변경하려면 color 프로퍼티를 사용하면 된다. color 프로퍼티의 값에는 '색'을 지정하게 되지만, 몇 가지 다른 방법으로 지정할 수 있다. 가장 많이 사용하는 방식은 색을 여섯 자리 RGB 컬러[46]로 표기하는 방법이다.

컴퓨터 화면에 표시되는 모든 색은 빨강(Red), 초록(Green), 파랑(Blue) 등 세 가지 색의 광원을 조합해서 표현된다. 각 광원의 세기는 16진수 숫자를 사용해서 두 자리(00~FF)로 표현한다. RGB 컬러는 '#'로 시작하며 '두 자리의 R', '두 자리의 G', '두 자리의 B'를 연이어 표기한 것이다. 실제 숫자는 포토샵 등의 이미지 편집 프로그램에서 확인할 수 있다.

> **형식** RGB 컬러
>
> ```
> color: #RRGGBB;
> ```

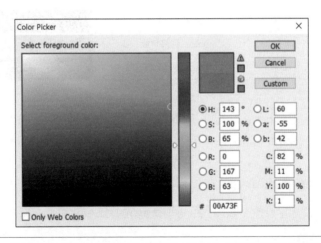

그림 4-18 **포토샵의 컬러 픽커(color picker)에 표시되는 RGB 값. 이 값을 복사해서 사용한다**

---

46 HEX 컬러라고도 한다. 'HEX'란 16진수를 뜻한다.

✈️ 자주 사용하는 색의 값

시험삼아 HTML이나 CSS를 작성할 때 일부러 포토샵까지 실행해서 값을 찾는 것은 귀찮은 일이다. 이럴 때는 RGB 색의 각 값을 '00' '33' '66' '99' 'CC' 'FF' 중 하나로 지정해서 세 가지 색을 조합하면 어느 정도 원하는 색을 찾을 수 있다. 참고로 다음과 같은 조합(값)이 자주 사용된다.

표 4-4 자주 사용되는 16진수 값

16진수	생략형	사용 예	실제 색
#000000	#000	color: #000000;	검정
#333333	#333	color: #333333;	
#666666	#666	color: #666666;	회색
#999999	#999	color: #999999;	회색
#CCCCCC	#CCC	color: #CCCCCC;	회색
#FFFFFF	#FFF	color: #FFFFFF;	흰색
#FF0000	#F00	color: #FF0000;	빨간색
#FFFF00	#FF0	color: #FFFF00;	노란색
#0000FF	#00F	color: #0000FF;	파란색

이 표에는 '생략형'이라는 값이 있다. RGB 각 색의 첫 자리와 두 번째 자리가 같은 숫자이면 생략해서 한 자리로 표기할 수 있으므로 전체 RGB 값도 짧게 작성할 수 있다.[47]

📖 Note 다른 방법의 색 지정

CSS로 색을 지정하는 방법은 RGB 외에도 있다. 그 방법들을 소개하겠다.

컬러 키워드 지정
일부 색에는 '컬러 키워드'가 정의돼 있다. 이 컬러 키워드를 CSS에서 값으로 사용할 수 있다. 주요 키워드에는 다음과 같은 것이 있다.

---

47 실제로는 더 많은 컬러 키워드가 정의돼 있다. 자세한 내용은 다음 웹페이지를 참고하자. CSS Color Module Level 3 4.3 Extended color keywords
http://www.w3.org/TR/css3-color/#svg-color

표 4-5 **주요 컬러 키워드**

컬러 키워드	16진수 값	사용 예	실제 색
black	#000000	color: black;	
gray	#808080	color: gray;	
white	#FFFFFF	color: white;	
red	#FF0000	color: red;	
green	#008000	color: green;	
yellow	#FFFF00	color: yellow;	
blue	#0000FF	color: blue;	

rgb(), rgba()

여섯 자리의 16진수 값이 아닌 RGB의 각 색을 10진수(0~255)로 지정하는 방법도 있다. RGB 각 색에 0부터 255까지의 숫자를 쉼표로 구분해서 지정하면 된다.

> **형식** **RGB 각 색을 0~255의 숫자로 지정하는 방법**

```
color: rgb(빨간색, 초록색, 파란색);
```

또한, RGB의 색뿐만 아니라 투명도도 설정할 수 있다. 투명도에는 0~1을 소수로 지정한다. 값이 0이면 완전 투명이고, 1이면 완전 불투명이 된다.

예를 들어, '페이지 전체의 텍스트 색 변경하기'에서 <body>에 적용한 텍스트 색 '#002a5a'와 같은 색을 투명도 0.5(50%)로 지정하려면 다음과 같이 하면 된다.

> **HTML** **rgba()를 사용해서 텍스트 색 지정하기** ⬇ cchapter4/c04-07-b/index.html

```
body {
    color: rgba(0, 42, 90, 0.5);
}
```

> **형식** **RGB 각 색에 추가로 투명도를 지정하는 방법**

```
color: rgba(빨간색, 초록색, 파란색, 투명도);
```

부분적으로 텍스트 색 변경하기

부분적으로 텍스트 색을 변경하고 싶을 때는 다음과 같이 한다.

HTML 부분적으로 텍스트 색 변경하기   chapter4/c04-07-c/index.html

```
...
<style>
...
.important {
    color: #ff0000;
}
</style>
</head>
<body>
<body>
<h1>다시 먹고 싶다!</h1>
<p>폐점한 가게의 맛을 재현하는 프로젝트 '리맛집'. 제3회는 여러분들이 기대하는 라면 특집입니다. 재
현할 가게는 투표로 결정됩니다. 여러분의 많은 참여 부탁드립니다.
<span class="important">투표 마감일은 6월 30일</span>입니다.</p>
</body>
</html>
```

그림 4-19 **<span>** 태그로 감싼 텍스트만 색이 빨간색으로 변경된다

✈️ <span> 태그 사용법

텍스트 색을 부분적으로 변경하기 위해 예에서는 <span> 태그를 사용했다. <span> 태그는 그 자체만으로는 아무런 의미를 지니지 않는 태그로 주로 CSS를 적용하기 위해 사용한다. <span> 태그에는 CSS 선택자로 선택할 수 있도록 class 속성을 추가하는 것이 일반적이다.

<span class=" 클래스명">텍스트 콘텐츠 </span>

CSS의 class 선택자로 요소를 선택하기 위해서
<span>에는 class 속성을 부여하는 것이 기본이다.

그림 4-20 **<span> 태그에는 class 속성을 추가하는 것이 기본**

id 속성, class 속성 사용법

HTML의 모든 태그에는 id 속성과 class 속성을 추가할 수 있다. 동일한 태그에 id 속성과 class 속성 모두 추가해도 상관없다.

▶ **id 속성이나 class 속성을 <div> 태그에 추가한 예**

```
<div id="wrapper">...</div>
<div class="profile">...</div>
<div id="sidebar" class="sidebar">...</div>
```

✈️ id 속성의 특징

id 속성은 특정 요소에 'ID명'을 붙이기 위해 사용한다. 같은 HTML 문서 내에서 동일한 ID명을 여러 요소에 중복해서 부여할 수 없다.

```
<body>
  ┌─ <h1 id="headline">IoT + Fintech </h1>
X ┤  <p> 스마트폰으로 돈을 꺼낼 수 있는 '돼지 저금통'이 등장했다. </p>
  └─ <h2 id="headline">이 저금통을 자르는 것은 금지! </h2>
     <p> 내장 충전지로부터 액체가 흐를 수 있으므로 저금통을 잘라서는 안 됩니다. </p>
</body>
```

그림 4-21 같은 HTML 문서 내에서 동일한 ID명을 부여할 수는 없다

id 속성은 다음과 같은 용도로 사용된다.

- · 페이지 내에 있는 링크의 이동 위치를 지정하기 위해
- · CSS로 해당 요소에 스타일을 적용하기 위해
- · 자바스크립트로 해당 요소를 조작하기 위해

id 속성을 사용해서 CSS를 적용하는 경우에는 'id 선택자'를 사용한다. id 선택자는 '#' 뒤에 id명을 붙여서 기술한다.

> 형식 **id 선택자**

```
#id명 {
    ...
}
```

단, id 선택자는 어쩔 수 없는 경우를 제외하곤 사용하지 않는 것이 좋다. id 선택자는 상세도가 매우 높기 때문이다[48]. 웹사이트를 운영하다 보면 새롭게 작성한 페이지의 디자인을 위해서 초기 배포 시에는 없던 CSS를 추가해야 하는 경우가 생긴다. 이때 이미 있는 CSS의 상세도가 높으면 신규 페이지의 디자인이 어려워질 뿐만 아니라 CSS 코드가 복잡해진다. 원칙적으로는 id 선택자를 사용하지 않는 것이 좋다.

---

48 여기서는 CSS의 덮어쓰기가 편한 정도라고 이해하면 된다. 상세도가 높으면 높을수록 CSS 스타일을 덮어쓰기 어려워진다. 자세한 내용은 '상세도'(p.269)나 '캐스케이드'(p.271)를 참고하자.

⯈ class 속성의 특징

class 속성은 특정 요소에 '클래스명'을 붙일 때 사용한다. 클래스명은 기본적으로 CSS
에서 선택자로 사용하기 위한 이름이라고 보면 된다. **CSS에서 HTML 요소를 선택할 때는
id 선택자는 피하고, class 선택자를 적극적으로 사용하자**. 그 이유는 id 선택자를 사용하
지 않는 이유의 반대로, class 선택자의 상세도가 비교적 낮기 때문이다. class 선택자는
'.' 뒤에 클래스명을 붙여서 작성한다.

> **형식** **class 선택자**
>
> ```
> .클래스명 {
>     ...
> }
> ```

class 속성에는 id 속성에 없는 특징이 있다. 첫 번째는 동일한 클래스명을 HTML 문서
내의 여러 요소에 부여할 수 있다는 것이다.

```
<body>
  <ul>
  ┌ <li class="spec"> 크기 : 20cm×15cm×20cm </li>
  ├ <li class="spec"> 중량 : 400g </li>
  └ <li class="spec"> 판매 : 11월 25일 </li>
  </ul>
</body>
```

그림 4-22 **여러 요소에 동일한 클래스명을 부여할 수 있다**

두 번째는 하나의 요소에 여러 클래스명을 부여할 수 있다는 것이다. 이때는 각 클래스
명을 스페이스(공백)로 구분해서 기술한다.

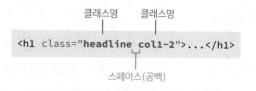

그림 4-23 하나의 요소에 여러 클래스명을 부여할 수 있다

부제목은 제목 태그+
+<span>

제목에 부제목 붙이기

제목에 부제목을 붙이려면 < h1 > 등의 제목 태그 외에 < br > 과 < span > 을 추가하면 된다. 여기서는 < br > 태그의 바른 사용법에 주목하자.

제목에 부제목 붙이기

HTML에는 '부제목' 자체를 의미하는 태그가 없다. 그래서 제목과 부제목 모두 <h1> 등의 제목 태그를 사용해서 표현한다. 그리고 <span>으로 부제목을 감싼 후 클래스명에 'subtitle'이라고 붙인다. 또한, 제목과 부제목 사이에는
을 사용해서 줄바꿈한다.

| HTML | 제목에 부제목 붙이기 | chapter4/c04-08/index.html |

```
...
<style>
h1 {
    font-size: 1.5em;
    line-height: 1.2em;
    text-align: center;
}
h1 .subtitle {
    font-size: 0.7em;
    font-weight: normal;
}
</style>
</head>
<body>
<h1>다시 먹고 싶다!<br>
<span class="subtitle">폐점한 가게의 맛을 재현하는 프로젝트 '리맛집'</span></h1>
</body>
</html>
```

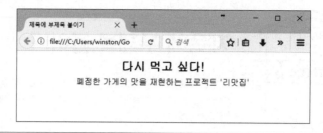

그림 4-24 제목이 가운데 정렬되고 부제목이 약간 작은 글씨로 표시된다

CSS 해설

제목과 부제목을 표현하기 위한 CSS는 다음과 같이 설정하고 있다. 먼저 <h1> 태그 전체(즉, 제목과 부제목 양쪽에 적용할 수 있는 스타일)에 다음과 같은 CSS를 적용한다.

> (1) 폰트 크기를 1.5em으로 설정해서 표준 <h1>보다 작게 표시한다(표준 <h1>의 폰트 크기는 2em)
>
> (2) 행간을 1.2em으로 설정해서 표준보다 약간 좁게 한다(표준 행간은 1.5em 정도)
>
> (3) 텍스트를 가운데 정렬한다

다음은 부제목의 <span class="subtitle">에 다음과 같이 CSS를 적용하고 있다.

> (1) 부제목의 폰트 크기는 <h1>에 설정한 폰트 크기(1.5em)의 0.7 글자분(0.7em)만큼 설정한다. font-size 프로퍼티는 자식 요소에 상속되므로 주의하자[49]
>
> (2) 부제목은 굵은 글씨가 아닌 일반 글씨로 표기한다

바른
 태그 사용법

이 예에서는 제목과 부제목 모두 '제목' 태그의 일부분이므로 <h1> 태그로 감싸고 있다. 하지만 이 상태에서는 제목과 부제목이 줄바꿈되지 않고 한 줄로 표시되므로 줄바꿈하고 싶은 부분에
을 삽입한다.
 태그는 단락의 줄바꿈에 사용하는 것이 아니라 같은 콘텐츠 내에서 줄바꿈하고 싶을 때 사용하는 것이 올바른 사용법이다.

---

49 'CSS 상속' 참고(p.65).

마지막으로
 태그의 바른 사용법, 잘못된 사용법의 대표적인 예를 정리해 보았다.

표 4-6 **
** 태그의 바른 사용법과 잘못된 사용법

	HTML 코드	설명
○	<h1>다시 먹고 싶다! 맛집을 재현하자</h1>	제목과 부제목을 줄바꿈하고 있다(부제목을 <span>으로 감싸면 더 완벽하다). 바른 사용법
○	<address> 106-302 서울 OO구 </address>	<address>는 주소나 메일 주소 등의 연락처를 의미하는 태그다. 동일한 주소의 우편번호와 주소를 줄바꿈하고 있으므로 맞는 사용법이다
×	<p> 감독: 홍길동 출연: 김철수</p>	'감독'과 '출연'은 별도의 콘텐츠로 볼 수 있으므로 한 줄씩 <p>를 사용하든가 항목(<ul>)으로 나열하는 것이 좋다
×	<p> 다음 회에 계속 </p>	단락의 공백을 만들기 위해 을 사용해서는 안 된다. 공백 조절이 필요하면 CSS로 설정하자

링크 설정과
이미지 표시

이 장에서는 링크나 이미지의 기본적인 마크업 방법과 경로에 관해 소개한
다. 링크나 이미지 표시에는 디자인뿐만 아니라 페이지 관리 측면에서 다
양한 기술이 존재한다. 이런 실전 기술을 익혀서 높은 품질의 웹페이지 제
작을 목표로 해보자.

웹페이지에서 링크는 가장 중요한 것

텍스트에 링크 추가하기

링크(link)는 HTML에서 가중 중요한 기능 중 하나다. 링크를 설정
하기 위한 <a> 태그 사용법과 '경로'에 대해 살펴보겠다.

다른 사이트로 링크하기

링크의 가장 간단한 예인 다른 사이트로 링크(이동)하는 방법을 소개한다.

HTML | **다른 사이트로 링크하기** | chapter5/c05-01-a/index.html

```
<a href="http://www.jpub.kr">제이펍 웹사이트로</a>
```

그림 5-1 링크의 텍스트를 클릭하면 <a> 태그의 **href** 속성에 지정한 **URL** 페이지로 이동한다

📌 링크를 별도의 탭에서 열기

\<a\> 태그에 'target="_blank"'를 추가하면 링크를 브라우저의 별도 탭 또는 별도 창에서 열 수 있다[50].

chapter5/c05-01-b/index.html

HTML **링크를 별도 탭에서 열기**

```
<a href="http://www.jpub.kr" target="_blank">제이펍 웹사이트로</a>
```

그림 5-2 **링크 대상 페이지가 별도 탭에서 열린다**

📌 \<a\> 태그 사용법

\<a\> 태그 사용법은 간단하다. 링크를 설정하고 싶은 텍스트를 \<a\>~\</a\>로 감싸고, href 속성 값에 링크 대상 위치의 URL(또는 경로)를 지정하면 된다. 또한, \<a\> 태그에 'target="_blank"'를 추가하면 링크 대상 페이지가 브라우저의 별도 탭에서 열린다. target 속성은 링크 대상이 열리는 창을 지정하는 속성이지만, 현재 '_blank' 값 이외는 거의 사용되지 않는다.

형식 **\<a\> 태그 형식**

```
<a href="링크 대상 URL 또는 경로"> 링크를 설정하고 싶은 콘텐츠</a>
<a href="링크 대상 URL 또는 경로" target="_blank"> 링크를 설정하고 싶은 콘텐츠</a>
```

---

50 별도 탭에서 열지, 아니면 별도 창에서 열지는 설정할 수 없다.

✈ 절대 경로

절대 경로란 'http://'이나 'https://'로 시작되는 URL[51]을 가리킨다.

절대 경로는 주로 다른 사이트의 링크로 사용된다. 또한, 워드프레스(WordPress) 등의 CMS를 사용한 웹사이트에서는 사이트 내의 다른 페이지나 이미지를 링크할 때도 사용된다.

▶ 절대 경로 예

```
<a href="http://www.example.com">...
<a href="http://www.example.com/about/">...
<a href="http://www.example.com/about/access.html">...
```

📖 Note 웹페이지에서 가장 중요한 것은 '링크돼 있는 것'

웹페이지를 열람하는 사용자는 링크를 클릭해서 다음 페이지를 본다. 구글 등의 검색 결과에서 찾은 페이지를 보러 갈 때나 SNS에서 소개된 페이지를 보러 갈 때도 사용자는 링크를 클릭한다.

많은 사람이 웹페이지를 방문하게 하려면 해당 페이지가 어디에 링크돼 있는지가 매우 중요하다. 그래서 적어도 웹사이트 내의 모든 페이지는 서로 링크해 두는 것이 좋다.

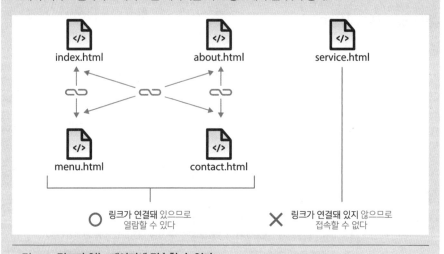

그림 5-3 **링크가 없는 페이지에 접속할 수 없다**

---

51 'URL'(p.5)

검색 엔진도 링크를 거치고 있다

구글이나 야후 등의 검색 사이트는 전 세계의 웹사이트를 순회하는 '크롤러(crawler)'라 불리는 프로그램을 사용해서 페이지 내용을 수집하고 있다. 미리 페이지의 내용을 수집해서 데이터베이스에 저장해 두므로 무엇을 검색하든 순식간에 결과가 표시되는 것이다.

사실은 이 크롤러도 웹페이지에 포함된 링크를 따라서 전 세계의 페이지를 순회하고 있다. 어디에도 링크돼 있지 않은 페이지는 크롤러가 갈 수 없어서 내용도 수집되지 않는다. 결과적으로 검색 결과에도 표시되지 않는다. 검색 결과에 노출되기 위해서는 적어도 한 곳에는 해당 사이트가 링크돼 있어야 하는 것이다.

사이트 내의 다른 페이지를 링크하기

동일 사이트 내의 다른 페이지를 링크하는 것을 '사이트 내 링크' 또는 '내부 링크'라고 한다. 사이트 내 링크는 링크 위치를 '상대 경로'라 불리는 방법으로 지정할 수 있다. 상대 경로는 HTML 파일이 작업용 PC상에 있을 때도 연결된다는 이점이 있어서 웹사이트 개발을 수월하게 해준다. 이 때문에 사이트 내의 페이지 링크에는 상대 경로가 주로 사용된다[52].

그러면 상대 경로의 작성 방법을 알아보자. 여기서 다루는 예제는 네 개의 HTML 파일로 구성돼 있다. 상대 경로를 사용해서 네 개의 HTML 간 이동이 가능하도록 링크를 설정하도록 한다. 예제 파일 및 폴더 구성은 다음과 같다.

---

52 개발 중에는 상대 경로를 사용했다가 웹서버에 업로드하기 직전에 검색/치환 기능을 사용해서 절대 경로나 루트 상대 경로(p.124)로 변경하는 경우도 있다.

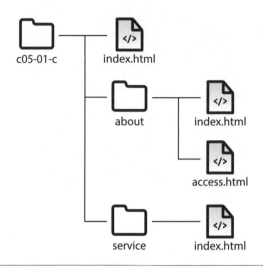

그림 5-4 예제 파일 및 폴더 구성

🖇️ 하위 계층(폴더)의 파일에 링크하기

루트 폴더(c05-01-c 폴더)에 있는 index.html에서 'about' 폴더, 'service' 폴더 내의 HTML 파일(모두 하위 계층에 있는 폴더)에 링크하도록 한다.

상대 경로란 해당 코드(파일)가 있는 위치를 기준으로 링크 이동(대상) 파일의 위치를 지정하는 방법이다.

링크를 거는 index.html에서 아래 단계(폴더)에 있는 파일을 링크할 때의 상대 경로는 링크 대상 파일까지의 폴더를 '/'로 구분해서 작성한다.

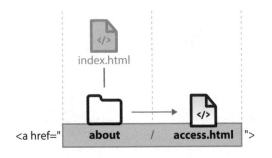

그림 5-5 하위 계층의 파일로 링크하기

✈️ 상위 계층(폴더)에 있는 파일에 링크하기

'service' 폴더에 있는 index.html에서 루트 디렉터리에 있는 index.html나 'about' 폴더의 index.html, access.html에 링크하려면 다음과 같이 하면 된다.

HTML 상위 계층에 있는 파일로 링크하기 ⬇️ chapter5/c05-01-c/service/index.html

```
...
<p><a href="../index.html">홈</a></p>
<p><a href="../about/index.html">회사 안내</a></p>
<p><a href="../about/access.html">오시는 길</a></p>
...
```

상위 계층에 있는 파일에 링크할 때의 상대 경로는, 한 단계 위인 경우 '../'라고 기술하고 마지막에 링크 대상 위치의 파일명을 적는다. 예를 들어, 두 단계 위에 있는 파일로 링크할 때는 '../../'라고 한다. 또한, 예제에 있는 것처럼 한 단계 위에 있는 다른 폴더로 가서 그 폴더 내에 있는 파일을 링크할 수도 있다.

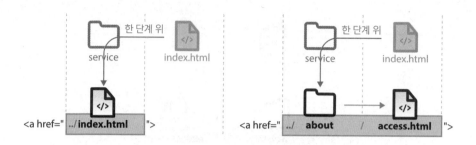

그림 5-6 상위 계층에 있는 파일로 링크하기

🔗 동일 계층의 파일에 링크하기

'about' 폴더의 index.html에서 같은 폴더에 있는 access.html에 링크하거나 access.html 에서 동일 폴더의 index.html에 링크할 때는 다음과 같이 한다.

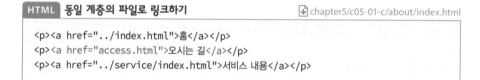

HTML **동일 계층의 파일로 링크하기**　　　　　⬇ chapter5/c05-01-c/about/index.html

```
<p><a href="../index.html">홈</a></p>
<p><a href="access.html">오시는 길</a></p>
<p><a href="../service/index.html">서비스 내용</a></p>
```

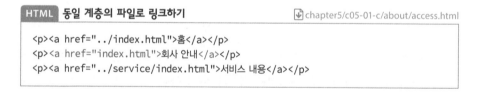

HTML **동일 계층의 파일로 링크하기**　　　　　⬇ chapter5/c05-01-c/about/access.html

```
<p><a href="../index.html">홈</a></p>
<p><a href="index.html">회사 안내</a></p>
<p><a href="../service/index.html">서비스 내용</a></p>
```

동일 계층에 있는 파일로 링크할 때는 링크 대상 파일명만 작성하면 된다.

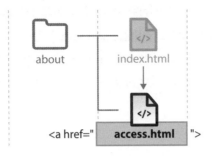

그림 5-7 **동일 계층의 파일로 링크하기**

✈️ 특수한 파일명 'index.html'

HTML에서 'index.html'은 특수한 파일명이다. 링크 대상 파일명이 'index.html'이면
URL이나 경로에서 index.html을 생략할 수 있다.

동일 ─┌ <a href="**about/index.html**">
　　　└ <a href="**about/**">

동일 ─┌ <a href="**../service/index.html**">
　　　└ <a href="**../service/**">

그림 5-8 **경로의 index.html는 생략할 수 있다**

그런데 index.html을 생략해 버리면 경로에 아무것도 기술하지 않게 되는 경우가 있다.
예에서는 about 폴더의 access.html에서 동일 폴더의 index.html에 링크하는 경우가 그
런 경우다. 이때는 경로에 './'라고 작성한다. './'는 '동일 계층의 폴더'를 나타내는 기호다.

그림 5-9 **동일 계층의 index.html을 생략해서 지정할 때는 './'라고 작성한다**

링크의 경로를 지정할 때 index.html을 생략해도 되고 그렇지 않아도 되지만, 사이트 전체적으로는 반드시 한 가지 방식으로 통일하는 것이 좋다.[53] 웹사이트에 도입하는 접속 통계 툴[54] 등은 index.html이 생략된 URL과 index.html이 기입된 URL을 별도의 페이지로 인식한다. 그러므로 생략 여부를 통일하지 않으면 제대로 접속 통계를 계측할 수 없게 된다.

✈️ 루트 상대 경로

상대 경로의 특수한 예로 '루트 상대 경로'라는 것이 있다. 루트 상대 경로란 사이트의 루트 디렉터리를 기점으로 경로를 지정하는 방법이다. 일반적인 상대 경로와 달리 기점이 변하지 않으므로 링크 출발점이 달라져도 링크 대상 위치의 URL이 바뀌지 않는다는 특징이 있다. 루트 상대 경로는 대규모 사이트 등에서 자주 사용된다. 루트 상대 경로는 경로의 선두가 반드시 '/'로 시작된다.

참고로 루트 상대 경로는 index.html을 생략한 경로와 마찬가지로 작업용 컴퓨터에서는 링크가 연결되지 않는다. 인터넷상에 공개하기 직전에 검색/변환 기능 등을 사용해서 변경하거나 개발용 웹서버를 설치해서 작업해야 한다.

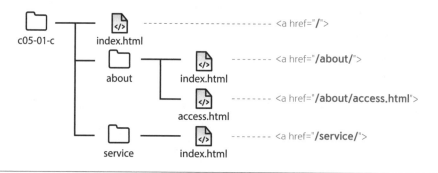

그림 5-10 **루트 상대 경로의 예**

---

53 현재는 생략하는 경우가 많다.

54 웹사이트의 접속 수 등을 계측하는 툴로 많은 웹사이트들이 사용하고 있다. Google Analytics가 유명하다. https://analytics.google.com

페이지 내의 특정 위치로 링크하기

페이지 내의 특정 위치로 이동할 수 있는 링크를 '페이지 내 링크'라고 한다. 페이지 내 링크는 텍스트 분량이 많은 기사나 한 페이지에 가능한 한 많은 정보를 담아야 하는 광고 페이지 등 세로로 길게 작성하는 페이지에 자주 사용된다.

HTML 페이지 내 특정 위치로 링크하기 · chapter5/c05-01-d/index.html

```
...
<body>
…
<ul>
    <li><a href="#headline1037">5종류의 일반 폰트 패밀리 키워드</a></li>
    <li><a href="#headline1040">sans-serif</a></li>
    <li><a href="#headline1106">serif</a></li>
    ...
</ul>
<h2 id="headline1037">5종류의 일반 폰트 패밀리 키워드</h2>
...
<h2 id="headline1040">sans-serif</h2>
...
<h2 id="headline1106">serif</h2>
```

---

55 구체적으로 작업용 컴퓨터에 웹서버 소프트웨어를 설치해서 실행시키는 것을 뜻한다. 웹서버 소프트웨어로는 아파치(Apache)나 IIS 등의 제품이 유명하다.

```
    ...
    </body>
</html>
```

※ 페이지 내 링크를 클릭하면 해당 위치로 이동한다는 것을 보여 주기 위한 코드로, 코드 자체는 길지만 페이지 내 링크 부분(〈a〉와 〈h2〉)만 주의해서 보면 된다.

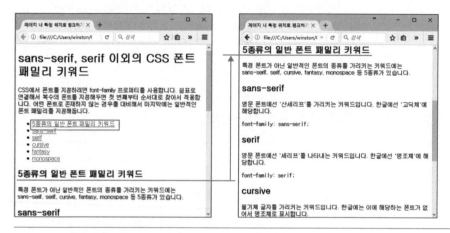

그림 5-11 링크를 클릭하면 id 속성이 붙은 제목까지 스크롤한다

✈️ 페이지 내 링크 설정하는 방법

페이지 내 링크를 설정하려면 이동할 대상 태그에 id 속성을 추가해 두어야 한다.

▶ 페이지 내 링크의 이동 대상 요소에 id 속성 추가

```
<h2 id="headline1037">5종류의 일반 폰트 패밀리 키워드</h2>
```

그리고 링크를 거는 <a> 태그의 href 속성에는 '#'와 함께 이동할 위치(요소)의 id명을 기술한다.

▶ 페이지 내 링크의 href 속성

```
<a href="#headline1037">5종류의 일반 폰트 패밀리 키워드</a>
```

보통 페이지 내 링크의 이동 위치는 <h1>이나 <h2> 등의 제목 태그로 정한다. 또한,

href 속성에 지정할 링크 위치를 '#'만 적고 id명을 적지 않은 경우는 항상 '페이지 최상단'으로 이동한다.

▶ **href 속성에 '#'만 있는 링크는 클릭하면 항상 페이지 최상단으로 이동한다**

```
<a href="#">페이지 처음으로 돌아가기</a>
```

📖 Note 최적의 id명 만들기

'id 속성, class 속성 사용법'(p.107)에서도 설명했지만, id 속성은 CSS를 적용할 때는 사용하지 않는다. 하지만 페이지 내 링크나 자바스크립트를 사용할 때 id 속성은 필수 항목이다. CSS에서 사용되지 않는다고 해도 id 속성은 빈번히 등장하므로 id명을 어떻게 만드느냐가 고민거리가 된다. 이를 위해 큰 고민 없이 id명을 만들 수 있는 두 가지 방법을 소개하겠다. 이 방법들을 사용하기로 정했다면 반드시 따라야 해서 이후에 이름 만들기가 수월해진다.

id명 만들 때의 대원칙
id명을 만드는 두 가지 방법을 소개하기 전에 먼저 'ID'란 무엇인지 생각해 보자.

전자 기기 등에 붙어 있는 ID 번호(시리얼 번호) 등을 생각하면 이해하기 쉬울 것이다. 'ID'는 대부분의 경우 그 자체만으로는 의미를 알 수 없는 알파벳이나 숫자로 구성된다. ID란 '개체를 식별하기 위한 번호'로 다른 것과 중복되지만 않는다면 어떤 규칙이든 상관없다.

HTML의 id 속성도 마찬가지로 id명이 의미를 지닐 필요는 없다[56]. 따라서 id명을 붙일 때는 이름을 만드는 규칙을 미리 정해 두고, 이 규칙을 따라 작성하는 것이 가장 간단한 방법이다.

id명 만드는 방법 1: 제목의 텍스트를 그대로 id명으로 사용
id명을 만들 때의 규칙 중 하나로 '제목의 텍스트를 id명으로 사용하는' 방법이 있다.

페이지 내 링크에 사용되는 id 속성은 대부분 제목 요소에 부여된다. 제목 요소의 콘텐츠에는 텍스트가 포함되므로 이것을 그대로 id명으로 사용하는 것이다. 제목의 텍스트가 한글이어도 제대로 인식된다. 단, id명에 스페이스(공백)을 넣을 수는 없다. 따라서 제목에 공백이 포함돼 있는 경우 해당 부분을 '-' 등으로 변경할 필요가 있다.

▶ **제목의 텍스트를 id명으로 사용**

```
<h2 id="이상하다고_생각했어">이상하다고 생각했어</h2>
```

---

56 HTML 사양에서도 id명에 의미가 있을 필요는 없다고 언급돼 있다.
https://www.w3.org/TR/2014/REC-html5-20141028/dom.html#the-idattribute (영문)

id명 만드는 방법 2: HTML을 작성하고 있는 시점의 시간을 id명으로 사용

다른 한 가지 방법은 HTML을 작성하고 있는 시점의 '월, 일, 시, 분, 초'를 그대로 id명으로 사용하는 것이다. 하나의 HTML에 id 속성이 수만 번 나오는 경우는 없으므로 '시, 분'만 사용해도 충분하리라 생각된다. 예를 들어, id 속성을 작성해야 할 때 시계를 보니 11시 56분이었다고 해보자. 이때 id 속성은 다음과 같이 된다.

▶ **HTML를 작성하고 있을 때의 시간이 11시 56분인 경우의 id명**

```
<h2 id="headline1156">프로그래머 양성 과정. 신청 방법</h2>
```

id명을 시간으로 정하면 중복될 가능성이 매우 낮으며, 기계적으로 이름을 지을 수 있어서 편리하다. 단, id명의 첫 번째 글자가 숫자이면 CSS의 id 선택자를 사용할 수 없으므로 'headline' 등 숫자 앞에 단어를 붙이는 것이 좋다[57].

---

57 CSS에서 id 선택자를 사용하지 않는 것이 당연하지만, 경우에 따라서는 id 선택자를 사용해야 하는 상황이 생길 수 있다. 이런 때를 대비해서 id 선택자로도 사용할 수 있도록 id명을 정해 두는 것이 좋다.

링크 상태에 맞춰 디자인 변경

텍스트 링크에 CSS 적용하기

링크 텍스트에 마우스 커서를 가져가거나(호버(hover) 상태) 클릭했을 때(활성 상태)에 텍스트 색을 변경하거나 밑줄 등을 표시하는 것을 CSS로 구현할 수 있다. 여기서는 링크의 스타일을 조작하는 기본적인 방법과 자주 사용되는 기법을 소개하겠다.

링크 상태에 맞추어 표시 변경하기

마우스의 '호버 상태'나 클릭한 순간의 '활성 상태' 등 링크 텍스트의 상태에 맞추어 표시 방식을 변경하는 법을 살펴보겠다. 다음 예제에서는 상태에 따라 텍스트 색을 변경하고 있다.

HTML <HTML> 링크 상태에 맞게 텍스트 색 변경하기   ⬇chapter5/c05-02-a/index.html

```
<style>
a {
    color: #0073bc;
}
a:link {
    color: #0073bc;
}
a:visited {
    color: #02314c;
}
a:hover {
    color: #b7dbf2;
}
a:active {
    color: #4ca4e8;
}
</style>
</head>
<body>
```

```
    <p>이 책은 접속 상태에 따라 사이트를 개선하는 모든 방법을 다루고 있습니다. 자세한 사항은 <a
href="http://www.jpub.kr">제이펍의 웹사이트</a>를 참고해 주세요.</p>
</body>
</html>
```

이 책은 접속자 수에 따른 사이트 개선 방법을 모두 다루고 있습니다. 자세한 사항은 제이펍의 웹사이트를 참고해주세요.

a:link
보통 상태

이 책은 접속자 수에 따른 사이트 개선 방법을 모두 다루고 있습니다. 자세한 사항은 제이펍의 웹사이트를 참고해주세요.

a:visited
링크 위치를 이미 방문한 상태

이 책은 접속자 수에 따른 사이트 개선 방법을 모두 다루고 있습니다. 자세한 사항은 제이펍의 웹사이트를 참고해주세요.

a:hover
마우스 커서를 호버한 상태

이 책은 접속자 수에 따른 사이트 개선 방법을 모두 다루고 있습니다. 자세한 사항은 제이펍의 웹사이트를 참고해주세요.

a:active
클릭한 순간

그림 5-12 링크 상태에 따라 텍스트 색이 바뀐다

➤🔲 링크 상태에 맞추어 적용할 CSS 변경하기

여기서 사용한 선택자 'a'는 유형 선택자로서 <a>를 선택하고 있다. 이 'a' 다음에 ':link'
나 ':visited' 등 ':'로 시작하는 부분은 '유사 클래스'라는 선택자다. 예에서 사용한 네
종류의 유사 클래스는 링크나 마우스 커서의 상태에 따라 적용되는 클래스가 정해져
있다[58].

---

58 유사 클래스에는 ':focus' 등 다른 종류도 있다. ':focus 유사 클래스에 대해서는 '':focus 선택자'(p.248)를 참고하자.

표 5-1 유사 클래스 선택자

선택자	설명
A	유사 클래스가 없는 'a'는 모든 <a> 태그에 스타일이 적용된다. 그리고 이 스타일은 링크 상태에 상관없이 적용된다
:link	<a> 태그이고 href 속성이 있는 요소에 스타일이 적용된다
:visited	<a> 태그이고 링크 위치를 이미 방문한 상태일 때 스타일이 적용된다
:hover	요소에 마우스 커서를 가져간 상태(호버 상태)일 때 스타일이 적용된다
:active	요소를 마우스로 클릭한 상태(활성 상태)일 때 스타일이 적용된다

참고로 이 유사 클래스들은 예제에 있는 것처럼 다음 순서대로 작성하지 않으면 실행이 제대로 되지 않을 수도 있다.

▶ 유사 클래스 작성 순서

```
:link { ... }
:visited {...}
:hover {...}
:active {...}
```

✈️ 실제 웹사이트에서는 :link와 :visited는 생략하는 경우가 많다

링크 텍스트에 적용할 수 있는 유사 클래스 네 종류를 소개했지만, 실제 웹사이트에서 이 모두를 사용하는 경우는 드물다.

먼저, ':link'는 유사 클래스가 없는 'a' 선택자와 차이가 없어서 거의 사용되지 않는다 [59]. 또한, ':visited'는 교과서적으로는 '이미 방문했는지를 알 수 있도록 스타일을 변경'한다는 뜻이지만, 실제로 많은 사이트에서는 다른 의미로 사용하고 있다. 방문이 끝난 링크와 그렇지 않은 링크가 혼재해서 페이지 내 색 수가 늘어나면 디자인 관점에서 지저분해 보이기 때문이다. 따라서 실무에서는 :link와 :visited를 생략하고 다음과 같이

---

[59] 앞 페이지의 '유사 클래스 선택자' 표에 있는 것처럼 'a' 선택자는 링크 상태에 상관없이 모든 <a>에 스타일을 적용하지만, :link는 href 속성이 있는 <a>에만 적용한다. 그러나 실제로는 <a>에 href 속성을 항상 사용하므로 a 선택자와 :link 선택자는 같다고 볼 수 있다.

CSS를 작성할 때가 많다.

chapter5/c05-02-b/index.html

HTML **웹디자인 실무에서 사용하는 CSS 예**

```
...
<style>
a {
    color: #0073bc;
}
a:hover {
    color: #b7dbf2;
}
a:active {
    color: #4ca4e8;
}
</style>
...
```

밑줄 지우기

텍스트 링크에서는 색 변경뿐만 아니라 다양한 표현을 할 수 있다. 여기서는 자주 사용되는 텍스트 링크의 디자인을 소개하겠다.

링크의 텍스트에는 기본적으로 밑줄이 붙는다. 이 밑줄을 보통 때는 지웠다가 호버했을 때에만 표시할 수 있다. 이것은 텍스트 색 변경과 함께 매우 자주 사용되는 디자인 기법이다.

chapter5/c05-02-c/index.html

HTML **링크의 밑줄을 지우고 호버일 때 표시하기**

```
...
<style>
a {
    color: #0073bc;
    text-decoration: none;
}
a:hover {
```

```
    color: #b7dbf2;
    text-decoration: underline;
}
</style>
...
```

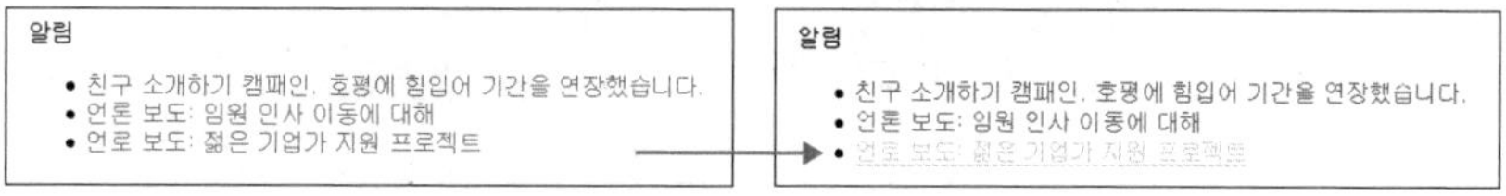

그림 5-13 **호버했을 때만 링크에 밑줄 긋기**

✈️ text-decoration 프로퍼티

text-decoration은 텍스트에 밑줄 등을 그을 때 사용하는 프로퍼티다. 이 프로퍼티를 사용하면 일반 텍스트도 밑줄을 그을 수 있지만, 링크와 구별이 되지 않으므로 사용하지 않는 것이 좋다. text-decoration 프로퍼티에 사용할 수 있는 값에는 다음과 같은 것이 있다.

표 5-2 **text-decoration 프로퍼티의 값**

사용 예	설명	표시 예
text-decoration: none;	선을 지운다	HTML5+CSS로 웹 제작
text-decoration: underline;	밑줄 긋기	<u>HTML5+CSS로 웹 제작</u>
text-decoration: overline;	윗줄 긋기	HTML5+CSS로 웹 제작
text-decoration: line-through;	삭제 줄 긋기	~~HTML5+CSS로 웹 제작~~

📖 **Note** 스마트폰에서의 호버

안드로이드나 iOS의 브라우저에서도 ':hover' 상태가 발생한다. 하지만 스마트폰이나 태블릿은 화면을 터치해서 조작하므로 컴퓨터와 동일한 시점에 호버 상태가 되지 않는다. 대부분은 터치한 다음 잠시 후에 반응이 오거나 전혀 반응이 오지 않는 것처럼(실제로는 반응하기 전에 다음 페이지가 열린다) 느껴지는 경우가 많다. 스마트폰에서는 ':hover' 시에 적용되는 CSS에 큰 의미가 없다고 생각하는 것이 좋다.

이런 불안정한 호버 대신에 안드로이드나 iOS의 브라우저에서는 PC 브라우저에는 없는 '하이라이트(highlight)' 기능이 있다. 이것은 링크를 탭한 순간에 연한 배경색을 표시하는 기능이다[60].

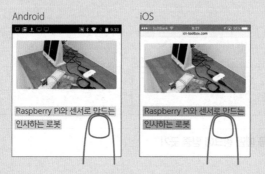

그림 5-14 링크를 탭했을 때 표시되는 하이라이트

다음 CSS를 사용하면 하이라이트 색을 변경할 수 있다[61]. '-webkit-tab-highlight-color' 프로퍼티에는 RGBA 값으로 색을 지정한다[62].

▶ 하이라이트 색을 반투명의 오렌지 색으로 변경한 예

```
a {
    -webkit-tap-highlight-color: rgba(243, 151, 45, 0.5);
}
```

별도 탭에서 열리는 링크 뒤에 아이콘 표시하기

링크 중에 별도 탭(별도 창)에서 열리도록 설정된 것(즉, <a> 태그에 target=_"blank" 속성이 설정돼 있는 것)만 링크 텍스트 뒤에 아이콘을 표시해 보겠다. 다음 예제에서는 처음 보는 두 개의 선택자가 동시에 사용되고 있다.

---

60 조금 오래된 버전의 안드로이드에서는 링크 주변을 외곽선으로 감싸서 표시했었다.
61 OS 버전에 따라서는 사용할 수 없는 경우도 있다.
62 'rgb(), rgba()' (p.105)

```
...
<style>

...

a[target="_blank"]::after {
    content: url(../../images/opentab.png);
}
</style>
</head>
<body>
    <ul>
        <li><a href="first-login.html">처음 로그인할 때는</a></li>
        <li><a href="token-help.html" target="_blank">원타임 패스워드 사용법</a></li>
    </ul>
</body>
</html>
```

그림 5-15 두 번째 줄의 링크 뒤에 아이콘이 표시된다

✈️ 속성 선택자

텍스트 링크의 뒤에 이미지(그림)를 표시한 CSS는 a[target="_blank"]::after라는 부분이다. 이 선택자는 세 개의 선택자로 구성돼 있다[63].

---

63 선택자를 구성하는 개별 선택자(여기서 사용한 것은 유형 선택자와 속성 선택자)를 '단순 선택자'라고 한다. 또한, 여러 개의 단순 선택자를 조합해서 만든 '전체 선택자'를 '복합 선택자'라고 부른다.

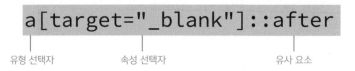

| 유형 선택자 | 속성 선택자 | 유사 요소 |

그림 5-16 a[target="_blank"]::after에는 세 개의 선택자로 구성돼 있다

이 선택자는 모두 <a> 중 target="_blank"을 가지고 있는 요소만 선택한다. [ ]로 감싼 부분은 '속성 선택자'라고 하는 것으로 태그에 설정돼 있는 속성을 조건으로 해서 요소를 선택할 수 있는 선택자다.

속성 선택자를 잘 사용하면 매우 편리하며, 이번과 같이 유형 선택자나 클래스 선택자로는 선택하기 어려운 경우에 사용한다. 속성 선택자에는 이외에도 다양한 작성법이 있으니 상황에 맞게 선별해서 사용하자.

표 5-3 속성 선택자의 주요 작성법과 권장 사용법

속성 선택자 형식	설명	사용 예	선택된 요소의 예	권장 사용법
[속성="값"]	[속성="값"]이 설정된 요소	a[target="_blank"]	<a href="http://example.jp" target="_blank">...</a>	별도 창에서 열리는 링크 뒤에 아이콘 표시
[속성]	[속성]이 설정된 요소	[checked]	<input type="radio" checked>	체크가 있는 라디오 버튼이나 체크 박스의 배경색 변경
[속성^="값"]	'속성' 값이 "값"으로 시작하는 것	a[href^="https://"]	<a href="https://secure.example.kr">...</a>	'https://'로 시작하는 링크 텍스트 앞에 아이콘 표시
[속성$="값"]	'속성' 값이 "값"으로 끝나는 것	a[href$=".pdf"]	<a href="resources/readme.pdf">...</a>	링크 위치가 PDF 파일일 때 텍스트 뒤에 아이콘 표시

✈️ 유사 요소

'::after'는 '유사 요소'라고 하는 선택자다. 선택한 요소의 콘텐츠 뒤에 이미지나 텍스트 등 HTML에는 작성돼 있지 않은 콘텐츠를 삽입할 때 사용한다. 예에서 사용한 선택자를 다시 보자. '::after'는 a[target="_blank"]로 선택한 요소의 콘텐츠 뒤에 새로운 콘텐츠를 삽입하고 있다.

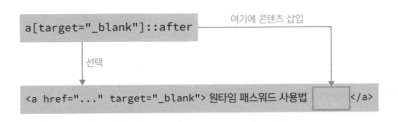

그림 5-17 **선택자 a[target="_blank"]로 선택한 요소와 ::after로 삽입한 콘텐츠의 위치**

참고로 ::after와 비슷한 용도로 '::before'라는 유사 요소가 있다. ::before는 선택된 요소의 콘텐츠 앞에 새로운 콘텐츠를 삽입한다.

그림 5-18 **::before 유사 요소는 '콘텐츠' 앞에 새로운 콘텐츠를 삽입한다**

::before나 ::after로 삽입할 콘텐츠는 content 프로퍼티로 지정한다. 삽입할 수 있는 콘텐츠에는 이미지 외에 텍스트 등도 있다[64].

---

64 ::before나 ::after로 삽입한 텍스트는 HTML 자체에는 포함되지 않는다. 그러므로 검색 사이트에서 검색되지 않을 가능성이 높다. 유사 요소에는 중요한 텍스트를 사용하지 않는 것이 좋다.

콘텐츠 뒤에 이미지를 삽입할 때

```
선택자::after {
    content: url(이미지의 url);
}
```

콘텐츠 앞에 텍스트 ※를 삽입할 때

```
선택자::before {
    content: "※";
}
```

📖 **N o t e** ::after라고? :after가 맞는 것 아니야?

::before나 ::after는 CSS2.1에서는 :before, :after로 콜론이 하나였지만, CSS3 시대가 된 후로는 두 개가 됐다. 하지만 콜론이 하나인지 둘인지는 크게 신경 쓰지 않아도 된다. 현재 주요 브라우저에서는 ::after와 :after 양쪽 모두 지원한다. 옛날 브라우저[65]를 지원할 필요가 있다면 콜론을 하나만 사용해야 하지만, 콜론 두 개가 새로운 작성법이므로 이 책에서는 두 개로 통일한다.

---

65 콜론이 두 개인 ::after를 지원하는 것은 IE9 이상 버전이다. 즉, IE8도 지원해야 한다면 콜론은 하나만 사용해야 한다.

이미지를 표시하기 위해선 경로가 필요하다

이미지 표시하기

웹페이지에 이미지를 표시하는 몇 가지 방법이 있는데, 여기서는
<img> 태그를 사용하는 가장 기본적인 방법을 소개하겠다.

이미지 표시하기

HTML에 이미지를 표시하는 <img> 태그는 다음과 같이 사용한다.

HTML 이미지 표시   ⬇ chapter5/c05-03-a/index.html

```
...
<body>
<img src="../../images/image1646.jpg" width="904" height="572"alt="석양">
</body>
</html>
```

그림 5-19 페이지에 이미지가 표시된다

<img> 태그의 기본적인 사용법

<img> 태그의 작성법은 다음과 같다.

> **형식** **<img> 태그**
>
> ```
> <img src="표시하고 싶은 이미지 파일의 경로" width="이미지의 크기(너비)"
> height ="이미지의 크기(높이)" alt="이미지가 표시되지 않을 때의 텍스트">
> ```

src 속성

src 속성에는 표시하고 싶은 이미지 파일의 경로를 지정한다.

width 속성과 height 속성

이미지 파일은 width 속성(너비), height 속성(높이)으로 지정한 크기만큼 표시된다. 여기서 지정하는 값은 모두 픽셀(px)이다.

반응형 웹디자인[66]의 보급으로 이미지를 실제 크기가 아닌 화면에 맞춘 크기로 표시하는 경우가 많아졌다. 실제 웹디자인에서는 이미지 크기를 확정할 수 없는 경우도 있어서 <img> 태그의 width 속성, height 속성을 반드시 지정해야 하는 것은 아니다.

alt 속성과 접근성

alt 속성에는 이미지 대신에 표시할 텍스트를 지정한다.

네트워크 접속이 끊기거나 src 속성의 경로가 틀리면 이미지가 표시되지 않는다. 이런 이유로 이미지가 표시되지 않을 때는 alt 속성에 지정한 텍스트가 표시된다. 또한, 시각장애인이 사용하는 화면 읽기 기능은 이 alt 속성의 텍스트를 읽는다. 따라서 alt 속성에는 이미지의 내용을 간단히 설명하는 텍스트를 지정해 둔다.

그런데 페이지에 있는 모든 이미지에 alt 속성을 지정하면 화면 읽기 기능 등이 '불필요

---

66 컴퓨터와 스마트폰 모두에서 쾌적하게 웹페이지를 열람할 수 있도록 창의 크기나 화면 크기에 따라 레이아웃이 바뀌는 디자인. 자세한 내용은 10장을 참고하자.

한 내용을 읽는다'거나 '같은 것을 두 번 읽는' 경우가 발생할 수 있다. 예를 들어, 다음 그림과 같이 상품 아래에 상품명이 있고, 상품 이미지의 alt에 상품명을 지정해 버리면 동일한 내용이 연속해서 두 번 읽히게 된다.

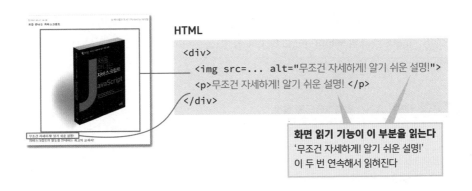

그림 5-20 화면 읽기 기능이 같은 내용을 2회 연속 읽는 예

이와 같은 경우에는 `<img>` 태그의 alt 속성에는 아무것도 지정하지 않고 다음과 같이 작성한다. 그러면 화면 읽기가 같은 텍스트를 두 번 연속으로 읽는 것을 방지할 수 있다.

▶ **화면 읽기를 건너뛰고 싶다면 alt 속성을 비워 둔다.**[67]

```
<img src="..." alt="">
```

67 　옮긴이 　화면 읽기 기능만 생각한다면 alt를 비워 두는 것이 맞지만, alt의 또 다른 용도는 이미지를 표시할 수 없는 경우에 텍스트로 대체하는 것이다. 사용자에 따라서는 이미지 표시를 끄는 경우도 있고, 네트워크 속도에 따라 이미지가 표시되지 않는 경우도 있다. 이때 alt를 설정해 두면 텍스트라도 표시되지만, alt가 없는 경우에는 아무것도 표시되지 않는다.

원본과 다른 크기로 표시하기

반응형 웹디자인에서 페이지의 레이아웃을 구성할 때는 창 너비에 맞추어 레이아웃을 바꾸는 것뿐만 아니라 표시할 화면 크기도 함께 고려해야 하는 경우가 있다. CSS를 사용하면 \<img\> 태그의 width 속성, height 속성을 무시하고 이미지 크기를 최적화할 수 있다.

HTML 이미지 크기가 최적화되도록 설정 ⬇chapter5/c05-03-b/index.html

```
...
<style>
.img-responsive {
    display: block;
    max-width: 100%;
    height: auto;
}
</style>
</head>
<body>
<img src="../../images/image1646.jpg" width="904" height="572" alt="석양"
class="img-responsive">
</body>
</html>
```

이 예에서는 이미지 크기가 브라우저 창 크기에 맞게 동적으로 변경된다. 단, 실제 크기보다 확대돼서 표시되지는 않는다. 브라우저 창을 늘리거나 줄여가며 동작을 확인해 보자.

창 크기를 늘리면   창 크기를 줄이면

그림 5-21 창의 크기에 맞추어 이미지 크기가 변경된다

이 CSS는 클래스 선택자를 사용하고 있다. 클래스 선택자로 지정해 두면 <img> 태그
의 class 속성에 'img-responsive'를 추가하거나 삭제하기만 하면 이미지를 동적으로 변
경할지를 쉽게 설정할 수 있어서 매우 편리하다.

> 📖 **Note** '.img-responsive'는 섬네일 표시에도 사용할 수 있다
>
> 예제에서 사용한 이미지는 904px × 572px로서 웹페이지에 사용하기에는 비교적 큰 크기이지
> 만, 이 크기를 그대로 섬네일(thumbnail) 이미지로 사용할 수도 있다. 블로그나 뉴스 사이트 등에
> 서는 기사의 메인 이미지를 그대로 섬네일로 사용하는 경우가 자주 있다.
>
> 섬네일로 사용하기 위해서 이미지 너비를 200px로 축소하려면 다음과 같이 하면 된다. 중요한
> 것은 두 가지다. 첫 번째는 <img>에 클래스명 'img-responsive'를 붙이는 것이다. 이를 통해
> <img>에 width 속성, height 속성이 지정돼 있어도 이미지 크기를 줄일 수 있다.
>
> 두 번째는 <img>를 <div> 태그 안에 두고, 이 <div>의 너비를 CSS에서 200px로 고정하는 것
> 이다[68].

---

68 <div> 태그에 대해서는 '능숙한 <div> 사용법'(p.173)를 참고하자.

HTML 이미지를 축소해서 표시하기 chapter5/c05-03-c/index.html

```
...
<style>
.img-responsive {
...
}
.thumbnail {
    width: 200px;
}
</style>
</head>
<body>
<div class="thumbnail">
    <img src="../../images/image1646.jpg" width="904" height="572" alt="
석양" class="img-responsive">
</div>
</body>
</html>
```

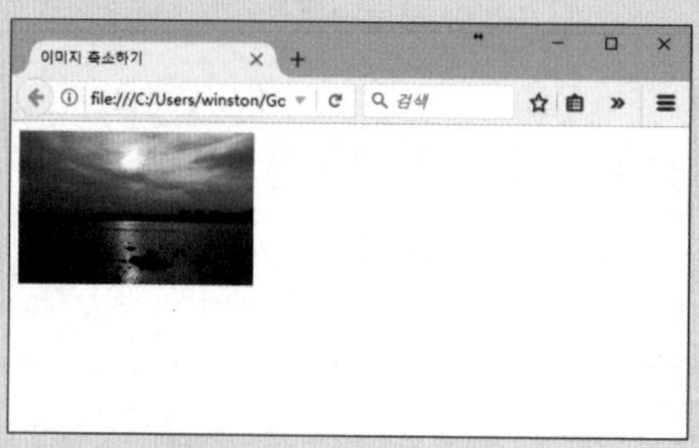

그림 5-22 이미지가 축소돼서 표시된다

자주 사용하는 정통 기법

이미지 링크 걸기

이미지에 링크를 거는 것은 간단하면서 자주 사용되는 기법이다.

이미지에 링크 걸기

이미지에 링크를 걸려면 <img>를 <a> 태그로 감싸기만 하면 된다.

HTML **이미지에 링크 걸기** ⬇ chapter5/c05-04-a/index.html

```
...
<a href="http://studio947.net">
    <img src="../../images/image0320.jpg" width="396"
height="292" alt="블록 쌓기">
</a>
...
```

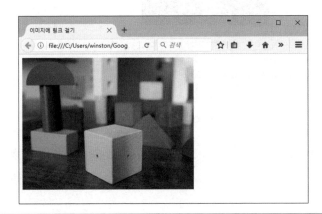

그림 5-23 **이미지를 클릭할 수 있게 된다**

CHAPTER 5

🖼️ 이미지 아래에 텍스트 추가하기

하지만 이미지에 링크만 걸면 이미지를 클릭할 수 있는지 여부를 쉽게 판단할 수 없다. 그래서 이미지를 클릭할 수 있다는 것을 알 수 있도록 이미지 자체의 표시 방법을 고민하거나 이미지 바로 아래나 옆에 텍스트를 첨가하기도 한다. 이미지 아래에 텍스트를 추가해서 양쪽 모두 클릭할 수 있게 하려면 다음과 같이 하면 된다.

HTML 이미지와 텍스트 모두 클릭할 수 있다   ⬇ chapter5/c05-04-b/index.html

```
...
<a href="http://studio947.net">
    <div>
        <img src="../../images/image0320.jpg" width="396"
height="292" alt="블록 쌓기">
    </div>
    <p>다양한 색상의 나무 블럭</p>
</a>
...
```

그림 5-24 하나의 링크로 이미지와 텍스트를 모두 클릭할 수 있다

🖼️ <a>~</a>에 포함시킬 수 있는 콘텐츠

HTML5부터는 <a>의 사양이 변경됐다. 이전에는 <a>~</a> 안에 포함시킬 수 있는 것은 이미지 또는 텍스트였으며, 태그는 <strong>이나 <b> 등[69] 텍스트를 꾸미는 것이

---

69 '굵은 글씨의 <b> 태그' (p.46)

전부였다. 하지만 HTML5에서는 \<p>나 \<div> 등 어떤 요소라도 포함시킬 수 있다.

이미지를 호버했을 때 표시를 변경

이미지를 호버했을 때 표시를 바꾸는 예를 두 가지 소개하겠다. 첫 번째는 이미지를 호버했을 때 이미지의 투명도를 바꾸는 예제다.

HTML **호버한 이미지의 투명도 변경하기** ⬇ chapter5/c05-04-c/index.html

```
...
<style>
a:hover img {
    opacity: 0.5;
}
</style>
</head>
<body>
<a href="http://studio947.net">
    <div>
        <img src="../../images/image0320.jpg" width="396" height="292" alt="
블록 쌓기">
    </div>
    <p>다양한 색상의 나무 블록</p>
</a>
</body>
</html>
```

그림 5-25 **호버하면 이미지가 반투명으로 바뀐다**

예약 선택자의 실전 사용법

이 예제에서는 선택자로 '자손 선택자'[70] 를 사용한다. 이 선택자는 <a>가 호버 상태일 때 해당 자손 요소의 <img>에 스타일을 적용한다[71].

자손 선택자는 그 명칭 그대로 <img> 태그가 <a> 태그의 '자식 요소'이든, '자손 요소' 이든 선택된다. 그러므로 HTML 구조에 맞추어 다음과 같이 작성할 필요는 없다.

▶ **자손 선택자를 사용힐 때는 반드시 HTML 구조를 따를 필요가 없다**

```
a:hover div img
```

크게 신경 쓸 필요는 없지만, 자손 선택자를 사용할 때는 가능한 한 짧고 선택자 수가 적도록 작성하는 것이 좋다. 예에서는 'a:hover div img'보다 'a:hover img'라고 작성하는 것이 좋다. 선택자 수가 적은 쪽이 HTML을 수정해야 할 경우에도 대응하기가 쉽다.

opacity 프로퍼티

opacity 프로퍼티를 사용하면 요소의 투명도를 변경할 수 있다. opacity 프로퍼티의 값에는 단위 없이 0부터 1 사이의 소수를 지정한다. 이 값이 0이면 요소는 완전 투명이 되며(보이지 않는다), 1이면 완전 불투명이 된다.

 형식 **opacity 프로퍼티의 형식. 수치는 0부터 1 사이의 소수**

```
opacity: 수치;
```

이미지에 외곽선 그리기

이미지를 호버했을 때에 표시를 변경하는 또 다른 예를 살펴보겠다. 이 예제에서는 호버했을 때 이미지 외곽에 선을 그린다. 여기서 사용하는 border 프로퍼티에 대해서는 '박스에 외곽선 그리기'(p.183)에서 자세히 다루도록 한다.

---

70 '자손 선택자'(p.70)
71 '링크 상태에 맞추어 적용할 CSS 변경하기' (p.130)

```
...
<style>
.frame {
    padding: 8px;
    border: 1px solid transparent;
}
a:hover .frame {
    border: 1px solid #ccc;
}
</style>
</head>
<body>
<a href="http://studio947.net">
    <div>
        <img src="../../images/image0320.jpg" width="396" height="292" alt="
블록 쌓기" class="frame">
    </div>
    <p>다양한 색상의 나무 블록</p>
</a>
</body>
</html>
```

보통 상태

호버 상태

그림 5-26 호버하면 외곽선이 표시된다

실무에 적용할 수 있는 '주변 배치하기'

이미지 주변에 텍스트 배치하기

요즘에는 이미지 주변에 텍스트를 함께 배치하는 경우가 줄어들었지만, 아직도 뉴스 사이트를 중심으로 적용 예를 자주 볼 수 있다. 여기서는 다양한 곳에서 응용하기 쉬운 배치 방법을 소개하겠다.

실용적인 배치 방법

이미지 주변에 텍스트를 배치하는 것이 전부라면 HTML만으로도 쉽게 표현할 수 있지만, 이미지에 설명을 붙이거나 이미지가 아닌 광고 등을 게재할 때 등을 생각하면 다음과 같이 하는 것이 실용적이다. 이 예제에서 사용하는 margin 프로퍼티에 대해서는 'CSS의 박스 모델'(p.178)을 참고하자.

HTML 이미지 주변에 텍스트 배치하기 　　　　　　chapter5/c05-05-a/index.html

```
...
<style>
p {
    margin: 0 0 1em 0;
}
.float-box {
    float: left;
    margin-right: 1em;
    margin-bottom: 0.5em;
    vertical-align: baseline;
}
.float-clear {
    overflow: hidden;
}
</style>
</head>
<body>
```

```
<div class="float-clear">
    <div class="float-box">
        <img src="../../images/orangedrip.png" width="157" height="140"
alt="">
    </div>
    <p>'새로운 커피와의 만남'을 제공하는 Orange Drip Café가... 매일 40분에게 일반 드링크와
음식 등을 할인된 가격으로 제공합니다.</p>
    <p>이 행사에 참가하고 싶은 분은... 보내 주세요. 추천을 통해 매일 40분에게 초대장을 보내드립니
다. </p>
</div>
</body>
</html>
```

그림 5-27 **이미지 주변에 텍스트 배치하기**

>🗐 HTML의 구조

텍스트 주변 배치를 구현하려면 '이미지'와 '텍스트'의 구조를 다음과 같이 구성해야 한
다. 이 HTML 구조는 크게 네 가지 역할을 하는 요소를 조합한다.

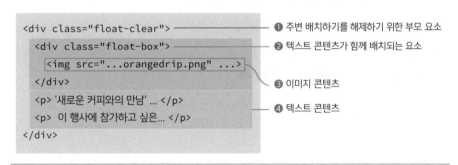

그림 5-28 **이미지 주변에 텍스트를 배치하는 HTML 구조**

텍스트 콘텐츠(❹)는 '텍스트 콘텐츠와 함께 주변 배치되는 요소(<div class="float-box"> ❷)와 섞여서 배치된다. 이 '텍스트가 콘텐츠의 주변에 배치되는 요소(❷)'와 '텍스트 콘텐츠(❹)' 양쪽을 '주변 배치하기를 해제하기 위한 부모 요소(❶)'로 감싼다.

이 구조의 장점은 '텍스트 콘텐츠(❹)' 부분과 '이미지 콘텐츠(❸)' 부분을 실제 콘텐츠에 맞추어 비교적 자유롭게 HTML를 작성할 수 있다는 점이다. 예를 들어, '이미지 콘텐츠(❸)'에 사진과 설명문을 게재하거나 광고를 게재할 수도 있게 된다[72]. 또한, '텍스트 콘텐츠(❹)' 부분도 <p>만이 아닌 <ul>, <li> 등에도 사용할 수 있다.

📌 주변 배치를 실현해 주는 float 프로퍼티

주변 배치를 실현하려면 '텍스트 콘텐츠와 함께 주변 배치되는 요소(❷)'에 float 프로퍼티를 적용한다[73]. 이 float 프로퍼티의 값에는 다음과 같은 것을 설정할 수 있다.

표 5-4 **float 프로퍼티의 값**

float의 값	설명
float: left;	이 스타일이 적용된 요소는 왼쪽에 배치되고, 텍스트는 그 주변에 배치된다
float: right;	이 스타일이 적용된 요소는 오른쪽에 배치되고, 텍스트는 그 주변에 배치된다
float: none;	텍스트는 배치하지 않는다. 의미가 없어 보이는 설정일 수 있지만, 반응형 웹디자인에서 사용된다

📌 주변 배치를 해제하는 overflow: hidden;

일단 어떤 요소에 float을 설정하면 뒤에 있는 요소는 주변에 배치된다. float이 계속 적용된 상태로 있으면 레이아웃이 망가지는 원인이 될 수 있으므로 설정한 주변 배치(float)는 어느 시점이든 반드시 해제해 주어야 한다.

---

72 광고는 한 장의 이미지인 경우도 있지만, <iframe> 등을 이용한 복잡한 HTML로 구성되는 경우도 있다.
73 예제에서는 이외에도 다양한 프로퍼티를 적용하고 있는데, 이미지에 텍스트가 섞이지 않도록 여백을 조절하기 위해 작성한 것이다.

float으로 설정한 주변 배치를 해제할 때는 clear 프로퍼티를 사용하는 것이 기본이다. 하지만 clear 프로퍼티는 정확한 페이지 레이아웃이 필요한 실무 수준의 마크업에는 적합하지 않아서 잘 사용되지 않는다. 그 대신에 '주변 배치를 해제하기 위한 부모 요소(❶)'에 'overflow: hidden;'을 적용한다.

이 overflow는 본래 다른 용도를 위한 프로퍼티이지만[74], CSS 사양상 주변 배치도 해제할 수 있어서 clear 프로퍼티를 대신해서 폭넓게 사용되고 있다.

> **형식** **주변 배치의 float를 해제하기**
>
> ```
> overflow: hidden;
> ```

74 overflow 프로퍼티의 본래 역할에 대해서는 '테이블을 가로 스크롤하기 위한 HTML 구조와 CSS'(p.230)를 참고하자.

박스와 정보 정리

이 장에서는 '블록'을 구성하는 태그와 기본적인 CSS를 중점적으로 다룬다. 앞 장까지 배운 태그는 모두 '콘텐츠에 의미를 부여하는' 것이 주요 역할이었다. 이 장에서 소개하는 태그는 정보를 '그룹화'하고 '정리'하기 위한 것으로, 간결하고 읽기 쉬운 HTML을 작성할 수 있게 해주고 페이지의 레이아웃 작성에도 크게 기여한다.

CSS 레이아웃을 향한 첫걸음

인라인 박스와 블록 박스

HTML 요소(태그와 콘텐츠)는 콘텐츠를 표시하기 위한 영역을 브라우저 창에 확보하는 역할을 한다.

태그와 화면 표시의 관계

브라우저에 표시하는 모든 태그는 '박스'라고 하며, 이것은 콘텐츠를 표시할 영역을 확보한다. 이 박스에는 '인라인 박스(inline box)'와 '블록 박스(block box)' 두 종류가 있다.

'인라인 박스'는 '텍스트의 행 내에 배치할 수 있는' 박스다. 콘텐츠가 들어갈 수 있는 최소한의 박스를 형성한다.

예를 들면, 다음 그림을 보자. <b> 태그는 인라인 박스를 형성하고 박스 안에 텍스트 '알림:'을 표시한다. 기본적으로는 텍스트를 강조하는 태그(<b>, <strong> 등)가 인라인 박스로 표시된다. 또한, 이미지의 <img>나 텍스트 필드 등 모든 폼 요소도 인라인 박스로 표시된다.

인라인 박스와 대조적인 '블록 박스'는 태그에 포함되는 콘텐츠 양에 관계없이 부모 요소와 같은 크기의 영역을 확보한다. 다음 그림에서 <p> 태그가 블록 박스를 형성하고 있다.

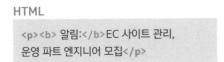

HTML

```
<p><b> 알림:</b>EC 사이트 관리,
운영 파트 엔지니어 모집</p>
```

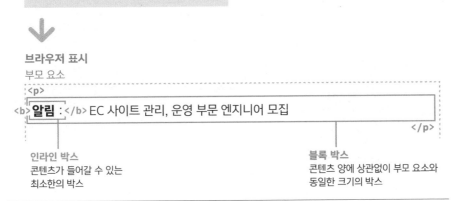

그림 6-1 인라인 박스와 블록 박스

블록 박스로 표시되는 태그는 의미나 역할에 따라 두 종류로 나눌 수 있다.

· **태그가 콘텐츠에 의미를 부여하는 것**

· **다른 태그를 감싸서 정보를 정리하거나 그룹화하는 것**

'태그가 콘텐츠에 의미를 부여하는 것'의 대표적인 예로 제목의 <h1>~<h6>, 단락의 <p> 등이 있다. 이 태그들 대부분은 콘텐츠에 텍스트 또는 텍스트를 강조하는 태그 (<strong> 등)만 포함시킬 수 있다.

또한, '다른 태그를 감싸서 정보를 정리하거나 그룹화하는 것'으로는 항목을 나타내는 <ul>이나 <li>, 그리고 다른 태그를 그룹화하는 <div> 등이 있다. 이 태그들은 텍스트 뿐만 아니라 어떤 태그이든지 자식 요소로 만들 수 있다는 특징이 있다. 그러므로 페이지의 정보를 정리하거나 CSS를 사용한 레이아웃 조정에 큰 도움이 된다.

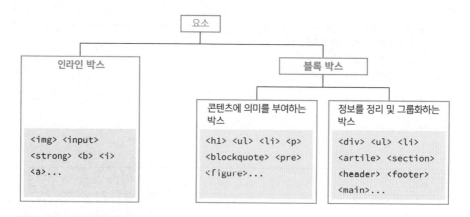

그림 6-2 태그는 이렇게 분류할 수 있다

목록을 만드는 것이 리스트의 가장 기본적인 사용법

항목 나열하기(리스트)의 마크업

목록을 만들 때 사용하는 <ul>, <ol>, <li> 등은 사용 범위가 매우 넓으며 가장 자주 사용되는 태그 중 하나다. 텍스트의 항목을 마크업할 뿐만 아니라 정보를 정리해서 그룹화하는 용도로도 사용된다.

목록을 마크업하기

전체적으로 사용 빈도가 높은 리스트 관련 태그 중에서도 가장 자주 사용되는 것이 '비순열 항목'라는 <ul>과 <li>다. 이 둘의 조합은 목록을 표현할 때의 마크업이나 페이지 전체 정보를 정리할 때도 사용된다. <ul>의 기본적인 사용법으로 먼저 목록 작성 예를 보자.

HTML **목록을 마크업하기** ⬇ chapter6/c06-01-a/index.html

```
...
<body>
<h2>페페론치노 파스타(2인분)</h2>
<ul>
    <li>스파게티 200g</li>
    <li>멸치 1/2 캔</li>
    <li>고추 2개</li>
    <li>마늘 2개</li>
    <li>올리브 오일 100cc</li>
    <li>소금 및 후추 약간</li>
</ul>
</body>
</html>
```

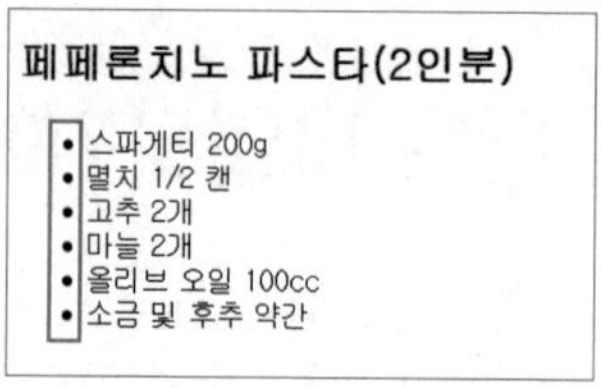

페페론치노 파스타(2인분)

- 스파게티 200g
- 멸치 1/2 캔
- 고추 2개
- 마늘 2개
- 올리브 오일 100cc
- 소금 및 후추 약간

그림 6-3 <ul>, <li>로 마크업하면 항목 앞에 '•'가 붙는다

✈️ <ul>, <li>

<ul>은 리스트의 각 항목(<li>)이 동일한 우선 순위를 가질 때 사용된다. 요리의 소재나 가전제품의 사양 등, 리스트로 만드는 항목이 같은 종류의 정보이면서 각 항목의 중요도나 순서에 차이가 없는(가장 위에 있는 <li>와 가장 아래 있는 <li>를 바꾸어도 의미가 변하지 않는) 경우에 사용된다. 참고로 <ul>의 자식 요소는 반드시 <li>여야 하며, 다른 태그는 사용할 수 없다.

항목 앞에 번호 붙이기

리스트라도 조작 순서와 같이 각 항목에 순서나 서열이 있는 경우에는 <ol>, <li> 조합을 사용한다.

HTML 항목 앞에 번호 붙이기   ⬇️chapter6/c06-01-b/index.html

```
...
<body>
<h2>만드는 법(2인분)</h2>
<ol>
    <li>불을 약하게 켠 상태에서 프라이팬에 기름과 간 마늘을 넣습니다.</li>
    <li>멸치를 넣습니다.</li>
    <li>고추를 넣고 다시 20초 동안 볶습니다.</li>
    <li>불을 끕니다.</li>
    <li>삶은 스파게티를 프라이팬에 넣고 빨리 섞습니다.</li>
</ol>
```

```
</body>
</html>
```

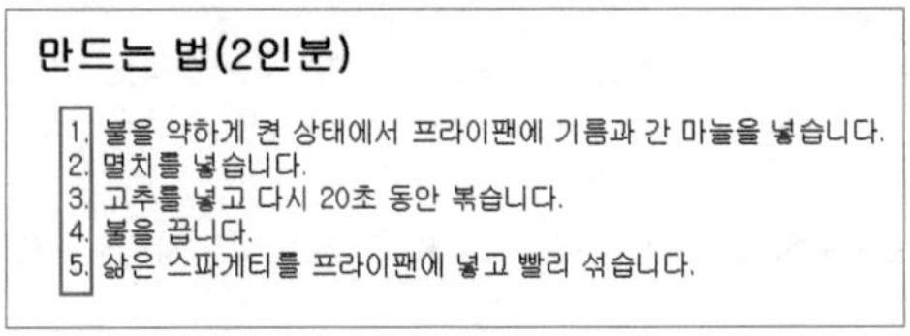

만드는 법(2인분)

1. 불을 약하게 켠 상태에서 프라이팬에 기름과 간 마늘을 넣습니다.
2. 멸치를 넣습니다.
3. 고추를 넣고 다시 20초 동안 볶습니다.
4. 불을 끕니다.
5. 삶은 스파게티를 프라이팬에 넣고 빨리 섞습니다.

그림 6-4 <ol>, <li>로 마크업하면 항목 앞에 번호가 붙는다

비슷한 정보끼리 모으기

리스트를 정보 정리에 사용하자

<ul>이나 <ol>은 텍스트의 항목을 마크업하는 경우 외에도 자주 사용된다. 실제 웹디자인에서는 페이지에 게재되는 비슷한 종류의 정보를 항목화할 때도 사용한다.

<ul>이나 <ol>은 어떤 경우에 사용되나?

웹페이지에는 비슷한 종류의 정보를 나열하는 디자인 패턴이 많다. 예를 들면, 다음과 같은 경우가 있다.

- 사이트 내의 주요 페이지를 링크하는 '내비게이션'
- 푸터(footer)에 배치해서 사이트 내의 각 페이지로 링크하는 '사이트맵'
- 회사 사이트의 '알림(공고)'
- EC(이커머스) 사이트의 '상품 목록'
- 뉴스 계열의 사이트나 블로그에서 사용하는 '최신 기사(글) 목록'

이렇게 비슷한 종류의 정보를 항목화해서 정리하기 위해 <ul>, <li>가 자주 사용된다.

메인 내비게이션

새로운 글(기사)

아이템 목록

그림 6-5 비슷한 정보를 나열하는 부분은 <ul>, <li>로 마크업한다

✈️ 서브 내비게이션 마크업 예

비슷한 정보를 목록화하는 방법으로 '내비게이션(navigation)'이라는 것이 있다. 여기서는 비교적 간단한 '서브 내비게이션'을 사용한 예를 보도록 하겠다[75].

| HTML | 서브 내비게이션의 기본적인 마크업 |

📥 chapter6/c06-02-a/index.html

```
...
<style>
.subnav ul {
    margin: 0;
    padding: 0;
    list-style-type: none;
}
</style>
```

---

75 웹페이지의 메인 내비게이션에 대해서는 9장에서 다룬다.

```
</head>
<body>
<div class="subnav">
    <ul>
        <li><a href="/support/">고객 지원</a></li>
        <li><a href="/price/">가격표</a></li>
        <li><a href="/faq/">자주 하는 질문</a></li>
    </ul>
</div>
</body>
</html>
```

```
고객 지원
가격표
자주 하는 질문
```

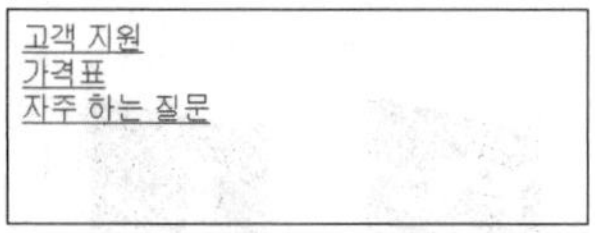

그림 6-6 서브 내비게이션이 표시된다

✈ `<ul>`, `<ol>`를 '비슷한 정보를 목록화'할 때 사용하는 경우의 CSS

`<ul>`, `<ol>`에는 태그 자체에 다음과 같은 CSS 스타일이 적용돼 있다.

- `<ul>`, `<ol>`에는 **list-style-type** 속성이 적용돼 있어서 각 항목(`<li>`)의 선두에 항목 기호(·)나 번호가 표시된다

- `<ul>`, `<ol>`은 항목 기호나 번호를 표시할 공간을 확보하고 있으며, 위아래의 여백을 유지하기 위해 **padding** 프로퍼티, **margin** 프로퍼티가 적용돼 있다[76]

그러므로 `<ul>`이나 `<ol>`에는 CSS를 적용하지 않아도 다음 그림과 같은 여백(공간)이 처음부터 할당돼 있다. `<ul>`, `<ol>` 외에도 간단한 CSS가 미리 적용돼 있는 태그들이 있다. 이런 CSS를 '기본 CSS'라고 한다.

---

76 'CSS의 박스 모델'(p.178).

그림 6-7 <ul>에 적용돼 있는 **padding**과 **margin**. <ol>에도 동일하게 적용된다

이런 기본 CSS는 페이지의 레이아웃을 만들 때 방해가 된다. 그래서 기본 CSS를 무효화하기 위한 CSS를 작성해야 한다. 예제의 '.subnav ul' 선택자의 CSS는 기본 CSS를 무효화하는 역할을 한다[77].

✈️ 서브 내비게이션의 선두에 기호 붙이기

<ul>, <li>로 마크업한 HTML을 더 세련된 내비게이션으로 만들기 위해 <li>의 각 항목에 항목 기호로 이미지를 사용할 수 있다.

HTML 내비게이션의 선두에 기호 붙이기   ⬇ chapter6/c06-02-b/index.html

```
...
<style>
.subnav ul {
    margin: 0;
    padding: 0;
    list-style-type: none;
}
.subnav a {
    padding-left: 16px;                                                    ❶
    background: url(../../images/listmark.png) no-repeat left 0 top 4px;   ❷
    color: #1864b9;
    text-decoration: none;
}
.subnav a:hover {
    color: #0f3f74;
    text-decoration: underline;
}
</style>
...
```

---

77   list-style-type 프로퍼티에 대해서는 '장소와 시간에 사용하고 있는 '·' 제거하기'(p.68)를 참고하자. padding과 margin 프로퍼티에 대해서는 'CSS의 박스 모델'(p.178)을 참고하자.

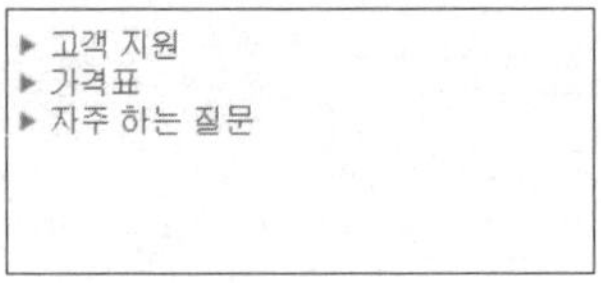

```
▶ 고객 지원
▶ 가격표
▶ 자주 하는 질문
```

그림 6-8 선두에 ▶가 표시되면서 내비게이션답게 보인다

✈️💻 서브 내비게이션의 선두에 이미지를 표시하는 전형적인 CSS

서브 내비게이션의 선두에 이미지를 표시하려면 내비게이션의 <a> 태그에 다음 두 줄의 CSS를 작성하면 된다.

❶ 왼쪽 패딩(padding-left)을 설정해서 이미지를 표시할 수 있는 영역을 확보한다

❷ 배경 이미지를 적용한다

CSS 프로퍼티의 자세한 기능이나 사용법은 뒤에서 설명하므로[78] 여기서는 서브 내비게이션의 상세 설정 방법만 다루도록 한다.

먼저, 항목 기호로 사용하는 이미지는 서브 내비게이션의 폰트 크기(예제에서는 기본 16px)보다 작게 만든다. 예제에서 사용하고 있는 이미지의 크기는 10px × 10px이다.

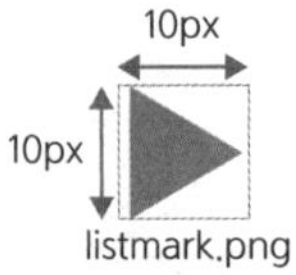

그림 6-9 **사용한 배경 이미지**

CSS에서는 배경 이미지와 텍스트가 겹치지 않도록 <a>에 왼쪽 패딩을 설정해서 텍스트 시작 위치를 약간 이동시킨다(❶). 위 예제에서는 왼쪽 패딩 값을 '16px'로 설정하고 있지만, 사용하는 배경 이미지에 맞추어 값을 조절하는 것이 좋다.

---

78 padding-left 프로퍼티에 대해서는 'CSS의 박스 모델'(p.178)을 참고하자. background 프로퍼티에 대해서는 '박스를 배경 이미지로 채우기'(p.198) 참고하자.

❷에서 배경 이미지를 표시한다. 항목 이미지와 텍스트 위치가 어긋나는 경우에는 ❷의 '4px' 부분 값을 조절해서 기호의 표시 위치를 위아래로 이동시키면 된다.

그림 6-10 이미지와 텍스트 위치가 어긋날 때의 조절 방법

🛬 '새로운 글'을 목록화하기

<ul>, <li>를 사용하는 마지막 예로 뉴스 사이트나 블로그 등의 왼쪽(또는 오른쪽)에 표시되는 '새로운 글(또는 최신 기사)'이나 '인기 기사' 등을 목록화해서 보여 주는 기능을 소개하겠다. 이런 목록은 기사 제목과 섬네일(이미지)이 함께 표시돼서 구조가 비교적 복잡하다. 이렇게 텍스트 외에 다른 정보가 함께 나열되는 경우에도 <li>를 사용한다.

| HTML | 사이드바(sidebar, 웹페이지 좌우에 배치되는 요소)에 게재할 '새로운 글' 작성하기[79]   ⬇ chapter6/c06-02-c/index.html |

```
...
<style>
.sidebar {
    padding: 8px;
    border: 1px solid #ccc;
    width: 300px;
}
.subnav {
    list-style-type: none;
```

---

79   이 예제는 <li>를 사용해서 정보를 배열하는 전형적인 패턴이다. 따라서 여기서 사용되는 HTML 구조를 잘 익혀 두자. 섬네일과 이미지를 옆으로 나열할 때 사용한 CSS 프로퍼티에 대해서는 '이미지 주변에 텍스트 배치하기'(p.151)에 설명이 있다.

```
    margin: 0;
    padding: 0;
}
.subnav li {
    overflow: hidden;
    margin: 1em 0 1em 0;
}
.subnav .thumb {
    float: left;
    width: 100px;
}
.subnav .summary {
    margin: 0 0 0 108px;
}
.subnav a {
    text-decoration: none;
}
</style>
</head>
<body>
<div class="sidebar">
    <div class="recent">
        <h3>새로운 글</h3>
        <ul class="subnav">
            <li>
                <a href="글 url1">
                    <img src="../../images/image2217.png" width="100"
height="100" alt="" class="thumb">
                    <p class="summary">OS를 업데이트한 후 불편해졌다? OS는 반드시 업데
이트해야 하는 것일까?</p>
                </a>
            </li>
            <li>
                <a href="글 url2">
                    <img src="../../images/image2218.png" width="100"
height="100" alt="" class="thumb">
                    <p class="summary">요청이 많았던 '제품 지원 서비스 개선'! 지원 내용
및 서비스를 개선했습니다!</p>
                </a>
            </li>
        </ul>
    </div>
</div>
</body>
</html>
```

그림 6-11 새로운 글이 목록으로 표시된다

탐색 경로 목록 작성하기

'탐색 경로 목록(breadcrumb list)'이란 지금 표시하고 있는 페이지의 위치를 알 수 있도록 웹사이트의 메인 페이지를 기준으로 계층 구조를 목록으로 만든 것이다. 탐색 경로 목록도 비슷한 정보(사이트 내의 페이지로 링크 걸기)를 목록화한 구조라고 볼 수 있다[80].

HTML **탐색 경로 목로 작성하기**	⬇ chapter6/c06-02-d/index.html

```
...
<style>
.breadcrumb ol {
    list-style-type: none;
    margin: 0;
    padding: 0;
}
.breadcrumb li {
    display: inline;                              ❶
}
.breadcrumb li::after {
    content: "»";                                ❷
    color: #999;
}
```

---

80 탐색 경로 목록에는 반드시 링크를 건다. 사용자가 사이트 내에서 손쉽게 이동할 수 있을 뿐만 아니라 페이지 간 상호 링크로 인해 검색 엔진에도 잘 노출된다('웹페이지에서 가장 중요한 것은 링크돼 있는 것'(p.118).

```
.breadcrumb li:last-child::after {
    content: none; ●————————————————————————————————③
}
.breadcrumb a {
    text-decoration: none;
    color: #1864b9;
}
</style>
</head>
<body>
<div class="breadcrumb">
    <ol>
        <li><a href="/">홈</a></li>
        <li><a href="/products/">제품 목록</a></li>
        <li><a href="/products/lens/">카메라 렌즈</a></li>
        <li>광각 렌즈</li>
    </ol>
</div>
</body>
</html>
```

홈» 제품 목록» 카메라 렌즈» 광각 렌즈

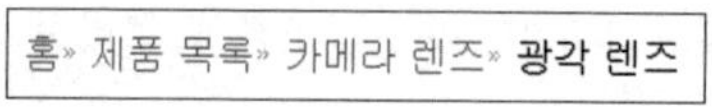

그림 6-12 탐색 경로 목록이 표시된다

✈️ 탐색 경로 목록을 작성하려면 <ol>을 사용

일반적으로 웹사이트는 홈(메인 페이지)을 기점으로 '계층 구조(트리 구조)'로 구성된다. 그러므로 탐색 경로는 서열이 있는 목록인 <ol>을 사용하는 것이 서열이 없는 <ul>을 사용하는 것보다 적합하다고 볼 수 있다.

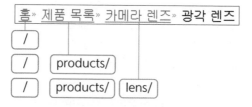

그림 6-13 웹사이트 구조는 루트(/)를 기점으로 서열이 발생한다

🔖 요소의 박스 표시 상태를 변경하는 display 프로퍼티

\<li\>는 원래 블록 박스로 표시되는 요소다. 하지만 탐색 경로처럼 \<li\> 바로 옆에 다음 \<li\>를 표시해야 하는 경우가 있다. 이때는 블록 박스로 표시되는 \<li\>를 인라인 박스로 표시해야 한다. 요소의 표시 상태를 변경하는 것은 display 프로퍼티다(❶).

display 프로퍼티의 값에는, 블록 박스로 표시되는 요소를 인라인 박스로 변경하는 'inline'이나 반대로 인라인 요소를 블록 박스로 표시하는 'block' 등 몇 가지 정해진 값을 사용할 수 있다. 예제에서는 'inline'을 사용하고 있다.

표 6-1 **display 프로퍼티의 주요 값**

display 값	설명
display: inline;	요소를 인라인 박스로 표시한다
display: inline-block;	요소를 인라인 블록으로 표시한다[81]
display: block;	요소를 블록 박스로 표시한다
display: none;	요소를 감춘다

🔖 :last-child 선택자

이 예에는 약간 복잡한 선택자 두 개가 등장한다. 첫 번째는 '.breadcrumb li::after'이고 두 번째는 '.breadcrumb li:last-child::after'이다. '::after'를 제외한 부분, 즉 '.breadcrumb li'와 '.breadcrumb li:last-child'로 선택된 요소는 다음 그림과 같다.

81　'display: inline-block;'이 적용된 요소는 인라인 박스처럼 텍스트 옆에 배치할 수 있다. 또한, 위아래 여백이나 너비를 설정할 수도 있으므로 float 프로퍼티를 사용하지 않고 블록 박스를 옆에 나열할 때 사용한다.

```
<div class="breadcrumb">
    <ol>
        <li><a href="/">홈</a></li>                            ──── .breadcrumb li
        <li><a href="/products/">제품 목록</a></li>             ────
        <li><a href="/products/lens/">카메라 렌즈</a></li>      ────
        <li>광각 렌즈</li>                                       ──── .breadcrumb li:last-child
    </ol>
</div>
```

그림 6-14 '.breadcrumb li'와 '.breadcrumb li:last-child'로 선택된 요소

'.breadcrumb li'로 선택된 요소에 '::after'[82]를 적용해서 텍스트 뒤에 '>>'를 표시하고 있다(❷). 하지만 탐색 경로의 마지막 <li> 뒤에는 '>>'를 표시할 필요가 없다. 그래서 ':last-child'를 사용해서 마지막 <li>만 선택하고, 그 뒤에는 '>>'가 붙지 않도록 하는 것이다(❸).

':last-child'는 동일 계층의 요소 중 마지막 것만 선택하는 선택자다.

---

82 '::after'와 content 프로퍼티 사용법에 대해서는 '유사 요소'(p.137)를 참고하자.

<div> 사용법을 알면 HTML이 한결 간결해진다

능숙한 <div> 사용법

정보를 그룹화해서 정리하는 대표적인 요소가 <div>다. <div>
는 응용 범위가 넓으며, 언제 어디에나 사용할 수 있어서 자기도
모르게 '<div> 투성이'의 HTML을 작성하는 경우가 적지 않다.
<div>의 제대로 된 사용법을 배워서 읽기 쉽고 간결한 HTML을
작성하자.

<div>의 용도

<div>는 그 자체로는 의미가 없는 태그로 다른 요소를 그룹화해서 정리할 때 사용한
다. 단, '여기는 메인 콘텐츠니까 <div>로 감싸자', '사이드바니까 <div>로 감싸자' 하는
식으로 최종적인 디자인을 고려해서 CSS를 적용시킬 때 사용하는 경우가 많다. 이것
이 틀린 것은 아니지만, 디자인(외형)만 고려해서 <div>를 남발하면 코드에 <div> 태그
가 넘쳐나게 된다. 또한, 너무 깊은 계층 구조를 지니면(<div>를 몇 번이고 중첩해서 사용)
HTML의 가독성이 떨어져서 관리하기가 힘들어진다.

불필요한 <div>를 늘리지 않도록 일단 디자인은 잊고, 가능한 한 정보를 정리한다는
것을 의식하면서 <div>를 사용하자. 정보의 집합을 감싼다는 관점에서 생각하면 어느
정도 <div> 사용 패턴이 보이기 시작한다. 이 패턴은 대략 다음 네 가지로 분류할 수
있다.

(1) 제목과 관련 콘텐츠를 모은다

(2) 부품의 '경계'를 만든다

(3) HTML 계층을 정리한다

(4) 다른 박스의 래퍼(wrapper) 구조를 만든다

CHAPTER 6

각각에 대해 보도록 하자.

✈️ (1) 제목과 관련 콘텐츠를 모은다

<div>를 사용하는 가장 기본적인 예는 제목과 관련 콘텐츠를 모으는 것이다[83]. 이 경우 하나의 <div>로 감쌀 수 있는 제목(<h1>~<h6>)은 원칙적으로 하나만 가능하다는 것이 포인트다. 또한, 이 그룹이 어떤 그룹인지 알 수 있도록 class 속성을 부여해야 한다.

▶ 제목과 관련된 콘텐츠를 모으는 예

```
<div class="spec">
    <h2>기본 사양</h2>
    <ul>
        <li>크기:24.5cm × 28.0cm × 32.4cm</li>
        <li>중량: 6.5kg</li>
    </ul>
</div>
```

✈️ (2) 부품의 '경계'를 만든다

웹페이지의 사이드바만 생각해도 다수의 정보가 게재된다. 페이지 내 검색, 공지 사항, 최신 글, 광고 등이 있으며, 이들은 각각 독립적으로 존재한다. 이런 독립된 정보를 '부품'이라고 하면, 각 부품 간 경계를 확실히 하기 위해 <div>를 사용한다. 이렇게 하면 '어디부터 어디까지가 하나의 부품인지'를 쉽게 알 수 있어서 순서 변경이나 부품 변경이 수월해진다.

▶ 부품의 경계로 사용하는 예

```
<div class="ad">
    <img src="koukoku.jpg" alt="접속 분석이라면 자동 분석기">
</div>
<div class="top3">
    <h3>매출 상위 3위 제품</h3>
    <ul>
```

---

83 제목과 관련 콘텐츠를 모을 때 사용하는 <div>는 대부분 <section> 등 HTML5에서 등장한 태그로 변경할 수 있다. 일부러 그렇게 할 필요는 없지만, 여유가 있으면 태그 변경 작업에 도전해 보자('익숙해지면 <div> 이외의 요소를 사용해 그룹화하기'(p.177)).

```
            <li>핸드폰 줄 10개 세트</li>
            <li>광각 렌즈가 있는 스마트폰 케이스</li>
            <li>누구나 쉽게 접착할 수 있는 스마트폰 화면 보호 유리</li>
        </ul>
    </div>
```

✈ (3) HTML 계층을 정리한다

페이지의 헤더나 푸터 부분은 \<div>로 감쌌지만 메인 콘텐츠를 감싸지 않은 HTML이
있다고 하자. 이때 HTML 코드는 헤더나 푸터의 \<div>와 메인 콘텐츠의 \<h1>이나 \<p>
가 동일한 계층에 나열된다. 이런 HTML은 그다지 아름답게 보이지 않는다.

그림 6-15 아름답지 않은 HTML 구조

이 '아름답다, 아름답지 않다' 하는 것이 정확히 어떤 '느낌'인지 아직 와닿지 않을 수
도 있다. 이것은 많은 HTML을 작성해서 그 감각을 익히는 수밖에 없다. 원칙적으로는
'태그는 이렇게 분류된다'(p.158)의 그림에서 본 것처럼 형제 요소(같은 계층에 있는 태그)
가 동일 카테고리에 있으면 아름다운 HTML이라고 할 수 있다. 반대로 형제 요소가 다
른 카테고리에 섞여 있다면 아름답지 않은 HTML이다. 앞서 본 '아름답지 않은 HTML
구조' 그림의 HTML은 메인 콘텐츠 부분인 \<h1>이나 \<p>를 \<div>로 감싸는 것을 검토
해 보아야 한다.

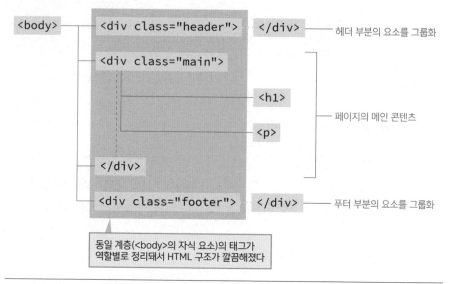

그림 6-16 **아름답지 않은 HTML을 개선한 구조**

✈️ (4) 별도 박스의 래퍼 구조를 만든다

래퍼(wrapper) 구조란 <div>로 감싼 여러 개의 '그룹화된 구조'를 한 번 더 <div>로 감싸는 것이다[84]. 이 래퍼 구조는 주로 CSS로 여러 개의 <div>를 옆으로 나열할 때 사용한다. 래퍼 구조는 정보를 정리하기 위한 것이라 할 수 없지만, 중요한 <div>의 사용법 중하나다.

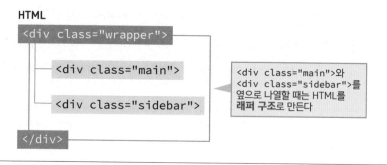

그림 6-17 **래퍼 구조의 예**

---

84 래퍼(wrapper)란 '포장한다'는 뜻을 지닌 영어 단어다.

✈ 익숙해지면 <div> 이외의 요소를 사용해 그룹화하기

<div>는 다른 요소를 그룹화하기 위한 태그로 스스로는 의미를 지니지 않는 것이 특징이다. HTML5부터는 <div>와 같이 다른 요소를 그룹화하면서 스스로도 명확한 의미를 지니는 태그가 등장했다. <div> 사용법이 익숙해지면 이런 '의미를 지니는 그룹화용 태그'로 변경해 보자.

다음 표에서는 <div> 대신에 사용할 수 있는 태그를 소개하고 있다. 9장, 10장에서는 실제로 이 태그들을 사용해 본다. 더 자세히 알고 싶은 독자는 9장, 10장을 참고하자.

표 6-2 의미를 지니는 그룹화용 태그 목록

태그	사용법
<main> ~ </main>	페이지의 중심이 되는 메인 콘텐츠를 감싼다. HTML 내에서 한 번만 사용할 수 있다. 또한, <article>, <aside>, <footer>, <header>, <nav>의 자식 요소로 사용할 수 없다
<article> ~ </article>	페이지의 글이나 중심이 되는 콘텐츠를 감싼다
<section> ~ </section>	글의 섹션(일부분)이나 페이지 내의 독립된 부품을 감싼다
<nav> ~ </nav>	페이지의 주요 내비게이션(일반적으로는 메인 내비게이션)을 감싼다
<aside> ~ </aside>	페이지의 본문이 아닌 부분, 예를 들면 사이드바 등을 감싼다
<header> ~ </header>	페이지의 헤더 부분을 감싼다
<footer> ~ </footer>	페이지의 푸터 부분을 감싼다

레이아웃에 빠질 수 없는 필수 지식

CSS의 박스 모델

개별 태그가 콘텐츠를 표시하기 위해 확보하는 영역인 박스는 CSS
를 사용해 그 크기를 조절할 수 있다. 웹페이지를 자유롭게 레이아
웃하려면 박스 모델을 충분히 이해하고 있어야 한다.

박스 모델이란?

'박스'란 개별 태그가 콘텐츠를 표시하기 위해 확보하는 영역을 가리킨다. 모든 박스의 중
심에는 콘텐츠를 표시하기 위한 '콘텐츠 영역'이 있으며, 그 주변에 패딩(padding), 보더
(border), 마진(margin) 등의 영역이 존재한다. CSS의 각종 프로퍼티를 사용하면 이 영역
들의 크기를 조절할 수 있다.

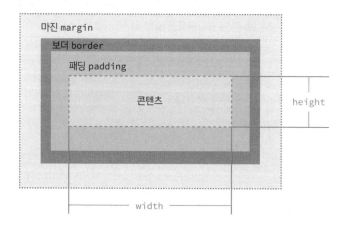

그림 6-18 **박스 모델**

➤📄 박스의 높이와 너비

<div>나 <p> 등 블록 박스의 콘텐츠 영역은 CSS를 사용하지 않는 한 다음과 같은 규칙으로 결정된다.

- 너비는 부모 요소의 너비를 기준으로 마진, 보더, 패딩이 벗어나지 않는 범위에서 최대한의 너비를 취한다
- 높이는 콘텐츠가 들어갈 수 있는 높이로 설정된다

블록 박스의 콘텐츠 영역은 너비는 width 프로퍼티, 높이는 height 프로퍼티를 사용해 설정할 수 있다[85].

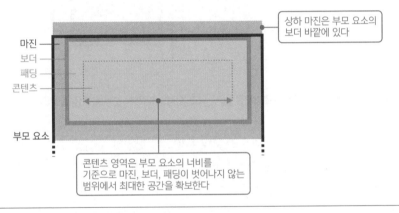

그림 6-19 **블록 박스의 너비와 배치 원칙**

너비를 지정하는 width 프로퍼티의 값은 'px' 또는 'em' 단위를 사용해서 박스 너비를 고정하거나 '%'를 사용해서 동적으로 변경할 수 있다. 단위에 %를 사용하면 해당 블록 박스의 콘텐츠 영역이 부모 요소 너비의 ○%로 설정된다. 브라우저의 창 크기나 모니터의 화면 크기에 따라 박스 크기를 조절하고 싶을 때 % 단위를 사용하면 된다[86].

---

85 단, height 프로퍼티는 거의 사용되지 않는다.

86 고급 지식이긴 하지만 도움이 될 만한 것을 하나 소개하겠다. 블록 박스 너비의 기본 CSS에는 'width: auto;'가 설정돼 있다. auto가 지정돼 있으면 해당 요소의 너비는 부모 요소의 너비를 기준으로 마진, 패딩, 보더를 넘지 않는 범위를 차지한다. 반면에 width 프로퍼티의 값을 '%'로 지정하면 부모 요소의 콘텐츠 영역을 100%로 해서 지정한 값으로 조정된다. 즉, 마진, 보더, 패딩이 부모 요소의 너비보다 큰 경우는 있을 수 없다.

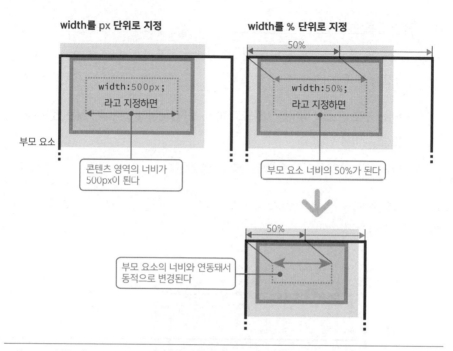

그림 6-20 블록 박스의 width 프로퍼티를 px 단위로 지정할 때와 % 단위로 지정할 때의 차이

한편 인라인 박스의 콘텐츠 영역은 요소의 콘텐츠가 간신히 들어갈 수 있을 정도로 잡히며, 너비나 높이를 CSS로 조절할 수 없다[87].

그림 6-21 인라인 박스의 너비와 높이는 조절할 수 없다

---

87 정확히 말하자면 같은 인라인 박스라도 `<img>`나 폼의 `<input>`, `<textarea>` 등 일부 요소는 너비나 높이를 CSS로 조절할 수 있다.

✈ 패딩, 보더, 마진

콘텐츠 영역의 바깥쪽 패딩, 보더, 마진은 각종 프로퍼티를 사용해 설정할 수 있다.

패딩(padding)이란 콘텐츠 영역의 바로 바깥쪽에 있으면서 콘텐츠 영역과 보더 사이에 있는 공간을 가리킨다. 보더(border)는 박스 주변에 그려지는 외곽선이다. 박스에 배경 색, 또는 배경 이미지를 지정하면 패딩 영역까지 칠해진다. 또한, 보더는 선의 굵기, 선의 형태(실선이나 점선 등), 선의 색 등을 설정할 수 있다.

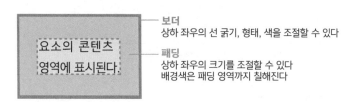

그림 6-22 **패딩과 보더**

마진(margin)이란 박스의 상하 좌우에 인접해 있는 다른 박스까지의 거리로 '이 이상은 넘어오지마' 하는 장벽 역할을 한다.

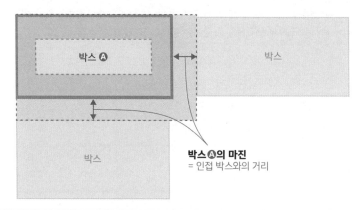

그림 6-23 **마진은 인접 박스와의 거리를 지정하는 것**

참고로 인라인 박스에는 상하 마진을 설정할 수 없고 좌우 마진 및 네 변의 패딩, 보더는 설정할 수 있다.

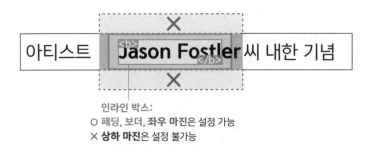

인라인 박스:
O 패딩, 보더, **좌우 마진**은 설정 가능
× **상하 마진**은 설정 불가능

그림 6-24 인라인 박스에서는 상하 마진을 설정할 수 없다

📖 **Note** 생략형과 비생략형

CSS 프로퍼티 중에는 복수의 설정을 한 번에 할 수 있는 생략형 프로퍼티와 한 번에 하나만 설정할 수 있는 비생략형 프로퍼티가 존재한다.

예를 들어, 패딩은 박스의 네 변을 각기 다르게 설정할 수 있는데, 이들을 하나의 프로퍼티로 설정할 수 있는 'padding'(생략형 프로퍼티)과 한 번에 한 변씩 지정하는 'padding-top'이나 'padding-left' 등의 비생략형 프로퍼티가 모두 정의돼 있다[88]. 보더나 마진도 마찬가지다.

생략형과 비생략형은 작성 방법만 다르지 처리 내용은 같다. 선호하는 방법을 사용하면 된다. 단, 일반적으로는 작성량이 적은 생략형을 사용하는 경우가 많다.

---

88 이 프로퍼티들의 구체적인 사용법은 '패딩, 보더 설정(p.183)'을 참고하자.

실제로 CSS를 사용해 박스 조작해 보기

패딩, 보더 설정

박스 모델의 각종 프로퍼티를 실제로 사용해 보겠다. 박스 모델의 구체적인 움직임을 볼 수 있도록 먼저 하나의 박스에 CSS를 적용해 본다.

박스에 외곽선 그리기

박스 모델 중에서 가장 이해하기 쉽고 조절하기 쉬운 것이 '보더'다. 다음 예제에는 다양한 프로퍼티가 사용되고 있지만, 보더에서 중요한 것은 border 프로퍼티가 작성된 한 줄이다.

HTML **박스에 외곽선 그리기** 　 chapter6/c06-03-a/index.html

```
...
<style>
.item {
    border: 1px solid #cccccc;
    width: 300px;
}
.item h3 {
    margin: 0.5em 0 0.5em 0;
    font-size: 16px;
}
.item p {
    margin: 0;
    font-size: 14px;
    color: #666666;
}
</style>
</head>
<body>
```

```
<div class="item">
    <img src="../../images/img0907.jpg" width="300" height="300" alt="">
    <h3>한정 상품 무인도 모험</h3>
    <p>무인도로 가서 생활하는 투어 상품입니다.  #날씨에 따라선 취소될 수도 있습니다.</p>
</div>
...
```

그림 6-25 박스 주변에 외곽선이 그려진다

🛫 border 프로퍼티

박스 주변에 외곽선(보더)을 그리려면 border 프로퍼티를 사용하면 된다. border 프로퍼티의 값에는 보더의 '굵기', '선 종류', '색'을 스페이스로 구분해서 기술한다[89].

> **형식** **border 프로퍼티**
>
> border: 굵기 종류 색;

border의 지정값 중 '굵기'에는 단위가 필요하며, 대부분의 경우 'px'를 사용한다(%는 사용할 수 없다).

---

89 border 프로퍼티에 지정하는 세 개의 값은 스페이스로 서로 구분만 해두면 순서에 상관없이 인식된다.

또한, '종류'에 지정할 수 있는 값에는 다음과 같은 것이 있다.

표 6-3 **border 프로퍼티의 '선 종류'에 지정할 수 있는 주요 값**

값과 사용 예	설명	표시 결과
border: 6px none #b7383c;	외곽선을 표시하지 않는다. 굵기(6px)를 표시할 영역도 확보되지 않으므로 주의가 필요	없음
border: 6px dotted #b7383c;	점선. 네 변에 적용하면 각 모서리가 불명확해진다. 따라서 보더의 한 변에만 적용하는 것이 일반적이다	
border: 6px dashed #b7383c;	긴 점선. 네 변에 적용하면 각 모서리가 불명확해진다. 따라서 보더의 한 변에만 적용하는 것이 일반적이다	
border: 6px solid #b7383c;	실선	
border: 6px double #b7383c;	이중선	

보더를 구분선 대신에 사용한다

보더를 박스 주변이 아닌 상하 좌우 각각에 개별적으로 적용할 수도 있다.

| HTML | 박스 오른쪽과 하단에 구분선을 그린다 | ⬇ chapter6/c06-03-b/index.html |

```
...
.item {
    border-right: 1px solid #cccccc;
    border-bottom: 1px solid #cccccc;
    width: 300px;
}
...
```

한정 상품 무인도 모험
무인도로 가서 생활하는 투어 상품입니다. #날
씨에 따라선 취소될 수도 있습니다.

그림 6-26 박스 오른쪽과 하단에 구분선이 그려진다

✈️ border-right 프로퍼티, border-bottom 프로퍼티

박스의 한 변에만 보더를 그리려면 다음 표에 있는 프로퍼티 중 하나를 사용하면 된다. 값의 형식은 border 프로퍼티와 같다.

표 6-4 보더의 모든 프로퍼티

프로퍼티	설명
border-top	박스의 위쪽 외곽선을 그린다
border-right	박스의 오른쪽 외곽선을 그린다
border-bottom	박스의 아래쪽 외곽선을 그린다
border-left	박스의 왼쪽 외곽선을 그린다
border	박스의 전체 외곽선을 그린다

✈️ 콘텐츠와 외곽선 사이에 패딩 설정하기

보더만 설정하면 콘텐츠와 외곽선 사이에 공간이 없어서 외관상 보기가 좋지 않다. padding 프로퍼티를 사용해서 보더와 콘텐츠 사이에 공간을 만들어 주자.

```
...
.item {
    border: 1px solid #ccc;
    padding: 8px;
    width: 300px;
}
...
```

한정 상품 무인도 모형
무인도로 가서 생활하는 투어 상품입니다. #날씨에 따라선 취소될 수도 있습니다.

그림 6-27 **콘텐츠와 외곽선 사이에 8px의 공간이 만들어진다**

✈ padding 프로퍼티

padding 프로퍼티의 값에는 박스 상단부터 시계 방향으로 '상, 우, 하, 좌'순으로 스페이스로 구분해서 값을 지정한다. 일반적으로 패딩 값의 단위로는 px 또는 em을 사용한다[90].

형식 **padding 프로퍼티**

> padding: 상 우 하 좌;

---

90   수년 전까지 고전적인 반응형 웹디자인에서는 패딩이나 마진에 '%'를 사용하는 경우가 있었다. 하지만 '%'를 사용하는 경우 약간 복잡한 계산이 필요하므로 현재는 잘 사용되지 않는다.

CHAPTER 6

padding 프로퍼티의 값은 일부 생략할 수 있다. 값을 생략했을 때에 각 위치에 적용되는 패딩은 다음 그림과 같다. padding 프로퍼티의 값은 자주 생략되므로 패턴을 기억해 두는 것이 좋다.

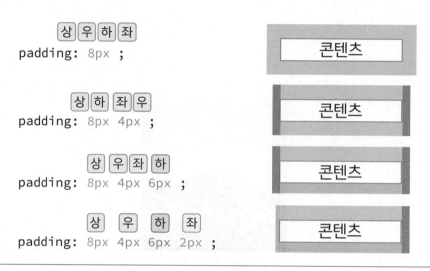

그림 6-28 **padding 프로퍼티 값 설정**

또한, 보더 프로퍼티와 마찬가지로 패딩에도 한 변씩 값을 설정할 수 있는 프로퍼티가 있다.

표 6-5 **패딩의 모든 프로퍼티**

프로퍼티	설명
padding-top	위쪽 패딩을 설정한다
padding-right	오른쪽 패딩을 설정한다
padding-bottom	아래쪽 패딩을 설정한다
padding-left	왼쪽 패딩을 설정한다
padding	전체 패딩을 설정한다

CHAPTER
6

SECTION 7

HTML5&CSS3

마진은 약간 특수하다?!

두 개 이상의 박스 나열하기

박스 모델의 보더와 패딩은 각각 '외곽선'과 '콘텐츠와 보더 사이의 공간'을 나타내는 것으로 비교적 이해하기 쉽다. 하지만 마진은 단순히 '보더보다 바깥쪽 공간'이 아니다. 마진은 CSS에서 주의가 필요한 항목 중 하나다. 마진의 특성을 확실히 이해하고 넘어가자.

박스를 세로로 나열하기

마진은 '보더보다 바깥쪽 공간'이라고 하기보다는 '인접해 있는 다른 박스 또는 부모 요소의 박스로부터 거리'라고 생각하는 것이 좋다. HTML에서 두 개의 박스를 사용해서 양쪽 박스의 상하 좌우에 16px의 마진을 설정한 후 결과를 보도록 하자.

HTML **마진을 이해하기 위한 HTML**　　　　　　　⬇chapter6/c06-04-a/index.html

```
<style>
.item {
    margin: 16px;
    border: 1px solid #ccc;
    padding: 8px;
    width: 300px;
}
...
</style>

<body>

<div class="item">
    <img src="../../images/img0907.jpg" width="300"
height="300" alt="">
    <h3>한정 상품 무인도 모험</h3>
    <p>무인도로 가서 생활하는 투어 상품입니다.
#날씨에 따라선 취소될 수도 있습니다.</p>
</div>
```

첫 번째 박스

CHAPTER 6

```
<div class="item">
    <img src="../../images/img0911.jpg" width="300"
height="300" alt="">
    <h3>서울의 공원 탐방</h3>
    <p>서울의 공원들을 탐방하는 투어</p>
</div>

</body>
</html>
```

두 번째 박스

✈ 마진의 상태

이 예에서 마진이 적용된 부분은 다음과 같다.

— <body>의 마진

— <div class="item">의 마진

— 인접해 있는 상하 마진이 중첩된다

— <div class="item">의 마진

그림 6-29 마진이 적용된 부분

박스 두 개의 상하 마진이 중첩되는 것을 볼 수 있다. 상하로 인접하는 마진은 둘 중 큰 값이 적용된다(예제에서는 상하 마진 값이 동일하므로 한쪽만 적용된다). 이렇게 상하 인접 마진 중 큰 쪽이 적용되는 현상을 '마진 상쇄 현상'이라고 한다. 좌우 인접 마진은 상쇄 현상이 발생하지 않는다.

인접하는 형제 요소의 마진뿐만 아니라 부모 요소의 상하 마진과 자식 요소의 상하 마진에도 특정 조건인 경우를 제외하곤 상쇄 현상이 발생한다[91]. 게다가 이런 중복 마진 영역은 부모 요소의 보더 바깥쪽에 생기므로 주의가 필요하다.

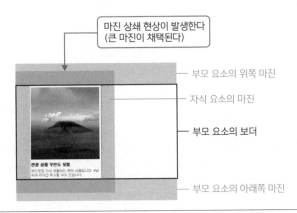

그림 6-30 **부모 요소와 자식 요소의 마진이 부모 요소의 보더 바깥쪽으로 중첩된다**

margin 프로퍼티

margin 프로퍼티의 값은 박스 상단부터 시계 방향으로 '상, 우, 하, 좌'순으로 지정하며, 스페이스로 각 값을 구분한다. 이 규칙은 padding 프로퍼티와 동일하다[92]. 값의 생략 방법도 같으며, 단위도 px 또는 em을 사용한다.

> **형식** **margin 프로퍼티**
>
> margin: 상 우 하 좌;

---

91 요소가 float이고 플렉스(flex) 박스로 배치되는 경우 또는 overflow 프로퍼티가 적용돼 있는 경우 등에는 상하 마진 상쇄 현상이 발생하지 않는다.
92 'padding 프로퍼티'(p.187)

표 6-6 마진의 모든 프로퍼티

프로퍼티	설명
margin-top	위쪽 마진을 설정한다
margin-right	오른쪽 마진을 설정한다
margin-bottom	아래쪽 마진을 설정한다
margin-left	왼쪽 마진을 설정한다
margin	전체 마진을 설정한다

📖 **Note** <body>의 기본 CSS

<body>에 콘텐츠가 창의 끝에 달라붙지 않도록 하기 위해 8px의 마진이 기본 CSS로 설정돼 있다. 정확하게 디자인을 적용하는 웹페이지에서는 <body>의 기본 CSS를 취소하기 위해 다음과 같이 상하 좌우의 마진을 0으로 설정한다.

▶ **<body>의 마진 제거하기**

```
body {
  margin: 0;
}
```

박스를 가로로 나열하기

블록 박스를 가로로 나열할 때는 다음과 같이 HTML과 CSS를 작성한다.

HTML **박스를 가로로 나열하기**　　　　　　　⬇ chapter6/c06-04-b/index.html

```
...
<style>
.wrapper {
    overflow: hidden;
}
.item {
    float: left;
```

```
    margin: 8px 0 8px 8px;
    border: 1px solid #ccc;

    padding: 8px;
    width: 300px;
}
.item h3 {
    margin: 0.5em 0 0.5em 0;
    font-size: 16px;
}
.item p {
    margin: 0;
    font-size: 14px;
    color: #666;
}
</style>

<body>

<div class="wrapper">
    <div class="item">
        <img src="../../images/img0907.jpg" width="300"
height="300" alt="">
        <h3>한정 상품 무인도 모험</h3>
        <p>무인도로 가서 생활하는 투어 상품입니다.
#날씨에 따라선 취소될 수도 있습니다.</p>
    </div>
    <div class="item">
        <img src="../../images/img0911.jpg" width="300"
height="300" alt="">
        <h3>서울의 공원 탐방</h3>
        <p>서울의 공원들을 탐방하는 투어</p>
    </div>
</div>

</body>
</html>
```

래퍼가 되는
<div>를 추가

그림 6-31 두 개의 박스가 가로로 나열된다

✈️ 박스 사이에 마진을 설정하는 방법

박스를 가로로 나열하면 각 박스의 좌우 마진이 인접하게 된다. 좌우 마진은 상쇄되지 않으므로[93] 박스 사이의 상하 좌우 마진이 바뀌게 된다. 따라서 각 박스의 왼쪽 마진만 설정하고 오른쪽 마진은 '0'으로 설정하면 상하 좌우 마진이 제대로 정렬된다.

그림 6-32 가로로 나열된 박스의 마진

93　'마진의 상태'(p.190)

✈️ 블록 박스를 가로로 나열하는 원리

CSS로 블록 박스를 가로로 나열하려면 float을 사용하든가 플렉스 박스(flex box)[94]라는 기능을 사용해야 한다. 예제에서처럼 float을 사용해서 박스를 나열하려면 다음과 같은 HTML 구조와 CSS를 작성해야 한다.

- 가로로 나열하고 싶은 박스를 '래퍼' 요소를 사용해 감싼다
- 래퍼 요소에는 **float**를 해제하는 **CSS**를 설정한다(overflow: hidden;)
- 가로로 나열하고 싶은 박스의 너비를 지정한다
- 가로로 나열하고 싶은 박스의 **CSS**에 **float**을 설정한다

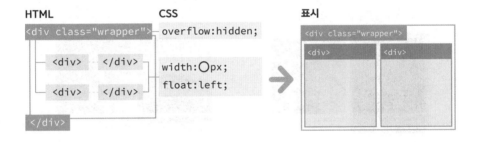

그림 6-33 **박스를 가로로 나열할 때의 HTML과 CSS**

📖 **Note** 개발 툴로 박스 상태 확인하기

모든 주요 브라우저에는 HTML이나 CSS 상태 및 네트워크 통신 속도 등을 확인할 수 있는 '개발 툴'이 내장돼 있다. 개발 툴은 윈도우 브라우저에서는 ⌨️ F12 를, 맥 브라우저에서는 ⌨️ ⌘ + ⌨️ option + ⌨️ I 를 누르면 열린다[95]. 개발 툴을 열면 다음 그림과 같이 탭들이 표시되는데, '검사기(Inspector)'나 '요소(Element)'라는 탭을 클릭하면 HTML과 CSS를 확인할 수 있다.

---

94 '플렉스 박스'(p.296)
95 사파리(Safari)에서 개발 도구를 사용할 때는 처음에 환경 설정을 변경해 주어야 한다. [Safari] 메뉴의 [환경 설정]을 선택해서 '환경 설정' 패널을 열고, '고급' 탭을 클릭해서 메뉴바에 있는 '개발 메뉴 표시'를 체크한다.

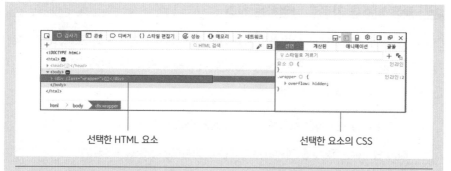

선택한 HTML 요소   선택한 요소의 CSS

그림 6-34 개발 툴

HTML 코드 중 한 줄을 선택하면 해당 요소가 페이지에 어떻게 표시되는지를 패딩이나 마진 등의 상태가 표시된 그림으로 확인할 수 있다.

HTML 요소를 선택하면 화면 표시나   아이콘을 클릭한 후 화면에 커서를
적용된 CSS를 확인할 수 있다   가져가면 대응되는 요소를 찾을 수 있다

그림 6-35 요소를 선택하면 박스 상태나 적용된 CSS를 확인할 수 있다(화면은 파이어폭스 예)

CHAPTER
6

SECTION 8

HTML5&CSS3

배경색부터 둥근 모서리까지, 박스 디자인을 자유자재로

박스의 디자인 조절하기

패딩, 보더, 마진 외에도 박스에 적용할 수 있는 다양한 CSS가 존재한다.

박스에 배경색 칠하기

블록 박스든 인라인 박스든 박스의 패딩 영역에는 배경색이나 배경 사진을 적용할 수 있다.

HTML 박스에 배경색 칠하기	chapter6/c06-05-a/index.html

```
...
<style>
.item {
    ...
    background-color: #fafafa;
}
...
</style>
</head>
<body>
<div class="item">
    ...
</div>
...
```

한정 상품 무인도 모험

무인도로 가서 생활하는 투어 상품입니다. #날
씨에 따라선 취소될 수도 있습니다.

그림 6-36 박스가 옅은 회색으로 칠해진다

background-color 프로퍼티

박스의 패딩 영역 내에 배경색을 칠하려면 background-color 프로퍼티를 사용한다(뒤에서 설명할 background 프로퍼티를 사용해도 괜찮다). background-color 프로퍼티에 지정하는 색은 color 프로퍼티에서 사용한 것과 같다[96].

형식   박스를 배경색으로 칠하기

```
background-color: 색;
또는
background: 색;
```

박스를 배경 이미지로 채우기

박스의 패딩 영역 내에 단색이 아닌 이미지를 채워 넣을 수도 있다.

---

96 'color 프로퍼티'(p.103)

```
...
<style>
body {
    margin: 0:
}
.item
    ...
    background: url(../../images/bg1204.png) #fafafa;
}
...
</style>
</head>
<body>
<div class="item">
...
</div>
...
```

한정 상품 무인도 모험
무인도로 가서 생활하는 투어 상품입니다. #날
씨에 따라선 취소될 수도 있습니다.

그림 6-37 박스가 배경 사진으로 채워진다

➤ 배경 지정 방법

이 예제에서 사용한 것은 40px × 40px의 작은 이미지로, 반복해서 패턴으로 표시되고
있다.

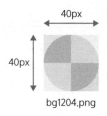

40px

40px

bg1204.png

그림 6-38 배경에 사용한 이미지

박스의 배경으로 설정할 수 있는 항복에는 다음과 같이 다섯 종류가 있다.

표 6-7 배경으로 설정할 수 있는 다섯 항목[97]

		설명	비생략형 프로퍼티
배경 이미지 관련 설정	❶	배경 이미지 경로	background-image
	❷	배경 이미지 반복	background-repeat
	❸	배경 이미지 위치	background-position
	❹	배경 이미지 고정	background-attachment
배경색 관련 설정	❺	배경색	background-color

background 프로퍼티는 이 ❶~❺ 설정 항목을 일괄 설정할 수 있는 생략형 프로퍼티다.[98]

> **형식** **background 프로퍼티. 표의 ❶~❺ 설정 값을 스페이스로 구분해서 나열한다**[99]
>
> background: ❶ ❷ ❸ ❹ ❺;

❶~❺의 설정 값에 대한 상세 내용은 다음과 같다.

---

97 배경 관련 설정에는 배경 이미지의 표시 사이즈를 지정하는 background-size 프로퍼티가 있다. 이 프로퍼티도 background 생략형 프로퍼티로 일괄 설정할 수 있지만 형식이 복잡해지므로 이 책에서는 사용하지 않는다.

98 '생략형과 비생략형'(p.182)

99 최소한 '① 배경 이미지 경로' 또는 '⑤ 배경색'만 지정하면 나머지 항목은 지정하지 않아도 된다. 또한, ①~⑤의 순서를 지킬 필요가 없다.

❶ 배경 이미지 경로

배경으로 이미지를 사용할 때는 이미지의 경로를 지정해 주면 된다. 경로는 절대 경로와 상대 경로 모두 사용할 수 있다. 상대 경로로 지정할 때는 CSS 파일을 기준으로 한 경로를 사용한다. 이 책의 예제에서는 <style> 태그를 사용해서 HTML에 CSS를 직접 작성하고 있으므로 HTML 파일을 기준으로 한 경로가 되지만, HTML 파일과 별도로 CSS 파일을 작성한 경우는 CSS 파일을 기준으로 상대 경로를 지정해야 한다.

background:url(이미지 경로)...;

그림 6-39 배경 이미지 경로 지정하기

❷ 배경 이미지 반복

배경 이미지를 반복해서 표시하려면 다음 그림에 있는 값들을 사용하면 된다. 이 지정을 생략하면 배경 이미지는 박스의 세로, 가로 방향으로 반복된다.

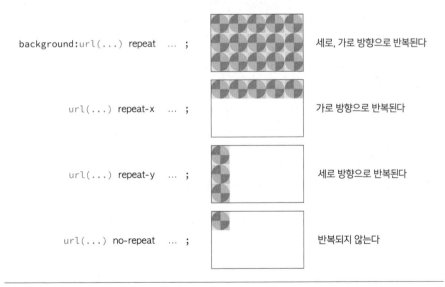

그림 6-40 배경 이미지 반복

❸ 배경 이미지 위치

배경 이미지의 표시 위치는 주로 **❷**의 반복을 'no-repeat'으로 설정했을 때에 이미지의 박스를 어디에 표시할지 결정하는 것이다. 가로 방향의 위치를 결정하는 키워드와 세로 방향의 위치를 결정하는 키워드를 조합해서 이미지 표시 위치를 정한다. 이 지정을 생략하면 박스의 왼쪽 상단에 표시된다.

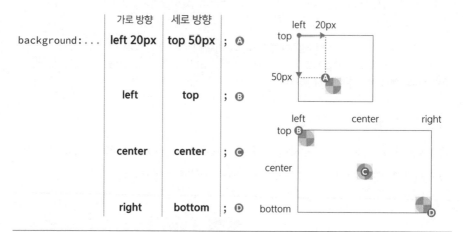

그림 6-41 **배경 이미지의 표시 위치**

❹ 배경 이미지 고정

페이지를 스크롤했을 때 배경 이미지도 연동해서 스크롤할지를 정할 수 있다. 값에는 'scroll'과 'fixed' 두 종류를 지정할 수 있다. 이 지정을 생략하면 이미지가 페이지와 연동해서 스크롤된다. 일반적인 웹사이트에서는 잘 사용하지 않지만, 멋있는 연출이 필요한 광고용 페이지 등에서는 특수 효과로 사용되기도 한다.

background:... **scroll** ;　페이지가 스크롤되면 배경도 함께 스크롤(기본 설정)

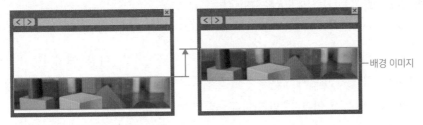

background:... **fixed** ;　페이지가 스크롤돼도 배경은 스크롤되지 않는다

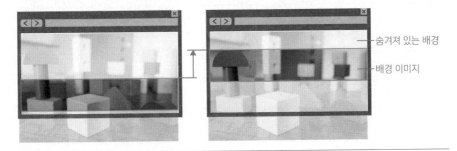

그림 6-42　배경 이미지 고정. scroll과 fixed

⑤ 배경색

배경색 지정은 '박스를 배경색으로 칠하기'에서 소개한 것과 동일하다. ❶과 ❺를 동시에 설정할 수도 있다[100]. 또한, ❺에는 실제 색이 아닌 'transparent'라는 값을 지정할 수도 있다. transparent를 지정해 두면 박스의 배경이 투명이 돼서 부모 요소에서 지정하고 있는 배경색이나 배경 이미지가 표시된다.

100　배경 이미지와 배경색을 모두 설정한 경우 배경색이 아래에 표시되고, 그 위에 배경 이미지가 표시된다. 투명 이미지 등을 배경 이미지로 지정하면 아래에 있는 배경색이 투과돼서 보인다.

복수의 배경 이미지 사용하기

하나의 박스에 복수의 배경 이미지를 표시할 수도 있다. 다음 예에서는 박스 (<blockquote>)의 왼쪽 상단과 오른쪽 하단에 반복되지 않는 배경 이미지를 지정하고 있다. 또한, 복수의 배경 이미지뿐만 아니라 회색의 배경색도 지정하고 있다.

HTML 복수의 배경 이미지 지정하기   chapter6/c06-05-c/index.html

```
...
<style>
blockquote {
    margin: 0;
    padding: 32px;
    width: 300px;
    background: url(../../images/quote-left.png) no-repeat left 10px top
20px,
        url(../../images/quote-right.png) no-repeat right 10px bottom
20px,
        #eee;
}
</style>
</head>
<body>
<blockquote>
다른 곳에선 접할 수 없는 좋은 여행 프로그램이었습니다. 다음에도 이 여행에 참석하고 싶습니다!
</blockquote>
</body>
</html>
```

> " 다른 곳에선 접할 수 없는 좋은 여행 프로
> 그램이었습니다. 다음에도 이 여행에 참석
> 하고 싶습니다! "

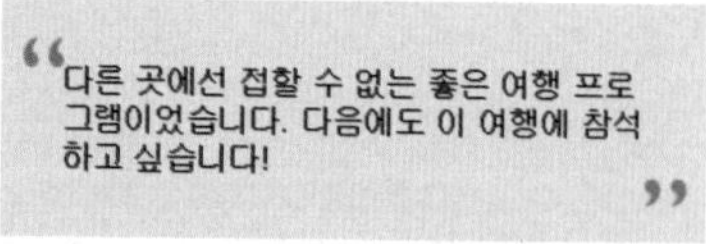

그림 6-43 두 개의 배경 이미지가 표시되고 배경색으로 칠해진다

➡️ 배경에 복수의 이미지와 색 지정하기

하나의 박스에 복수의 배경 이미지를 표시하려면 background 프로퍼티에 쉼표(,)를 사용해서 복수의 이미지를 설정하면 된다. 먼저 지정한 배경 이미지가 위에 표시된다. 또한, 겹치는 순서를 생각해서 배경색은 ' , '로 나열할 때 반드시 마지막에 지정해야 한다. 참고로 복수의 배경 이미지를 지정하면 코드가 길어지므로 ' , ' 뒤에서 줄바꿈해서 다음 이미지를 지정하는 것도 좋다.

형식 복수의 배경 이미지와 배경색 지정하기

```
background: url(배경 이미지의 URL) 반복 위치,
            url(배경 이미지의 URL) 반복 위치,
            ...,
            #배경색;
```

📖 **N o t e** `<blockquote>` 태그

`<blockquote>`는 '인용'을 의미하는 태그다. 예제와 같이 '고객의 후기' 등을 게재할 때나 다른 사이트, 책에서 인용한 콘텐츠를 표시할 때 사용한다. `<blockquote>` 태그를 사용하지 않고 다른 사이트를 인용하는 경우, 검색 엔진이 해당 정보를 '도용했다'고 판단해서 검색 순위를 낮추거나 검색 결과에서 제외시킬 수도 있다. 참고로 사이트를 인용하는 경우 `<blockquote>`에 cite 속성을 붙여서 인용 출처(URL)를 명시해 두도록 한다.

형식 `<blockquote>` 태그

```
<blockquote cite="인용 출처 URL">
인용한 콘텐츠
</blockquote>
```

박스의 모서리를 둥글게 만들기

CSS를 사용해서 간단히 박스의 모서리를 둥글게 만들 수 있다.

```
<style>
blockquote {
    border-radius: 10px;
    margin: 0;
    padding: 32px;
    width: 300px;
    ...
}
</style>
```

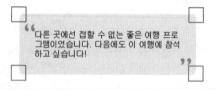

그림 6-44 박스 모서리 둥글게 만들기

border-radius 프로퍼티

border-radius는 박스의 모서리를 둥글게 만들 때 사용하는 프로퍼티로 값에는 원의
반지름을 지정한다.

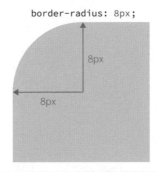

그림 6-45 **border-radius** 프로퍼티의 값으로 원의 반지름을 지정

박스의 모서리별로 다른 값(반지름)을 지정할 수도 있다. 모서리마다 다른 값을 지정하려면 '좌상' '우상' '우하' '좌하'와 같이 좌상부터 시계 방향으로 값을 지정하며, 각 값들은 스페이스로 구분한다.

그림 6-46 **모서리마다 다른 반지름을 지정하는 예**

형식 **border-radius 프로퍼티**

border-radius: 좌상 우상 우하 좌하;

테이블

테이블(표)은 대량의 데이터를 목록으로 나타내기 위한 표현 형식이다. 테이블의 사용 빈도는 그다지 많지 않지만, 쇼핑 사이트, 여행 사이트 등에서 자주 사용된다. 이 장에서는 실무에 적용할 수 있는 테이블 마크업과 CSS를 소개한다.

테이블 마크업과 기본적인 표시 구조를 배우자

테이블 작성하기

테이블은 전용 태그를 사용해서 마크업한다. 여기서는 테이블의 기본적인 마크업과 CSS를 배우도록 하자. 또한, 테이블을 사용해야 할 콘텐츠에는 어떤 것들이 있는지도 살펴보겠다.

기본적인 테이블 마크업 방법

다음 예제에서는 4행×4열의 테이블을 표시하고 있다. 먼저, CSS를 적용하지 않는 기본적인 표시 방법을 보도록 하자.

HTML 기본적인 테이블 마크업   chapter7/c07-01-a/index.html

```
<table>
    <tr>
        <th>숙박 시설</th><th>6일</th><th>7일</th><th>8일</th>
    </tr>
    <tr>
        <td>그랜드 호텔</td><td>○</td><td>○</td><td>×</td>
    </tr>
    <tr>
        <td>청룡 여관</td><td>○</td><td>○</td><td>△</td>
    </tr>
    <tr>
        <td>파크 호텔</td><td>△</td><td>×</td><td>×</td>
    </tr>
</table>
```

```
숙박 시설  6일 7일 8일
그랜드 호텔 ○  ○  ×
청룡 여관   ○  ○  △
파크 호텔   △  ×  ×
```

그림 7-1 **4행×4열의 테이블 표시**

✈️ 테이블의 각종 태그

테이블을 그릴 때 사용하는 태그에는 <table>, <tr>, <th>, <td> 등 네 가지가 있다. 각 태그의 역할을 살펴보자.

<table> 태그는 테이블의 부모 요소다. 모든 테이블은 이 <table>~</table> 안에 기술한다. <tr>~</tr>은 테이블의 행을 나타낸다. <th>, <td>는 모두 테이블의 열을 나타내지만, <th>는 제목을, <td>는 데이터(셀)를 표시할 때 사용된다. <th>, <td> 안에는 텍스트뿐만 아니라 어떤 태그든 포함시킬 수 있다.

테이블을 만들 때 주의해야 할 것은, 각 행(<tr>~</tr>)에는 원칙적으로 같은 개수의 셀 (<th>~</th> 또는 <td>~</td>)을 포함시켜야 한다는 것이다. 행에 따라 셀 개수가 다르면 테이블이 표시되지 않는다.

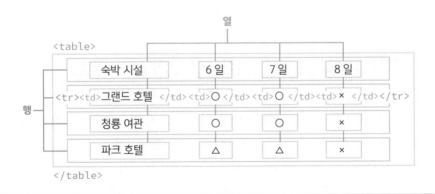

그림 7-2 **테이블의 각종 태그와 표시 위치**

✈️ 테이블 표시 원리

CSS를 적용하지 않으면 테이블에 선이 하나도 그려지지 않는다. 이 상태로는 표를 해석하기가 어려우므로 테이블을 만들 때는 CSS를 사용해 표시 방식을 조절해 주는 것이 일반적이다.

또한, 각 열의 너비는 콘텐츠가 표시될 수 있는 최소한의 너비로 자동 조절된다. 열의 너비를 CSS로 변경할 수도 있지만, 기본적으로는 자동으로 부여되는 설정을 사용하는 것이 좋다. 이렇게 하면 창의 크기에 따라 다르게 표시되는 반응형 웹디자인을 적용하기도 수월해진다[101].

숙박 시설	6일	7일	8일
그랜드 호텔	○	○	×
청룡 여관	○	○	×
파크 호텔	△	△	×

그림 7–3 콘텐츠 양에 맞추어 셀의 너비가 자동으로 조절된다

테이블처럼 보이게 하기 위한 최소한의 CSS 설정

테이블을 테이블처럼 보이게 하기 위해서 거의 매번 사용되는 패턴화된 CSS 작성법이 존재한다. 먼저, 이 최소한의 CSS를 적용한 후 그 위에 추가적으로 외형을 변경해 가는 것이 테이블 디자인의 기본이다. 가장 기본적인 CSS는 다음과 같다. 테이블에 선을 그리고 선과 셀의 콘텐츠 사이에 공간을 만든다.

---

101 '반응형 웹디자인이란?'(p.318)

HTML **테이블처럼 보이게 하기 위한 최소한의 CSS** chapter7/c07-01-b/index.html

```
...
<style>
table {
    border-collapse: collapse;
}
th, td {
    border: 1px solid #8fbac8;
    padding: 8px;
}

</style>
...
```

숙박 시설	6일	7일	8일
그랜드 호텔	○	○	×
청룡 여관	○	○	△
파크 호텔	△	×	×

그림 7-4 테이블에 실선이 그려진다

border-collapse 프로퍼티와 테이블의 박스 모델

이번 예제의 CSS는 테이블을 사용할 때에 거의 매번 사용되는 패턴이다. 셀에 실선을 그리려면 <th>, <td>에 border 프로퍼티를 설정해야 한다. 여기에 추가로 <table>에 border-collapse 프로퍼티를 적용한다.

border-collapse 프로퍼티는 셀에 실선(경계)을 그릴 때에 셀 단위로 그릴지 아니면 셀과 셀 사이의 선을 하나로 합칠지를 지정할 때 사용한다. 셀과 셀 사이의 선은 하나로 합치는 것이 외관상 자연스러우므로 보통은 'border-collapse: collapse;'라고 작성한다. 만약 이것을 지정하지 않고 셀에 선을 그리면 다음과 같이 표시된다.

border-collapse: collapse;를 지정하지 않은 경우
(또는 border-collapse: separate;라고 지정한 경우)　　　border-collapse:collapse;

숙박 시설	6일	7일	8일
그랜드 호텔	○	○	×
청룡 여관	○	○	△
파크 호텔	△	×	×

숙박 시설	6일	7일	8일
그랜드 호텔	○	○	×
청룡 여관	○	○	△
파크 호텔	△	×	×

그림 7-5 'border-collapse: collapse;'라고 지정하지 않은 경우 셀 단위로 선이 그어진다

테이블의 박스 모델은 다른 태그와는 다른 특수한 성질을 지니고 있다.

<table> 태그는 margin 프로퍼티와 border 프로퍼티는 적용할 수 있지만, padding 프로퍼티는 적용할 수 없다.

또한, <tr>에 적용할 수 있는 것은 border 프로퍼티뿐이다.

<th>, <td>에는 border 프로퍼티, padding 프로퍼티는 적용할 수 있지만, margin 프로퍼티는 적용할 수 없다[102].

<table>
- ▨ margin
- ▧ border
- ☐ padding

<tr>
- ☐ margin
- ▧ border
- ☐ padding

<th>,<td>
- ☐ margin
- ▧ border
- ▨ padding

숙박 시설	6일 7일 8일
그랜드 호텔	○ ○ ×
청룡 여관	○ ○ △
파크 호텔	△ × ×

숙박 시설　　　6일 7일 8일

숙박 시설

그림 7-6 마진, 보더, 패딩이 적용되는 위치

102 <table>에 border-collapse: separate;이 적용돼 있을 때는 <th>, <td>에 margin 프로퍼티를 적용할 수 있다.

📖 **N o t e** 여러 선택자에 동일한 스타일 할당하기

CSS에서는 쉼표(,)로 구분해서 여러 개의 선택자를 지정할 수 있으며, 선택된 요소에 동일한 스타일을 적용할 수 있다.

```css
th {
    border: 1px solid #8fbac8;
    padding: 8px;
}
td {
    border: 1px solid #8fbac8;
    padding: 8px;
}
```

```css
th,td {
    border: 1px solid #8fbac8;
    padding: 8px;
}
```

그림 7-7 쉼표로 구분해서 여러 개의 선택자를 하나로 묶을 수 있다

셀을 가로 방향으로 병합하기

테이블의 셀을 만드는 `<th>`, `<td>`는 행 방향, 열 방향으로 병합시킬 수 있다. 다음 예에서는 테이블의 네 번째 행(`<tr class="total">`)에 있는 셀 중에 첫 번째와 두 번째 셀을 가로로 병합하고 있다.

HTML 셀을 가로 방향으로 병합하기   ⬇ chapter7/c07-01-c/index.html

```html
<table class="checkout">
<tr>
    <th class="item">품명</th>
    <th class="qty">수량</th>
    <th class="price">소계(세금 포함)</th>
</tr>
<tr>
    <td class="item">발표용 레이저 포인터</td>
    <td class="qty">1</td>
    <td class="price">&#8361;7,560-</td>
```

CHAPTER 7

```
    </tr>
    <tr>
        <td class="item">HDMI 연결 케이블</td>
        <td class="qty">1</td>
        <td class="price">&#8361;3,024-</td>
    </tr>
    <tr class="total">
        <td colspan="2">합계</td>
        <td class="price">&#8361;10,584-</td>
    </tr>
    </table>
```

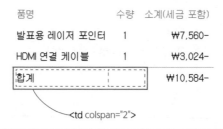

그림 7-8 '합계' 부분의 셀 두 개가 가로로 병합된다

✈️ colspan 속성

<td> 또는 <th>에 colspan 속성을 추가하면 가로 방향 인접 셀과 병합된다. 속성 값으로는 병합하고 싶은 셀 수를 지정한다.

> **형식** colspan 속성
>
> <td colspan="병합하고 싶은 셀의 수">~</td>

✈️ 테이블의 행에만 선 그리기

테이블의 행간을 구분하기 위한 선 하나만 그리고 싶다면 <td>가 아닌 <tr>에 스타일을 적용하면 된다. 행 위에 그리고 싶다면 <tr>에 border-top 프로퍼티를 적용하고, 행 아래에 그리고 싶다면 border-bottom 프로퍼티를 적용한다. 예에서는 테이블의 가장 아래 행(<tr class="total">)에 상단(top) 경계(보더)를 설정하고 있다.

▶ 상단 경계를 설정하는 CSS

```
.checkout .total {
    border-top: 1px solid #8fbac8;
}
```

📖 **Note** 개체 참조(entity reference)

원 기호(\)는 제대로 입력하지 않으면 깨져서 표시될 수 있다[103]. 원 기호와 같이 문자가 깨질 가능성이 있는 것이나 ", <, > 등 HTML 요소의 콘텐츠로 사용할 수 없는 문자, 그리고 키보드로 입력하기 어려운 문자 등을 사용하고 싶을 때는 '개체 참조'를 사용한다.

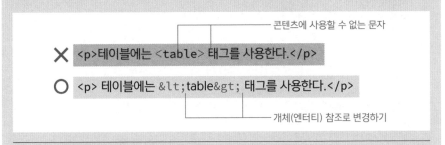

그림 7-9 개체 참조 사용 예

자주 사용되는 개체 참조에는 다음과 같은 것이 있다.

표 7-1 자주 사용되는 개체 참조

개체 참조	표시되는 문자	개체 참조	표시되는 문자
&quot;	"	&amp;	&
&lt;	<	&#8361;	\
&gt;	>	&copy;	©

---

103 정확히 말하자면 윈도우 PC에서 \ 키로 입력하면 다른 OS에서는 역슬래시(\)가 표시될 가능성이 있다. 윈도우에서 \ 기호를 입력할 때는 IME 패드를 사용하는 경우가 있는데, 개체 참조를 사용하는 것이 더 간단하다.

셀을 세로 방향으로 병합하기

셀을 세로 방향으로도 병합할 수 있다.

```
<table class="plan">
<tr>
    <th rowspan="2">패키지명</th>
    <th rowspan="2">내용</th>
    <th colspan="3">식사</th></tr>
<tr>
    <th>아침</th>
    <th>점심</th>
    <th>저녁</th>
</tr>
<tr>
    <td>자유 여행1</td>
    <td>기차 티켓, 차량 렌트, 숙박 시설</td>
    <td class="meal">●</td>
    <td class="meal"></td>
    <td class="meal"></td>
</tr>
<tr><td>자유 여행2</td><td>기차 티켓, 버스 티켓, 숙박 시설, 입장권</td><td
class="meal">●</td><td class="meal"></td><td class="meal">●</td></tr>
</table>
```

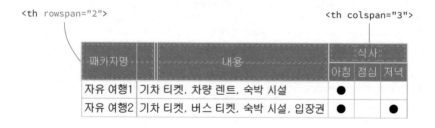

`<th rowspan="2">`   `<th colspan="3">`

그림 7-10 제목 셀의 왼쪽 두 개는 세로 방향으로 병합했다

➤ rowspan 속성

<td> 또는 <th>에 rowspan 속성을 추가하면 세로 방향으로 인접한 셀을 병합할 수 있다. 속성 값에는 병합하고 싶은 셀 수를 지정한다.

형식 **rowspan 속성**

```
<td rowspan="병합하고 싶은 셀 수">~</td>
```

➤ 셀의 배경 지정하기

테이블 전체(<table>), 테이블 행(<tr>) 및 테이블 셀(<th>, <td>)에 모두 background 프로퍼티를 적용할 수 있으며, 배경색 또는 배경 이미지를 지정할 수 있다. 다음 예제에서는 <th>에 background 프로퍼티를 지정하고 있다.

참고로 테이블에 지정한 배경은 <table>→<tr>→<td>(<th>)순으로 적용된다.

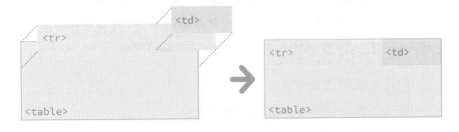

그림 7-11 테이블의 배경은 **<table>→<tr>→<td>**순으로 적용된다

약간의 수고로 접근성 향상시키기

접근성을 고려한 테이블

테이블에는 접근성을 향상시키기 위한 몇 가지 기능이 존재한다.

접근성의 중요성

웹사이트에서 접근성이란 '누구든 평등하게 정보를 취득할 수 있는 것'을 뜻한다. 눈이 보이지 않거나 시력이 극히 좋지 않은 사람, 고령자라도 쉽게 웹사이트를 사용할 수 있게 하는 것이 이상적이지만, 현실적으로 쉽지 않은 경우도 많다. 하지만 어떤 웹사이트든 가능한 범위 내에서는 접근성을 향상시킬 수 있다. 이 범위에 있는 것 중 하나가 <img> 태그에 alt 속성을 반드시 설정하는 것[104]과 테이블의 접근성을 향상시키는 것이다. 테이블의 접근성을 향상시키는 방법에는 다음 두 가지가 있다.

· 테이블에 캡션을 붙일 것
· 제목 셀과 데이터 셀의 관련성을 명확히 할 것

테이블에 캡션을 붙일 것

테이블에 캡션을 붙이려면 <caption> 태그를 사용하면 된다.

---

104 'alt 속성과 접근성'(p.140)

```
<table>
    <caption>호텔 예약 상황</caption>
    <tr>
        <th>숙박 시설</th><th>6일</th><th>7일</th><th>8일</th>
    </tr>
    <tr>
        <td>그랜드 호텔</td><td>◯</td><td>◯</td><td>×</td>
    </tr>
    <tr>
        <td>청룡 여관</td><td>◯</td><td>◯</td><td>△</td>
    </tr>
    <tr>
        <td>파크 호텔</td><td>△</td><td>×</td><td>×</td>
    </tr>
</table>
```

호텔 예약 상황				── 캡션
숙박 시설	6일	7일	8일	
그랜드 호텔	◯	◯	×	
청룡 여관	◯	◯	△	
파크 호텔	△	×	×	

그림 7-12 테이블 위에 캡션(표를 설명하는 문구)이 표시된다

✈🖥 <caption> 태그

<caption> 태그는 테이블에 캡션을 붙일 때 사용한다. **<caption> 태그는 반드시** **<table> 시작 태그 바로 다음에 작성해야 한다.**

<caption> 태그는 가능한 한 붙이는 것이 좋다. 페이지 내의 텍스트를 읽는 '화면 읽기 기능(내레이터)'을 사용해서 테이블을 읽어 보면 실감하겠지만, 캡션의 유무가 해당 테이블이 무엇을 나타내는 것인지 이해하는 데 크게 기여한다.

CHAPTER 7

```
<table>
    <caption>테이블의 캡션</caption>
    <tr>
    ...
</table>
```

제목 셀과 일반 셀 연계하기 1

화면 읽기 기능은 기본적으로 테이블의 셀 단위로 읽는다. 읽어 주는 내용만 들으면 해당 셀이 어떤 제목(어떤 열)에 있는지 파악하기 어려워서 테이블 전체 내용을 이해하는 것이 곤란하다.

제목 셀과 일반 셀을 연계시켜 두면 화면 읽기 기능이 '제목 타이틀 ➡ 셀 내용'순으로 읽으므로 테이블 내 데이터 간 관련성을 쉽게 파악할 수 있다[105].

제목 셀과 일반 데이터 셀을 연계시키는 방법에는 두 가지가 있다. 첫 번째는 제목 셀(<th>)에 id 속성을, 일반 셀(<td>)에 headers 속성을 지정하는 방법이다.

> **HTML**   **제목 셀과 일반 셀 연동시키기(headers 속성)**   ⬇ chapter7/c07-02-b/index.html

```
<table>
    <caption>호텔 예약 상황</caption>
    <tr>
        <th id="row1">숙박 시설</th>
        <th id="row2">6일</th>
        <th id="row3">7일</th>
        <th id="row4">8일</th>
    </tr>
    <tr>
        <td headers="row1">그랜드 호텔</td>
```

---

105 이 기능은 모든 브라우저가 지원하는 것은 아니다. 또한, 화면 읽기로 셀을 읽을 때 셀을 선택하는 순서에 따라서 읽는 방법이 달라지므로 제목과 일반 셀을 연계시키더라도 항상 원하는 대로 읽어 주는 것은 아니다.

```
        <td headers="row2">○</td>
        <td headers="row3">○</td>
        <td headers="row4">×</td>
    </tr>
    <tr>
        <td headers="row1">청룡 여관</td>
        <td headers="row2">○</td>
        <td headers="row3">○</td>
        <td headers="row4">△</td>
    </tr>
    <tr>
        <td headers="row1">파크 호텔</td>
        <td headers="row2">△</td>
        <td headers="row3">×</td>
        <td headers="row4">×</td>
    </tr>
</table>
```

<td>의 header 속성

제목 셀과 일반 셀을 연계시키는 방법 중 하나가 <td>에 headers 속성을 추가하는 것이다. headers 속성의 값에는 해당 셀과 연계되는 <th>의 id 속성을 지정한다. headers 속성은 뒤에서 설명할 scope 속성에 비해 기술 양이 많지만, 코드만 보고서도 관련성을 알 수 있고, 일반 셀과 제목 셀의 관계가 복잡한 테이블이라도 정확하게 그 관련성을 작성할 수 있다는 이점이 있다.

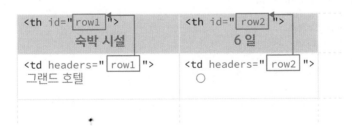

그림 7-13 <td>에 headers 속성을 추가하고 <th>의 id 속성을 연계한다

참고로 <td> 셀에 연계되는 <th> 제목 셀이 여러 개 있을 때는 headers 속성의 값에 복수의 id명을 스페이스로 구분해서 나열하면 된다.

> **형식** **<td>의 headers 속성**
>
> ```
> <td headers="연계된 제목의 id명1 연계된 제목의 id명2 ...">
> ```

제목 셀과 일반 셀 연계하기 2

제목 셀과 일반 셀을 연계하는 다른 한 가지 방법은 제목 셀(<th>)에 scope 속성을 추가하는 것이다.

> **HTML** **제목 셀과 일반 셀 연계하기(scope 속성)**   ⬇ chapter7/c07-02-c/index.html
>
> ```html
> <table>
>     <caption>호텔 예약 상황</caption>
>     <tr>
>         <th scope="col">숙박 시설</th>
>         <th scope="col">6일</th>
>         <th scope="col">7일</th>
>         <th scope="col">8일</th>
>     </tr>
>     <tr>
>         <td>그랜드 호텔</td>
>         <td>○</td>
>         <td>○</td>
>         <td>×</td>
>     </tr>
>     ...
> </table>
> ```

<th>의 scope 속성

제목 셀(<th>)에 추가하는 scope 속성은 제목과 연계되는 일반 셀이 같은 열(세로 방향)에 있는지 같은 행(가로 방향)에 있는지를 가리킨다. 예제처럼 제목 셀에 연계된 일반 셀이 같은 열에 있는 경우는 scope="col"이라고 지정한다. scope 속성은 제목 셀과 일반 셀의 관계가 비교적 단순한 테이블에 적합하다.

제목과 관련된 셀이 세로로 있을 때는 \<th scope="col">

\<th scope="col"> 숙박시설	"col" 6일	"col" 7일	"col" 8일
그랜드 호텔	○	○	×
청룡 여관	○	○	×
파크 호텔	△	△	×

그림 7-14 **\<th>에 연계되는 \<td>가 같은 열에 있으면 \<th scope="col">을 설정한다**

또한, 제목 셀에 연계되는 일반 셀이 같은 행에 있을 때는 scope="row"라고 설정한다.

제목 셀과 연계되는 일반 셀이 가로로 있을 때는 \<th scope="row">

\<th scope="row"> 크기	31.5 x 15.0 x 4.0 cm
\<th scope="row"> 무게	490g
\<th scope="row"> 품번	SUK-2400
\<th scope="row"> 제조사 보증	1년간

그림 7-15 **제목 셀과 연계되는 일반 셀이 가로로 있는 경우**

형식 **\<th>의 scope 속성**

```
<th scope="col 또는 row">
```

윈도우 8 이상에서는 '내레이터(narrator)'라는 읽기 기능이, 맥에서는 '보이스오버(VoiceOver)'라는 기능이 OS 기본 기능으로 탑재돼 있다[106].

윈도우에서 읽기 기능을 테스트하려면 `Ctrl` + `Windows` + `Enter`를 누르면 내레이터가 실행된다. 맥에서는 `⌘` + `F5`를 누르면 보이스오버가 실행된다. 읽기 기능을 실행한 후의 자세한 조작 방법은 설명하지 않지만[107], 화면을 보면서 마우스를 조작하는 것과는 전혀 다르므로 '제대로 사용하는 것이 어렵다'는 느낌을 받았다.

이런 '읽기 기능'을 잠시만이라도 실행해 보면 웹페이지가 어떤 식으로 읽히는지를 알 수 있어서 큰 도움이 된다. 여러분도 테스트해 보도록 하자.

---

106 모바일 단말기에도 읽기 기능이 탑재돼 있다. 안드로이드에는 'TalkBack'이, iOS에는 맥과 동일한 보이스오버가 기본 탑재돼 있다.

107 솔직히 고백하면, 조작 방법을 작성할 수 있을 정도로 자세히 알지 못한다. 상세 내용은 윈도우나 맥의 도움말을 참고하자.

자주 사용되는 CSS를 마스터해서
보기 쉬운 테이블을 만들자

테이블의 디자인 변경

테이블에는 자주 사용되는 정해진 CSS 기술이 있다. 어렵지 않으
므로 이 기술을 잘 익혀서 보기 쉬운 테이블을 만들도록 하자.

홀수 행, 짝수 행에서 다른 배경색 사용하기

짝수 행과 홀수 행에 다른 배경색을 적용해서 셀의 위치 관계를 쉽게 알 수 있는 테이
블을 디자인해 보자. 이것은 테이블에서 자주 사용되는 디자인 기술이다.

HTML 짝수 행에만 배경색 지정하기　　　　　chapter7/c07-03-a/index.html

```
...
<style>
...
.price tr:nth-child(odd) {
    background: #e3ecf5;
}
</style>
</head>
<body>
<table class="price">
<caption>기본 요금(1시간)</caption>
<tr>
    <th>룸 이름</th><th>평일</th><th>주말/공휴일</th><th>개인 연습</th>
</tr>
<tr>
    <td>8평</td><td>&#8361;1,080</td><td>&#8361;2,160</td><td>&#8361;540</td>
</tr>
<tr>
    <td>12평East</td><td>&#8361;1,620</td><td>&#8361;3,240</td><td>&#8361;810</td>
</tr>
```

```
  </tr>
  <tr>
    <td>12평West</td><td>&#8361;1,620</td><td>&#8361;3,240</
td><td>&#8361;810</td>
  </tr>
  <tr>
    <td>16평</td><td>&#8361;2,160</td><td>&#8361;4,320</td><td>&#8361;1,080</
td>
  </tr>
  <tr>
    <td>20평</td><td>&#8361;2,700</td><td>&#8361;5,832</td><td>&#8361;1,350</
td>
  </tr>
  <tr>
    <td>30평</td><td>&#8361;4,050</td><td>&#8361;8,100</td><td>&#8361;2,025</
td>
  </tr>
</table>
...
```

기본 요금(1시간)			
룸 이름	평일	주말/공휴일	개인 연습
8평	₩1,080	₩2,160	₩540
12평East	₩1,620	₩3,240	₩810
12평West	₩1,620	₩3,240	₩810
16평	₩2,160	₩4,320	₩1,080
20평	₩2,700	₩5,832	₩1,350
30평	₩4,050	₩8,100	₩2,025

그림 7-16 짝수 행에만 배경색이 칠해진다

▶ :nth-child(n) 선택자

테이블의 홀수 행과 짝수 행에 다른 배경색을 지정하는 것은 매우 간단하다. CSS에 단
세 줄만 추가하면 된다. 예제에서는 홀수 행에만 배경색을 지정하고, 짝수 행에는 아
무것도 지정하지 않고 있다.

홀수 행만 선택하는 선택자는 '.price tr:nth-child(odd)'이다. 여기서는 ':nth-child(n)'이라는 선택자를 사용하고 있다. 이 선택자는 '.price tr'로 선택되는 요소 중 () 안의 조건식에 일치하는 것만 선택하고 있다. 이 예제에서는 ()에 'odd'를 지정해서 홀수 번째에 있는 요소만 선택하고 있는 것이다.

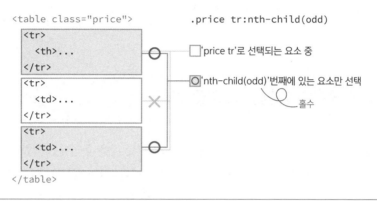

그림 7-17 '.price tr:nth-child(odd)'로 선택되는 요소

이 :nth-child()의 괄호 안에 지정하는 조건에는 예제에서 사용한 odd(홀수)뿐만 아니라 even(짝수)이나 다음 표에 있는 간단한 식을 작성할 수 있다.

:nth-child(n) 선택자는 동일한 요소가 연속되는 테이블이나 항목 나열 등에 유용하게 사용할 수 있는 CSS로 기억해 두면 손해 볼 일은 없을 것이다.

표 7-2 :nth-child(n) 선택자의 사용 예

:nth-child(n)의 사용 예	설명
:nth-child(odd)	(':'보다 앞에 있는 선택자로 선택된 요소 중) 홀수 번째에 있는 요소를 선택
:nth-child(even)	(상동) 짝수 번째에 있는 요소를 선택
:nth-child(2n)	(상동) 2n번째에 나오는 요소를 선택. n에는 0 이상의 정수가 자동으로 대입된다. 즉, 이 선택자로 2, 4, 6··· 번째의 요소가 선택된다
:nth-child(2n+1)	(상동) 2n+1번째에 나오는 요소를 선택. 이 선택자로 1, 3, 5··· 번째에 있는 요소가 선택된다

표 7-2 :nth-child(n) 선택자의 사용 예(계속)

:nth-child(n)의 사용 예	설명
:nth-child(3n)	(상동) 3n번째에 나오는 요소를 선택. 이 선택자로 3, 6, 9, ⋯ 번째에 있는 요소가 선택된다
:first-child	(상동) 첫 번째 요소만 선택
:last-child	(상동) 마지막 요소만 선택

가로 스크롤이 가능한 테이블 만들기

테이블은 가로나 세로 방향으로 커지므로 스마트폰처럼 작은 화면에는 적합하지 않다. 기본적으로는 스마트폰에서 테이블 사용은 피해야 한다. 단, 피치 못하게 스마트폰에 표시해야 한다면 테이블을 가로로 스크롤될 수 있게 만드는 것이 일반적이다.

HTML 가로 스크롤이 가능한 테이블 만들기　　　⬇ chapter7/c07-03-b/index.html

```
...
<style>
.table-wrapper {
    overflow-x: scroll;
}
table {
    border-collapse: collapse;
}
.price {
    width: 1000px;
}
.price caption {
    text-align: left;
}
.price th, td {
    border: 1px solid #8fbac8;
    padding: 8px;
}
.price th {
    white-space: nowrap;
```

```
    }
    </style>
    </head>
    <body>
    <div class="table-wrapper">
        <table class="price">
        <caption>연습 요금</caption>
        <tr>
            <td> </td>
            <th>보통 면허 MT 코스</th>
            <th>보통 면허 AT 코스</th>
            <th>이륜 면허 MT코스</th>
            <th>이륜 면허 AT코스</th>
            <th>장롱 면허 코스</th>
        </tr>
        <tr>
            <td>처음 면허 취득</td>
            <td>333,000-</td>
            <td>88,000-</td>
            <td>95,000-</td>
            <td>92,000-</td>
            <td>23,000-/1회</td>
        </tr>
        <tr>
            <td>이륜 면허 소지자</td>
            <td>308,000-</td>
            <td>263,000-</td>
            <td>-</td>
            <td>-</td>
            <td>-</td>
        </tr>
        </table>
    </div>
    </body>
    </html>
```

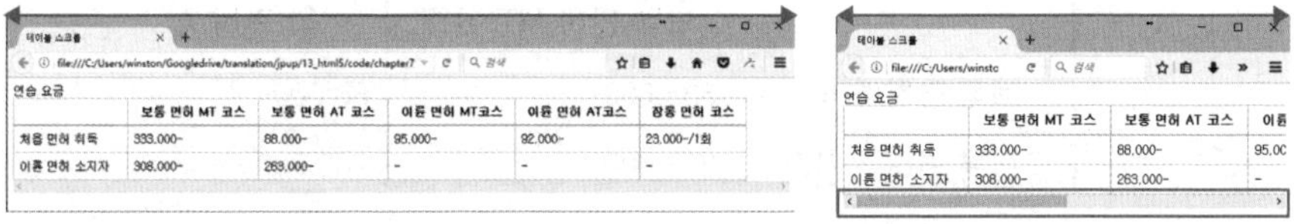

그림 7-18 창 너비가 좁으면 가로 스크롤이 생긴다

SECTION 3 테이블의 디자인 변경　231

✈ 테이블을 가로 스크롤하기 위한 HTML 구조와 CSS

창 너비(또는 화면 너비)가 좁을 때만 테이블을 가로로 스크롤하게 만들려면 다음과 같은 HTML과 CSS 를 사용한다.

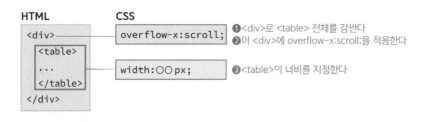

그림 7-19 가로 스크롤에 필요한 HTML 구조와 CSS

<table>의 래퍼가 되는 <div class="table-wrapper">에는 'overflow-x: scroll;'이라는 CSS를 적용했다. 이 overflow-x 프로퍼티는 콘텐츠가 박스의 가로 방향을 벗어난 경우에 표시되는 방법을 정하는 것이다.

보통은 요소의 박스(인라인 박스든 블록 박스든)는 콘텐츠가 들어갈 수 있도록 너비와 높이가 조절된다. 그러므로 콘텐츠가 부모 요소 밖으로 벗어나는 경우는 없다. 하지만 요소에 width 프로퍼티나 height 프로퍼티가 적용돼 있고, 너비나 높이가 고정돼 있으면 콘텐츠가 범위를 벗어날 수도 있다.

그림 7-20 overflow 프로퍼티가 효력을 발휘하는 경우

콘텐츠가 요소를 벗어난 경우에 벗어난 부분을 어떻게 표시할지 정하는 것이 overflow 프로퍼티다. 구체적으로는 overflow 프로퍼티로 다음과 표시 방법을 선택할 수 있다.

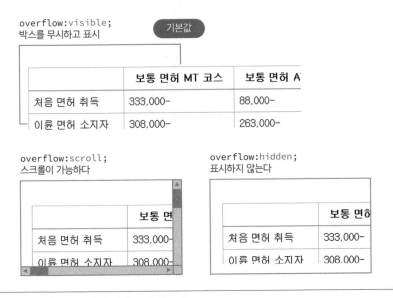

그림 7-21 **overflow 프로퍼티 값과 표시 결과 예**

overflow와 같은 기능을 갖는 프로퍼티로 overflow-x 프로퍼티와 overflow-y 프로퍼티가 있다. 가로 방향으로만 스크롤하고 싶을 때는 'overflow-x: scroll;'을, 세로 방향으로만 스크롤하고 싶으면 'overflow-y: scroll;'을 사용하면 된다.

white-space 프로퍼티

보통 테이블의 각 열은 콘텐츠가 들어갈 수 있는 최소한의 너비로 자동 조절되지만, 셀에 포함되는 텍스트가 너무 길면 줄바꿈해서 표시한다. 이 예제에서는 첫 번째 행의 텍스트가 길어서 두 줄로 표시된다.

연습 요금

	보통 면허 MT 코스	보통 면허 AT 코스	이륜 면허 MT코스	이륜 면허 AT코스	장롱 면허 코스
처음 면허 취득	333,000-	88,000-	95,000-	92,000-	23,000-/1회
이륜 면허 소지자	308,000-	263,000-	-	-	-

그림 7-22 **white-space** 프로퍼티를 사용하지 않으면 제목 셀의 텍스트가 줄바꿈된다

테이블 내에서 줄바꿈을 방지하고 싶은 셀이 있을 때는 해당 셀에 'white-space: nowrap;'을 적용하면 된다[108]. white-space 프로퍼티는 텍스트 내에 화이트 스페이스[109]가 있어도 줄바꿈하지 않도록 만든다. 테이블 내의 텍스트가 줄바꿈되는 것을 방지하려면 셀의 너비를 조절하는 것보다 white-space 프로퍼티를 사용하는 것이 유용하다[110].

---

108 예제에서는 모든 \<th\>에 적용하고 있다.
109 스페이스, 탭, 줄바꿈 등.
110 '테이블 표시 원리'(p.212)

폼

이 장에서는 폼(form)을 다룬다. 폼이란 사용자의 입력 화면을 가리킨다.
폼을 마크업할 때는 정해진 패턴이 있으며, 이 패턴을 알아 두면 어떤 폼이
든 비교적 쉽게 작성할 수 있다. 이 장에서는 폼의 기능은 물론 패턴화된 실
전 마크업 기술도 소개한다.

기본 원리를 이해하면 두렵지 않다

폼 및 폼의 데이터 전송 구조

폼은 HTML만으로 성립되지 않으며, 웹서버에서 실행되는 프로그램을 별도로 만들어야 해서 전체적으로 이해하기 어려운 부분도 있다. 따라서 실제 마크업에 들어가기 앞서 폼의 기본적인 구조를 살펴보겠다.

폼과 서버의 관계

웹사이트의 고객 문의나 사이트 내 검색, 티켓 예약, 쇼핑 사이트의 물품 구입 기능은 사용자가 입력한 내용을 받는 '폼 화면'과 웹서버에 설치된 '처리 프로그램'이 연동해서 동작하는 것이다[111]. 이 중 HTML이나 CSS를 사용해서 작성하는 것은 폼 화면이다.

폼에 입력된 내용(데이터)은 '전송 버튼'을 클릭하면 웹서버에 설치된 처리 프로그램으로 전달된다. 데이터를 받은 처리 프로그램은 다양한 처리를 하게 된다. 이때 폼을 작성하는 웹디자이너는 '처리 프로그램에 어떤 데이터를 전송해야 하는지'만 알면 되고, 실제 처리 프로그램이 어떤 처리를 하는지 알 필요가 없다.

---

111 처리 프로그램은 PHP나 자바, 루비 등 HTML과 전혀 다른 '프로그래밍 언어'로 만들어진다.

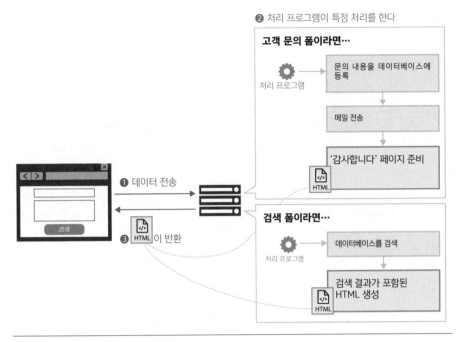

그림 8-1 폼 화면과 웹서버 동작 구조

어떤 기능의 폼이든, 처리 프로그램이 어떤 처리를 하든 상관없이 그림에 있는 두 가지 처리는 (거의) 반드시 실행된다.

❶ 폼이 입력 데이터를 '전송한다'

❷ 처리 프로그램이 실행 결과(보통은 HTML)를 반환한다

폼을 작성할 때는 페이지에 표시될 요소를 만들어야 하는 것은 물론이고 ❶을 위해 필요한 정보를 HTML에 내장하는 작업도 필요하다.

🏹💻 폼의 HTML 기본 구조

폼은 <form> 태그와, 사용자가 입력하는 내용을 받는 텍스트 필드 및 체크 박스 등 (폼 부품이라고 한다)을 표시하는 태그를 조합해서 만든다. 폼 부품 태그에는 <input>,

<textarea>, <select> 등 다수가 있으며, 용도에 맞는 것을 선택해서 사용하면 된다[112].

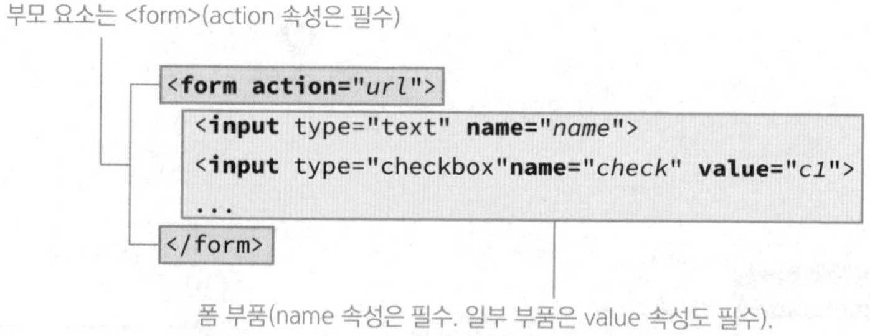

부모 요소는 <form>(action 속성은 필수)

```
<form action="url">
    <input type="text" name="name">
    <input type="checkbox"name="check" value="c1">
    ...
</form>
```

폼 부품(name 속성은 필수. 일부 부품은 value 속성도 필수).

그림 8-2 **폼의 기본적인 HTML**

폼 전체는 <form>~</form>으로 감싼다. 그리고 그 안에 필요한 수만큼 폼 부품 태그를 추가하는 것이 폼의 기본 구조다.

또한, 폼에 입력한 내용을 웹서버에 전송하기 위해 <form> 태그와 폼 부품 태그에 필요한 속성을 설정해야 한다. 어떤 속성을 설정해야 하는지는 다음 절부터 예제를 통해 살펴보도록 한다.

---

112 HTML5 사양에서는 약 25종류의 폼 부분이 정의돼 있다. 단, 자주 사용하는 것은 10가지 정도다.

HTML/CSS의 기본적인 패턴을 파악하자

다양한 폼 부품

사용자의 입력을 받는 '폼 부품'에는 많은 종류가 있으며, 용도에 맞게 선택해야 한다. 여기서는 폼 부품 태그와 실제 사용할 때의 표준적인 마크업 예를 소개한다. 또한, 각 폼 부품의 적합한 사용 용도에 대해서도 다루므로 어떤 부품을 선택해야 할지 모를 때 참고하도록 하자.

폼과 서버의 관계

폼 부품 중에서도 가장 기본적인 '텍스트 필드(text field)'를 사용한 기본적인 마크업 예를 보도록 하겠다.

HTML **텍스트 필드와 폼 부품의 기본적인 마크업**　　　⬇ chapter8/c08-01-a/index.html

```
<form action="#" method="post">
    <p><label for="name-field">이름</label><br>
    <input type="text" name="name" id="name-field"></p>
</form>
```

```
이름
┌──────────────────────────┐
│                          │
└──────────────────────────┘
```

그림 8-3 레이블과 텍스트 필드가 표시된다

➤ <form> 태그와 속성

<form> 태그는 '폼 전체'를 감싸는 태그다. <form> 태그의 action 속성에는 사용자가 입력한 데이터를 전송할 URL을 지정한다. 실제로 웹사이트를 만드는 과정에선,

action 속성에 지정하는 URL은 서버 측 프로그램을 담당하는 프로그래머가 알려 주거나, 패키지 프로그램을 사용할 때는 매뉴얼에 기술돼 있으므로 크게 걱정하지 않아도 된다.

▶ **<form> 태그의 실제 사용 예**

```
<form action="mailform.php" method="post">
```

데이터를 전송할 URL 또는 경로

또한, 예제의 <form> 태그에는 method 속성도 추가돼 있다. method 속성에는 'HTTP 요청 메소드'라고 하는 요청 방식[113]을 지정한다. method 속성에 지정할 수 있는 것은 'GET' 또는 'POST'로[114] 처리 프로그램의 용도에 맞추어 하나를 선택해야 한다.

✈ 텍스트 필드의 <input> 태그

<input> 태그는 '폼 부품'을 표시하기 위한 태그다. 이 <input> 태그는 type 속성의 값을 변경하므로 다양한 폼 부품을 표시할 수 있다. type 속성이 'type="text"'이면 텍스트 필드가 표시된다.

텍스트 필드뿐만 아니라 폼 부품에는 처리 프로그램과 연동을 위한 name 속성이 반드시 지정돼야 한다. 또한, 처리 프로그램 연동과는 관련 없지만, <label> 태그와 연동해서 사용하거나 자바스크립트 프로그램을 작성할 때 사용하기 위한 id 속성을 추가하기도 한다(필수는 아님).

텍스트 필드는 비교적 짧은 텍스트를 입력하기 위한 폼이다(한 줄에 모두 기입할 수 있는 텍스트). 이름이나 주소, 사용자 ID 등에 적합하며, 블로그 등의 글 제목을 입력할 때 자주 사용된다.

---

113 '웹페이지의 데이터는 웹서버로부터 다운로드한다'(p.2)
114 대문자 GET이든 소문자 get이든 상관없다. POST도 마찬가지다.

<label> 태그

<label>은 폼 부품에 레이블을 달기 위한 태그다.

<label> 태그와 폼 부품이 연계돼 있을 경우 레이블을 클릭하면 해당 폼 부품이 선택되게 할 수 있다. 또한, 일반적인 화면 읽기에서는 레이블 텍스트를 읽은 후에 연계된 폼 부품이 입력 가능한 상태로 바뀐다. 사용성과 접근성[115] 관점에서도 반드시 <label>을 작성해서 폼 부품과 연계시키도록 한다.

그림 8-4 **<label>** 텍스트를 클릭하면 연계된 텍스트 필드가 입력 가능한 상태가 된다

<label> 태그와 폼 부품을 연계시키는 방법에는 두 가지가 있다. 첫 번째는 <label> 태그의 for 속성에 연계하고 싶은 폼 부품의 id 속성을 지정하는 것이다.

```
<label for="name-field">이름</label>
<input type="text" name="name" id="name-field">
```

그림 8-5 **<label>** 폼 부품을 연계하는 방법. **<label>**의 for 속성에 연계하고 싶은 폼 부품의 id 속성 지정

<label>과 폼 부품을 연계하는 두 번째 방법은 연계할 폼 부품의 태그를 <label>~</label>로 감싸는 것이다.

---

115 사용성(usability)이란 사용하기 편한 정도를 가리킨다. 접근성은 누구든 조작 가능한 정도를 의미한다(접근성의 중요성, p.220)

```
...
<form action="#" method="post">
    <p><label>이름<br>
    <input type="text" name="name" id="name-field"></label></p>
</form>
...
```

<label> 태그와 폼 부품을 연계하는 이 두 가지 방법은 기능적으로는 차이가 없으므로 선호하는 방법을 사용하면 된다.

✈️ 필수 항목의 마크업

폼 항목 중에는 필수 입력 항목이 있다. 이런 필수 항목의 폼 부품 레이블에는 '필수'라고 적혀 있는 경우가 있다. 이것은 보통 <span> 태그를 사용해서 마크업한다.

```
...
<style>
.required {
    padding: 0.5em;
    font-size: 0.75em;
    color: #ff0000;
}
</style>
</head>
<body>
<form action="#">
    <p><label for="name-field">이름<span class="required">*필수</span></label><br>
    <input type="text" name="name" id="name-field" required></p>
</form>
</body>
</html>
```

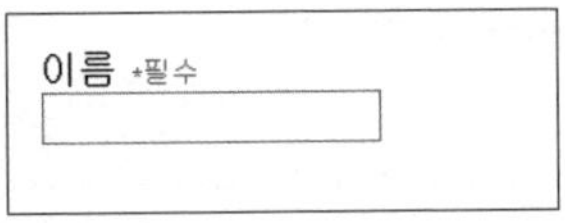

이름 *필수

```
[                    ]
```

그림 8-6 **필수 입력 사항임을 알리는 레이블**

✈️ required 속성

<input> 등 폼 부품의 태그에는 required 속성을 지정할 수 있다. required 속성은 해당 항목이 '필수 항목'임을 나타내는 것으로 사용자가 이 항목을 입력하지 않고 전송 버튼을 누르면 경고가 표시된다[116].

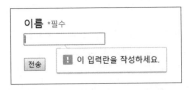

그림 8-7 **필수 항목을 입력하지 않은 경우 말풍선으로 경고가 표시된다(그림은 크롬의 예)**

required 속성에 설정하는 값은 없다. required 속성이 태그에 포함돼 있으면 해당 폼 부품이 필수 항목이 된다. required 속성처럼 설정하는 값이 없는 것을 '불(bool) 속성'이라고 한다. 폼 관련 태그에는 required 속성 외에도 불 속성이 몇 가지 정의돼 있다.

표 8-1 **폼 관련 태그의 주요 불(bool) 속성**

속성	설명	사용법
checked	이 속성이 있는 체크 박스나 라디오 버튼은 처음부터 체크된 상태로 표시된다	<input type="checkbox" checked>
selected	이 속성이 있는 풀다운 메뉴의 <option> 태그는 처음부터 선택된 상태로 표시된다	<select> <option>검색 조건</option> <option selected>속도 우선</option> <option>교통비 우선</option> <option>쉬운 경로 우선</option> </select>

---

116 맥의 사파리(Safari)나 안드로이드, iOS 브라우저에는 이 기능이 없다.

표 8-1 폼 관련 태그의 주요 불(bool) 속성(계속)

속성	설명	사용법
autofocus	이 속성이 있는 폼 부품은 처음부터 입력 가능한 상태로 표시된다	`<input type="text" autofocus>`
disabled	이 속성이 있는 폼 부품은 입력할 수 없게 된다. 자바스크립트 등과 조합해서 사용한다	`<input type="text" disabled>`

텍스트 필드의 크기를 CSS로 조절하기

<form> 태그나 폼 부품은 CSS로 디자인을 조절할 수 있다. 다음 예에서는 텍스트 필드를 가능한 한 크게 표시하도록 CSS를 적용하고 있다.

텍스트 필드를 가능한 한 크게 하거나 입력할 텍스트의 폰트 크기를 크게 하는 것은 폼의 사용성(입력을 쉽게 하는)을 높이는 기술 중 하나다. 특히 화면이 작은 스마트폰에 효과적이다.

HTML 텍스트 필드의 크기를 너비의 100%로 설정하기   ⬇chapter8/c08-01-d/index.html

```
...
<style>
body {
    margin: 0;
}
form {
    padding: 16px;
}
input {
    box-sizing: border-box;
}
input[type="text"] {
    margin: 0.5em 0;
    padding: 0.5em;
    width: 100%;
```

```
        font-size: 16px;
}
</style>
</head>
<body>
<form action="#">
    <p><label for="name-field">이름</label><br>
    <input type="text" name="name" id="name-field" required></p>
</form>
</body>
</html>
```

<form>에 설정한 패딩 영역

그림 8-8 텍스트 필드가 창 너비에 맞게 넓어진다

📇 텍스트 필드의 박스 모델

텍스트 필드는 인라인 박스로 표시되지만, 일반적인 인라인 박스와 달리 너비, 높이, 패딩, 보더, 마진 등을 설정할 수 있다[117]. 이 예제에서는 텍스트 필드의 상하 마진을 0.5em, 네 변의 패딩을 0.5em으로 설정하고, 폰트 크기를 16px로 설정하고 있다.

이름

김철수

마진
보더
(텍스트 필드의 외곽선)
패딩

그림 8-9 텍스트 필드의 박스 모델

---

117 '패딩, 보더 설정'(p.183), '두 개 이상의 박스 나열하기'(p.189)

SECTION 2 다양한 폼 부품 **245**

그런데 이번 예제에서는 텍스트 필드의 너비를 '100%'로 설정해서 텍스트 필드의 너비를 부모 요소(<form>)의 너비와 같게 만들고 있다. 하지만 텍스트 필드에는 좌우 패딩과 기본으로 보딩이 설정돼 있으므로 텍스트 필드의 전체 너비가 <form> 너비를 넘어서게 된다. 결과적으로 다음 그림과 같이 텍스트 필드가 <form>의 영역을 침범하게 된다.

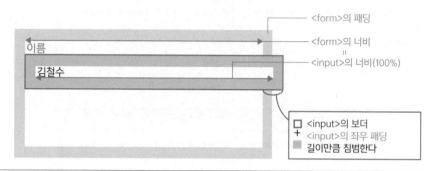

그림 8-10 **텍스트 필드의 너비가 부모 요소(<form>)보다 커지므로 부모 요소를 넘어서게 된다**

따라서 텍스트 필드가 <form>의 영역을 침범하지 않도록 텍스트 필드의 박스 모델을 일시적으로 변경해 준다. 이를 위해 사용하는 것이 box-sizing 프로퍼티다. 이 값을 'box-sizing: border-box;'로 설정하면 width 프로퍼티에서 설정한 너비가 패딩과 보더 영역에 포함된다.

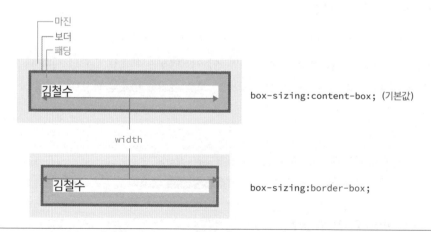

그림 8-11 **일반 박스 모델(위)와 'box-sizing: border-box;'로 설정했을 때의 박스 모델(아래)**

스마트폰용 화면 디자인에서는 특히 사용성을 고려해서 텍스트 필드의 너비를 화면 폭에 맞추는 경우가 많다. 하지만 텍스트 필드에 보더나 패딩이 적용돼 있으면 일반 박스 모델에서는 너비 설정이 어려워진다. 이런 문제를 해결하기 위해서 box-sizing 프로퍼티를 사용해 일시적으로 박스 모델을 변경한다. 여기서 소개한 CSS 패턴은 스마트폰용 레이아웃에 자주 사용되니 꼭 기억해 두자.

텍스트 필드에 CSS 적용하기

폼의 너비나 폰트 크기를 변경하는 이외에도 텍스트 필드의 모서리를 둥글게 한다거나 입력 가능한 상태가 됐을 때 배경색을 칠할 수 있다.

HTML 텍스트 필드에 CSS 적용하기   ⬇chapter8/c08-01-e/index.html

```
<style>
body {
    margin: 0;
}
form {
    padding: 16px;
}
input {
    box-sizing: border-box;
}
input[type="text"] {
    margin: 0.5em 0;
    border: 1px solid #ccc;
    padding: 0.75em;
    width: 100%;
    font-size: 16px;
    color: #999;
    border-radius: 6px;
}
input[type="text"]:focus {
    background-color: #e2ecf6;
}
```

```
        </style>
    </head>
    <body>
    <form action="#">
        <p><label for="name-field">이름</label><br>
        <input type="text" name="name" id="name-field" required></p>
    </form>
    </body>
</html>
```

일반적인 상태

입력 가능(포커스) 상태

그림 8-12 **텍스트 필드의 모서리가 둥그래지고, 입력 가능한 상태가 되면 배경색이 표시된다**

:focus 선택자

CSS 선택자로 사용한 input[type="text"] 부분에는 속성 선택자[118]를 사용하고 있다.
이렇게 하면 태그명이 '<input>'이고, 태그 속성이 'type="text"'인 것을 선택할 수 있다.

또한, :focus는 :hover와 같은 유사 클래스의 선택자로 '폼 부품이 선택되고 입력 가능
한 상태(포커스된 상태)'를 나타낸다.

텍스트 필드와 비슷한 다른 용도의 폼 부품

폼 부품 중에는 외형은 텍스트 필드와 거의 같지만, 용도가 다른 것이 몇 가지 있다.
그중에서도 비교적 자주 사용되는 네 가지를 소개하겠다.

---

118 '속성 선택자'(p.135)

입력한 문자가 보이지 않게 하는 패스워드 필드

<input>의 type 속성을 'type="password"'라고 하면 패스워드 필드가 된다. 패스워드 필드는 사용자가 입력한 문자를 모두 '·'로 표시하는 폼 부품이다. 로그인 화면이나 사용자 등록 화면에 사용된다.

HTML 패스워드 필드   ⬇chapter8/c08-01-f/index.html

```
<p><label for="pw-field">패스워드</label><br>
<input type="password" name="pw" id="pw-field"></p>
```

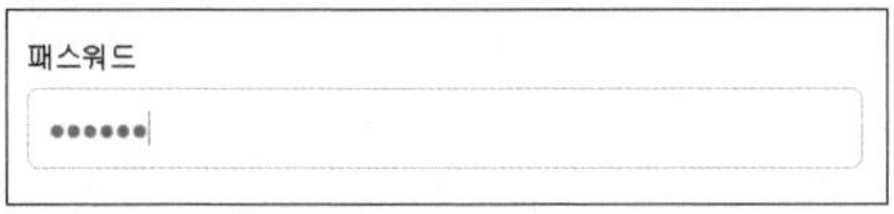

```
패스워드

······
```

그림 8-13 패스워드 필드

메일 주소 필드

<input>의 type 속성을 'type="email"'이라고 하면 메일 주소를 입력하기 위한 필드가 된다. 메일 주소 필드에는 메일 주소가 아닌 텍스트를 입력하면 경고 메시지가 표시된다[119].

HTML 메일 주소 필드   ⬇chapter8/c08-01-f/index.html

```
<p><label for="email-field">이메일</label><br>
<input type="email" name="email" id="email-field"></p>
```

```
이메일

```

그림 8-14 메일 주소 필드

---

119 required 속성이 있는 텍스트 필드처럼 사파리, 안드로이드, iOS 브라우저에서는 경고가 표시되지 않는다.

✈️ 전화번호 필드

<input>의 type 속성을 type="tel"로 설정하면 전화번호를 입력하기 위한 필드가 된다.

HTML **전화번호 필드** ⬇️chapter8/c08-01-f/index.html

```
<p><label for="tel-field">전화번호</label><br>
<input type="tel" name="tel" id="tel-field"></p>
```

```
전화번호

```

그림 8-15 **전화번호 필드**

메일 주소 필드, 전화번호 필드를 스마트폰이나 태블릿으로 보면 각각의 입력에 적합한 키보드가 자동으로 표시된다.

메일 주소 필드   전화번호 필드

@가 있는 키보드   숫자 입력용 키보드

그림 8-16 **메일 주소, 전화번호 필드에서 표시되는 키보드**

✈️ 숫자를 입력하기 위한 필드

`<input>`의 type 속성을 type="number"라고 하면 숫자를 입력하기 위한 필드가 된다. 횟수나 개수 등 작은 수를 입력할 때 사용할 수 있다.

HTML 숫자 입력 필드 ⬇️chapter8/c08-01-f/index.html

```
<p><label for="number-field">목표 횟수</label><br>
<input type="number" name="number" id="number-field">회</p>
```

그림 8-17 숫자를 입력하기 위한 필드에는 옆에 버튼이 표시된다[120]

> 📖 **N o t e**   아무것도 표시되지 않는 `<input>`도 있다
>
> `<input>` 태그의 type 속성을 'type="hidden"'으로 하면 화면에는 아무것도 표시되지 않는 폼 부품이 생성된다. 이 `<input type="hidden">`은 폼에서 어떤 데이터를 처리 프로그램으로 보낼 때 사용한다. 예를 들어, 블로그 댓글의 경우 '댓글 ID(등록된 댓글의 등록 번호)'를 보낸다거나, 로그인이 필요한 사이트에서는 사용자가 로그인된 상태인지 확인하기 위한 정보를 보낼 때 사용된다.
>
> ▶ **아무것도 표시되지 않는 `<input>` 예**
>
> ```
> <input type="hidden" name="comment_id" value="1136">
> ```

CHAPTER 8

---

120 EDGE/IE에서는 표시되지 않는다.

텍스트 에어리어

텍스트 에어리어(text area)는 여러 줄의 텍스트를 입력할 수 있는 폼 부품이다. 긴 문장을 입력할 수 있을 뿐 아니라 고객 문의 폼의 의견 입력란처럼 이른바 자유 기술이 가능한 부품이다. 텍스트 에어리어를 표시하는 <textarea> 태그에는 종료 태그가 있으므로 HTML 작성 시에 주의하자.

HTML **텍스트 에어리어** ⬇ hapter8/c08-01-g/index.html

```
<p><label for="comment">문의 내용</label><br>
<textarea name="comment" id="comment"></textarea></p>
```

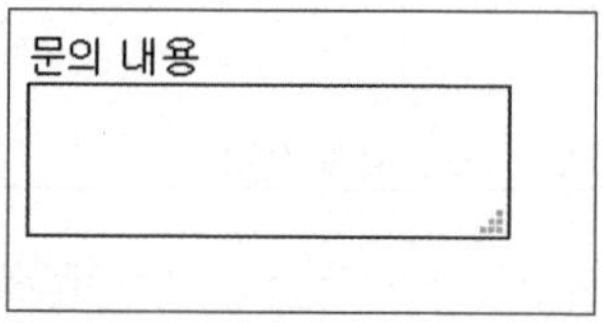

```
문의 내용
┌──────────────────────┐
│                      │
│                      │
└──────────────────────┘
```

그림 8-18 **텍스트 에어리어가 표시된다**

✈️🖼️ 텍스트 에어리어의 크기 조절하기

CSS를 적용하지 않은 텍스트 에어리어는 '진짜 텍스트 에어리어야?' 하고 생각할 정도로 불친절한 모습을 하고 있다. 최소한 너비나 높이 조절이 필요해 보인다.

텍스트 에어리어의 크기는 CSS의 width 프로퍼티와 height 프로퍼티로 간단히 조절할수 있다.

HTML **텍스트 에어리어에 CSS 적용** ⬇ chapter8/c08-01-h/index.html

```
input, textarea {
    box-sizing: border-box;
}
textarea {
```

```
    margin: 0.5em 0;
    border: 1px solid #ccc;
    padding: 0.75em;
    width: 100%;
    height: 12em;
    font-size: 16px;
    color: #999;
}
```

그림 8-19 텍스트 에어리어의 사이즈를 조절했다

라디오 버튼과 체크 박스

라디오 버튼과 체크 박스는 모두 자주 사용되는 폼 부품이다. 라디오 버튼과 체크 박스는 하나의 그룹에 두 가지 이상의 선택 항목이 나열되므로 <p>가 아닌 <ul>, <li>로 마크업하는 것이 좋다.

HTML 라디오 버튼과 체크 박스   chapter8/c08-01-i/index.html

```
<form action="#">
    <p class="label-p">시간 설정</p>
    <!-- 라디오 버튼 -->
    <ul class="input-group">
        <li>
            <input type="radio" name="duration" id="r1" value="1"
checked><label for="r1">바로 출발</label>
        </li>
```

```
    <li>
        <input type="radio" name="duration" id="r2" value="2"><label
for="r2">출발 시간</label>
    </li>
    <li>
        <input type="radio" name="duration" id="r3" value="3"><label
for="r3">도착 시간</label>
    </li>
    </ul>
    <p class="label-p">옵션</p>
    <!-- 체크 박스 -->
    <ul class="input-group">
    <li>
        <input type="checkbox" name="option" id="c1" value="1"
checked><label for="c1">직행 우선</label>
    </li>
    <li>
        <input type="checkbox" name="option" id="c2" value="2"
checked><label for="c2">고속 철도 우선</label>
    </li>
    <li>
        <input type="checkbox" name="option" id="c3" value="3"><label
for="c3">버스가 있으면 이용</label>
    </li>
    </ul>
</form>
```

```
시간 설정
◉바로 출발
○출발 시간
○도착 시간

옵션
☑직행 우선
☑고속 철도 우선
□버스가 있으면 이용
```

그림 8-20 위가 라디오 버튼이고 아래가 체크 박스

📻 라디오 버튼과 체크 박스 사용법

라디오 버튼을 표시하고 싶을 때는 <input>의 type 속성을 type="radio"로 설정하고,
체크 박스를 표시하고 싶을 때는 type="checkbox"라고 설정하면 된다.

라디오 버튼과 체크 박스에는 약간 특수한 마크업 규칙이 있다. 먼저, 같은 그룹에 속하는 항목에는 동일한 name 속성(name명)을 붙여야 한다. 그리고 개별 항목의 value 속성에는 다른 값을 설정해야 한다.

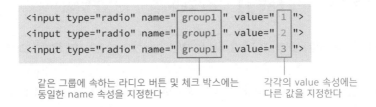

```
<input type="radio" name=" group1 " value=" 1 ">
<input type="radio" name=" group1 " value=" 2 ">
<input type="radio" name=" group1 " value=" 3 ">
```

같은 그룹에 속하는 라디오 버튼 및 체크 박스에는
동일한 name 속성을 지정한다

각각의 value 속성에는
다른 값을 지정한다

그림 8-21 라디오 버튼, 체크 박스의 name 속성과 value 속성 지정 방법

checked 속성

checked 속성이 붙은 라디오 버튼이나 체크 박스는 사용자가 설정하지 않아도 처음부터 체크된 상태로 표시된다. checked 속성도 required 속성과 같은 불(bool) 속성[121]으로 값이 존재하지 않는다.

> **형식** 처음부터 체크된 상태로 표시된다(속성을 일부 생략했다)
>
> `<input type="checkbox" checked>`

라디오 버튼과 체크 박스의 차이

라디오 버튼과 체크 박스는 얼핏 비슷해 보이지만 용도가 전혀 다르다.

먼저, 라디오 버튼은 같은 그룹에 있는 항목 중에서 하나만 선택할 수 있다. 게다가 한 번 클릭해서 선택한 후에는 '아무것도 선택할 수 없는' 상태로 되돌릴 수 없다. 이런 특성이 있으므로 라디오 버튼은 체크 박스에 비해 강제력이 강하며, 사실상 필수 항목이라고 볼 수 있다.

---

121 'required 속성' (p.243)

SECTION 2 다양한 폼 부품　　**255**

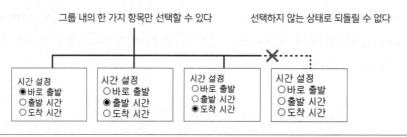

그룹 내의 한 가지 항목만 선택할 수 있다   선택하지 않는 상태로 되돌릴 수 없다

그림 8-22 라디오 버튼의 특징. 같은 그룹에서 선택할 수 있는 것은 하나뿐, 선택 해제가 되지 않는다

라디오 버튼은 여러 개를 선택할 수 없고 하나만 선택해야 하는 설문(예를 들면, 좋고 싫음을 5단계로 선택하는 설문)이나 성별, 연령 등을 선택하도록 하는 설문(반드시 하나를 골라야 하는 설문)에 적합하다.

반면, 체크 박스는 같은 그룹 내에서 여러 개의 항목을 선택할 수 있으며, '아무것도 체크하지 않은' 상태도 가능하다. 체크 박스는 여러 개의 대답을 골라야 하는 설문(예를 들면, 관심 있는 장르나 취미 등을 물을 때)이나 검색 조건 설정(예를 들면, 이동 경로 선택에서 고속 철도나 비행기 등을 사용할지 선택하는 설정) 등에 적합하다.

✈️ 항목을 가로로 나열하기

이전 예제의 HTML에서는 라디오 버튼이나 체크 박스의 항목을 <ul>, <li>로 마크업하고 있어서 선택 항목이 세로로 나열된다. 각 항목으로 가로로 나열하고 싶을 때는 CSS를 조절하면 된다. 다음 예제에서는 라디오 버튼 항목만 가로로 나열하고 있다.

HTML 항목을 가열로 나열하기　　　　　　　　　⬇chapter8/c08-01-j/index.html

```
<style>
body {
    margin: 0;
}
form {
    padding: 16px;
}
.label-p {
    margin-bottom: 0;
```

```
}
.input-group {
    margin: 0;
    padding: 0;
    list-style-type: none;
}
.horizontal li {
    display: inline;
    margin-right: 1em;
}
</style>
```

🔲 항목을 가로로 나열할 때의 CSS

라디오 버튼이나 체크 박스를 가로로 나열하려면 \<input>이나 \<label>의 부모 요소인 \<li>의 display 프로퍼티를 'inline'으로 설정하는 것이 가장 쉬운 방법이다. 이것은 기본 적으로 탐색 경로 목록을 작성하는 기술과 같다[122].

또한, 이 \<li>에 오른쪽 마진을 적용해 두면 옆으로 나열되는 \<li> 사이에 공백을 만들 수 있다.

```
시간 설정
●바로 출발   ○출발 시간   ○도착 시간
```

그림 8-23 **오른쪽 마진을 설정해 두면 가로로 나열되는 \<li> 사이에 공백이 생긴다**

---

122 '탐색 경로 목록 작성하기'(p.169)

풀다운 메뉴

풀다운 메뉴[123]는 다수의 값 중에 하나를 선택해야 할 때 사용한다.

HTML 풀다운 메뉴   ⬇chapter8/c08-01-k/index.html

```
<p>
    <label for="month">유효 기간</label><br>
    <select name="month" id="select">
        <option value="" selected>월</option>
        <option value="01">01</option>
        <option value="02">02</option>
        <option value="03">03</option>
        <option value="04">04</option>
        <option value="05">05</option>
        <option value="06">06</option>
        <option value="07">07</option>
        <option value="08">08</option>
        <option value="09">09</option>
        <option value="10">10</option>
        <option value="11">11</option>
        <option value="12">12</option>
    </select>
    /
    <select name="year" id="select">
        <option value="" selected>년</option>
        <option value="2015">2015</option>
        <option value="2016">2016</option>
        <option value="2017">2017</option>
        <option value="2018">2018</option>
        <option value="2019">2019</option>
        <option value="2020">2020</option>
    </select>
</p>
```

---

123 팝업 메뉴라고 부르는 경우도 있다.

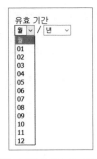

그림 8-24 풀다운 메뉴가 표시된다

▶️ 풀다운 메뉴의 기본적인 HTML

풀다운 메뉴는 부모 요소의 \<select> 태그와 선택 항목이 되는 자식 요소의 \<option> 태그의 조합으로 생성된다. 그리고 \<select>에 name 속성을 지정하며, 모든 \<option> 에는 value 속성을 지정해야 한다.

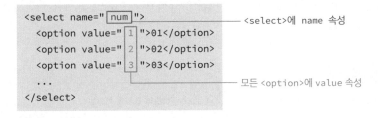

그림 8-25 풀다운 메뉴의 마크업

버튼(전송 버튼)

전송 버튼은 대부분의 폼에 포함되는 것으로 사용 빈도가 높은 폼 부품이다.

```
<form action="#">
    <p><input type="submit" value="전송하기" id="submit" name="submit"></p>
</form>
```

전송하기

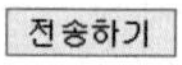

그림 8-26 **전송 버튼이 표시된다**

전송 버튼의 HTML은 <input type="submit">이라고 작성한다. type 속성이 type= "submit"이라고 설정돼 있으면 전송 버튼이 표시된다. 버튼에 표시할 텍스트는 value 속성에 지정한다.

형식 **전송 버튼**

```
<input type="submit" name="submit" value="버튼에 표시할 텍스트">
```

✈ 전송 버튼의 외형을 바꾸는 기술

전송 버튼의 외형은 CSS로 조절할 수 있다. 다음 예제에서는 전송 버튼에 적용할 수 있는 주요 CSS를 사용해서 디자인을 크게 변경하고 있다.

```
<style>
...
input[type="submit"] {
    border: 1px solid #0086f9;
```

```
    border-radius: 6px;
    padding: 12px 48px;
    font-size: 16px;
    background: linear-gradient(0deg, #0086f9, #b6d6f7);
    color: #fff;
    font-weight: bold;
}
input[type="submit"]:hover {
    background: linear-gradient(0deg, #2894f9, #d2e4f7);
}
input[type="submit"]:active {
    background: linear-gradient(0deg, #0074d8, #b6d6f7);
}
</style>
```

보통 때   :hover   :active

그림 8-27 **전송 버튼의 디자인이 변경됐다**

버튼의 디자인을 변경하는 CSS

전송 버튼 및 <button>으로 작성하는 버튼에는 다음과 같은 CSS를 적용할 수 있다.

· 패딩 및 보더(**padding** 프로퍼티, **border** 프로퍼티)

· 둥근 모서리(**border-radius** 프로퍼티)

· 좌우 마진(**margin-left**, **margin-right** 프로퍼티)

· 폰트 크기 및 두께 등 폰트 관련 **CSS**(**font-size** 프로퍼티, **font-weight** 프로퍼티 등)

· 배경색(**background** 프로퍼티)

· 너비, 높이(**width** 프로퍼티, **height** 프로퍼티)

또한, :hover, :active 등의 선택자도 사용할 수 있으므로 자유롭게 버튼의 디자인을 변경할 수 있다.

📖 Note CSS의 그러데이션

background 프로퍼티에 그러데이션(gradation)을 지정할 수 있다. 앞의 전송 버튼 예제에서는 일반 상태, 호버 상태, 클릭한 상태 각각에 그러데이션을 적용하고 있다.

CSS를 사용한 그러데이션은 자유도가 높아서 다양한 표현을 할 수 있다. 그만큼 형식도 복잡하며 패턴 종류도 많지만, 앞의 예제에서는 간단한 형식을 사용하고 있다. 형식은 다음과 같다.

> **형식** **background 프로퍼티에 적용할 수 있는 선형 그러데이션**
>
> ```
> background: linear-gradient(그러데이션 각도deg, 시작색, 종료색);
> ```

예제에서 사용한 그러데이션은 '선형 그러데이션'이라고 하는 것으로 시작색부터 종료색까지 직선 방향으로 변화하는 것이다. 이 선형 그러데이션의 '그러데이션 각도'에는 그러데이션의 방향을 0~360 각도로 지정한다. 단위는 'deg'를 사용한다.

CSS의 그러데이션 형식은 꽤 복잡하므로 포토샵 등의 이미지 처리 소프트웨어가 제공하는 CSS 작성 기능이나 웹서비스를 사용할 것을 추천한다.

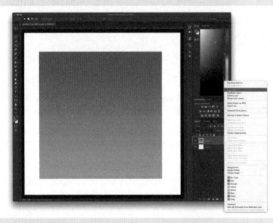

CSS를 생성하고 싶은 레이어를 선택한 후 오른쪽 클릭 'CSS를 복사' 선택

그림 8-28 **포토샵의 'CSS 복사' 기능**

그러데이션 생성자 'Gradient CSS Generator'
URL http://www.cssmatic.com/gradient-generator

그러데이션 편집기 'Ultimate CSS Gradient Generator'
URL http://www.colorzilla.com/gradient-editor

그러데이션의 상세 형식
URL https://developer.mozilla.org/ko/docs/Web/CSS/linear-gradient

부품을 조합해서 폼 만들기

표준 폼의 예

지금까지 폼 부품별 마크업과 CSS 적용 예를 살펴보았다. 여기서는 자주 사용하는 전형적인 폼 작성 예로 질의(문의) 폼을 작성해 보도록 한다.

일반적인 문의/댓글 등록 폼

이름, 메일 주소, 문의 내용으로 구성된 문의 폼을 만들어 보겠다. 블로그의 댓글 등록 폼도 같은 방식으로 작성할 수 있다.

폼은 포함되는 폼 부품의 수가 많아질수록 소스 코드가 길어진다. 하지만 두려워할 필요는 없다. 앞 절의 '다양한 폼 부품'에서 소개한 각종 폼 부품의 HTML과 CSS를 조합하면 빠르게 작성할 수 있다.

HTML 일반적인 문의 폼의 예   📥 chapter8/c08-02-a/index.html

```
...
<style>
input,
textarea {
    box-sizing: border-box;
    font-family: sans-serif;
}
input[type="text"],
input[type="email"] {
    border: 1px solid #ccc;
    padding: 8px;
    width: 100%;
    font-size: 16px;
}
textarea {
```

CHAPTER 8

```css
        border: 1px solid #ccc;
        padding: 8px;
        width: 100%;
        height: 200px;
        font-size: 16px;
    }
    .submit-p {
        text-align: center;
    }
    input[type="submit"] {
        border: 1px solid #0086f9;
        border-radius: 6px;
        padding: 12px 48px;
        font-size: 16px;
        background: linear-gradient(0deg, #0086f9, #b6d6f7);
        color: #fff;
        font-weight: bold;
    }
    input[type="submit"]:hover {
        background: linear-gradient(0deg, #2894f9, #d2e4f7);
    }
    input[type="submit"]:active {
        background: linear-gradient(0deg, #0074d8, #b6d6f7);
    }
</style>
</head>
<body>
<form action="#" method="POST" id="contact">
    <p><label for="name-field">이름</label><br>
    <input type="text" name="name" id="name-field"></p>
    <p><label for="email-field">이메일 주소</label><br>
    <input type="email" name="email" id="email-field"></p>
    <p><label for="comment">문의 내용</label><br>
    <textarea name="comment" id="comment"></textarea></p>
    <p class="submit-p"><input type="submit" value="전송하기" id="submit"
name="submit"></p>
</form>
</body>
</html>
```

메일 주소 필드

이름 텍스트 필드

문의 내용 텍스트
에어리어

전송 버튼

그림 8-29 문의 폼

PC 브라우저에서 스마트폰용 화면 확인하기

6장에서 소개한 브라우저의 '개발 툴'[124]에는 스마트폰이나 태블릿에서 페이지가 어떻게 표시되는지 확인할 수 있는 기능도 있다.

이 기능을 사용하려면 먼저 확인하고 싶은 웹페이지를 연 후에 개발 툴을 실행한다. 그리고 크롬, 파이어폭스에서는 개발 툴 위에 배치돼 있는 반응형 디자인 표시 아이콘을 클릭하면 스마트폰이나 태블릿 화면 크기로 페이지가 표시된다[125].

---

124 '개발 툴로 박스 상태 확인하기'(p.196)

125 엣지(Edge)의 경우는 '에뮬레이션' 탭을 클릭한다. 사파리는 메뉴바의 '개발' 메뉴에서 '반응형 디자인 모드'를 선택하면 된다.

그림 8-30 **반응형 디자인을 표시하려면 이 아이콘을 클릭한다**

반응형 디자인 표시에서는 실제 단말기와 같은 크기로 화면을 보거나 방향(단말기 화면을 가로로
보는지, 세로로 보는지) 등을 변경할 수 있어서 단말기 없이도 화면을 확인할 수 있다. 폼 등의 레
이아웃에서는 페이지를 만들고 있는 도중에도 스마트폰 화면에서 어떻게 보이는지 자주 확인
하고 싶어진다. 그럴 때에 이 반응형 디자인 모드를 사용하면 좋다.

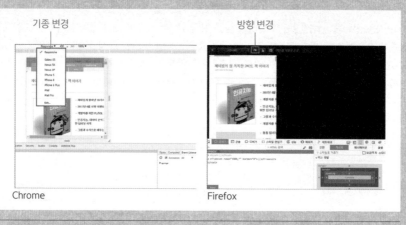

그림 8-31 **반응형 디자인 표시**

페이지 전체
레이아웃과
내비게이션

이 장에서는 페이지의 레이아웃과 내비게이션 메뉴의 마크업 방법을 소개
한다. 레이아웃과 내비게이션 모두 다양한 마크업 방법이 있으며, 이 책에
서는 반응형 디자인과 궁합이 좋고 널리 사용되는 플렉스 박스를 사용한
예제를 소개한다.

CHAPTER
9
SECTION 1
HTML5&CSS3

관리하기 쉽고 알기 쉬운 CSS를 작성하자

실전 코딩을 위해 알아 두면 좋은 CSS 지식

이 장부터 페이지 전체 디자인을 다룬다. 레이아웃이나 내비게이션을 작성하기 시작하면 CSS 작성량이 늘어나면서 관리가 어려워진다. 조금이라도 관리가 수월하고 변경이 쉬운 CSS를 작성하기 위해서 실전에 도움이 되는 지식을 배우도록 하자.

CSS 덮어쓰기의 원칙

CSS는 스타일을 적용하고 싶은 요소에 일일이 모든 프로퍼티를 작성하지 않아도 되는 구조다. 예를 들어, <h1>과 <p>에 다음과 같은 스타일을 적용하고 싶다고 해보자.

<h1>

· 폰트 패밀리: **sans-serif**

· 색: **갈색**

· 마진: **기본값(margin 프로퍼티를 변경하지 않는다)**

<p>

· 폰트 패밀리: **sans-serif**

· 색: **갈색**

· 마진: **상하 좌우 모두 '0'**

이때 각 요소에 모든 프로퍼티를 설정해야 하는 경우에는 다음과 같은 CSS를 작성한다.

▶ **<h1>과 <p>에 적용할 모든 프로퍼티를 작성하는 경우**

```
h1 {
    font-family: sans-serif;
    color: #6e1820;
}
p {
    font-family: sans-serif;
    color: #6e1820;
    margin: 0;
}
```

이렇게 작성하면 CSS 코드가 아주 길어지며, 변경하는 것도 쉽지 않다. 색을 변경하려면 모든 요소의 color 프로퍼티를 변경해야 하기 때문이다.

이런 수고를 줄이기 위해 CSS는 한 번 설정한 프로퍼티는 다시 작성하지 않아도 되는 구조를 지니고 있다. 대략적으로 다음과 같은 법칙으로 스타일을 적용할 수 있다.

> (1) 부모 요소에 설정한 스타일의 일부는 자식 요소에도 적용된다(상속)
>
> (2) 더 많은 요소에 적용되는 스타일은 특정 요소에만 적용되는 스타일로 덮어쓰기할 수 있다(상세도)
>
> (3) 앞에 등장한 스타일은 뒤에 작성한 스타일로 덮어쓰기할 수 있다

이 중 (1)의 상속은 부모 요소에 설정한 스타일이 자식 요소 또는 자손 요소에까지 전달되는 것이다[126]. 또한, (2)와 (3)을 조합한 것을 '캐스케이드(cascade)'라고 부른다. 이 캐스케이드라는 구조를 통해서 '많은 요소에 적용되는 스타일을 특정 요소에만 적용되는 스타일로 덮어쓰기'할 수 있게 된다.

상세도

상세도(Specificity, 명시도라고도 한다)란 선택자에 부여돼 있는 '점수'를 가리킨다. 이 점수가 '높은' 스타일은 '낮은' 스타일을 덮어쓰기한다. 상세도는 다음과 같은 규칙으로 정해진다.

---

126 'CSS 상속'(p.65)

- 유형 선택자 등 많은 요소(넓은 범위의 요소)에 적용되는 선택자는 상세도 점수가 '낮다'. 즉, 다른 선택자로 덮어쓰기하기 쉽다
- **id** 선택자 등 적은 요소(특정 요소)에 적용되는 선택자는 상세도 점수가 '높다'. 즉, 다른 선택자로 덮어쓰기하기 어렵다

각각의 선택자는 정해진 점수를 가지고 있다

선택자의 종류	선택자 예	상세도(점수)
style 속성	<p style="color: red;">	1000점
id 선택자	#idname	100점
클래스 선택자, 속성 선택자, 유사 클래스	.class, [type="text"], :hover	10점
유형 선택자, 유사 요소	p, ::before	1점
전체 선택자(모든 요소를 선택하는 선택자)	*	0점

사용하고 있는 선택자의 점수를 합산해서 선택자의 실제 상세도를 알 수 있다

선택자 예	점수 계산 방법	상세도(합계)
#main	id 선택자 × 1 =100점	100점
div.container p	클래스 선택자 × 1 = 10점 유형 선택자 × 2 = 2점	12점
div.sidebar	클래스 선택자 × 1 = 10점 유형 선택자 × 1 = 1점	11점
.footer	클래스 선택자 × 1 = 10점	10점

그림 9-1 선택자의 상세도[127]

---

127 이 상세도 표는 이해를 돕기 위해 원래 사양보다 단순화시킨 것이다. 실제로는 유형 선택자를 10개 사용한 선택자(유형 선택자 × 10= 10점)를 만들어도 상세도에서 클래스 선택자(10점)를 상회하는 것은 없다. 하지만 이 단순화된 표를 이해해 두면 실무에서도 도움이 된다. 상세도에 대해 자세히 알고 싶은 독자는 'Specificity Calculator'를 사용해 보자 (https://specificity.keegan.st).

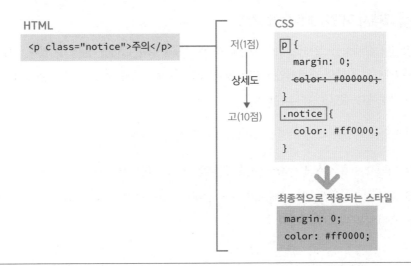

그림 9-2 상세도가 낮은 선택자로 작성돼 있는 스타일은 상세도가 높은 선택자로 작성돼 있는 스타일로 덮어쓰기된다

캐스케이드

만약 CSS에 동일 선택자가 2회 이상 등장하는 경우(상세도 점수가 같은 선택자가 2회 이상 등장한 경우)는 앞에 나온 스타일을 뒤에 나온 스타일이 덮어쓰기한다.

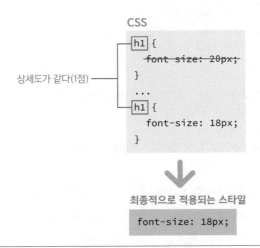

그림 9-3 선택자의 상세도가 같은 경우 뒤에 나온 스타일이 적용된다

✈ 그래서 어떻게 해야 하는가?

상속이나 상세도를 이해하고 잘 활용하면 관리하기 쉬운 CSS를 만들 수 있다. 기본적으로 '페이지 전체의 대략적인 스타일을 적용한 후 세부 부분을 조절해 가는 방식'으로 CSS 작성하는 것이 바람직하다.

구체적으로는 먼저 다음 사항을 주의해서 CSS 작성하면 된다.

유형 선택자 → 클래스 선택자 → 자손 선택자 → id 선택자의 순서대로 작성하기

CSS 파일에는 원칙적으로 상세도가 낮은 선택자의 스타일을 먼저 작성하고, 높은 선택자의 스타일을 나중에 작성한다.

CSS 파일

```
html, body {
    font-size: 16px;
    font-size: black;
}
...
.notice {
    font-size: red;
}
...
div .main-content {
    padding: 8px 0 8px 0;
}
...
#logo {
    background: url(logo.png) no-repeat;
}
```

상세도가 높아지는
순서대로 작성

그림 9-4 CSS 파일에는 상세도가 낮은 것부터 순서대로 작성하기

유형 선택자에는 '페이지 전체에 영향을 주는' CSS 작성하기

유형 선택자를 사용한 스타일은 페이지 전체의 표준 폰트 크기나 폰트 색 등을 적용할 때 사용하고 CSS 파일의 위에서부터 작성하도록 한다.

▶ 페이지 전체의 표준 폰트 크기를 설정할 때는 <html>과 <body> 양쪽에 적용하는 것이 좋다

```
html, body {
    font-size: 16px;
}
```

클래스 선택자를 중심으로 사용하기

한 번 공개한 웹사이트는 그 뒤에도 계속 변경된다. 페이지를 늘리거나 콘텐츠를 늘리기도 하고, CSS도 빈번하게 편집하게 된다. 때에 따라서는 이미 적용된 스타일을 새롭게 작성한 페이지에 맞추어 덮어쓰기해야 하는 경우도 있다.

변경 작업을 생각해서 CSS에서 사용할 선택자에는 가능한 한 상세도가 낮은 것을 사용하는 것이 좋다. 상세도가 낮으면 나중에 CSS를 추가해서 덮어쓰기할 수 있기 때문이다.

따라서 선택자는 클래스 선택자나 자손 선택자[128]를 중심으로 사용하는 것이 좋다. 자손 선택자를 사용하는 경우 상세도를 낮게 유지하기 위해 가능하면 개별 선택자의 수가 적어지도록 작성한다.

반대로 상세도가 아주 높은 id 선택자는 가능한 한 사용하지 않는 것이 좋다. id 선택자보다 상세도가 높은, 태그의 style 속성은 공개용 웹사이트에서 사용해선 안 된다[129]. 또한, '!important'도 원칙적으로는 사용해선 안 된다.

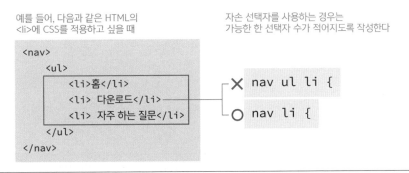

그림 9-5 자손 선택자를 사용하는 경우 상세도를 낮게 유지하기 위해 가능한 한 선택자 수를 줄인다

---

128 '자손 선택자'(p.70)
129 style 속성은 상세도가 높을 뿐만 아니라 HTML 문서에 내포되므로 관리가 매우 번거롭다.

프로퍼티의 값 뒤에 '!important'라고 작성하면 해당 프로퍼티는 선택자의 상세도와 상관없이 반드시 적용된다.

▶ **'!important' 사용 예. 이 display 프로퍼티는 상세도와 상관없이 반드시 적용된다**

```
.item {
    display: block !important;
    margin: 0;
}
```

기존 웹사이트를 변경할 때에 무리해서 CSS를 적용시키려고 '!important'를 남발하기 쉽다. 하지만 '!important'는 특별한 이유가 없는 한 사용하지 않는 것이 좋다. '!important'가 있는 프로퍼티를 변경할 방법이 없으므로 나중에 디자인을 변경할 때에 문제가 될 수 있다.

CHAPTER
9
SECTION 2
HTML5&CSS3

모든 레이아웃의 기본이 되는 레이아웃
1단 칼럼형 레이아웃

1단 칼럼형 레이아웃은 사용 빈도가 높고, 다른 복잡한 레이아웃
들의 기반이 되는 '기본형'이다.

노멀라이즈 CSS 불러오기

실전 웹디자인에서는 '노멀라이즈 CSS'라는 CSS 라이브러리[130]를 불러와서 스마트폰에
서도 전체가 너무 작게 표시되지 않도록 준비 작업을 해야 한다. 다음에 소개하는 것
은 이런 준비 작업을 마친 템플릿으로 실무에서도 사용할 수 있는 코드 예다.

HTML **준비를 마친 템플릿**　　　　　　　　⬇ chapter9/c09-01-a/index.html

```
<!DOCTYPE html>
<html>
<head>
<meta charset="utf-8">
<meta name="viewport" content="width=device-width, initialscale=
1">
<title>준비를 마친 템플릿</title>
<link rel="stylesheet" href="normalize.css">
<link rel="stylesheet" href="style.css">
</head>
<body>

</body>
</html>
```

---

130 라이브러리(library)란 자주 사용하는 기능들을 몇 번이고 반복 작성하지 않도록 정형화해서 모아 둔 것이다.

```
@charset "utf-8";

body {
    margin: 0;
}
```

🛫 새롭게 추가한 <meta> 태그에 대해

<head>~</head>에 새롭게 추가한 <meta> 태그는 이 HTML을 스마트폰에 표시할 때의 페이지 전체 크기 등을 설정하기 위한 것이다. 실제로는 다양한 기능이 있지만, 여기서 소개하는 작성법 정도만 기억해도 충분하다.

형식　뷰포트 설정

```
<meta name="viewport" content="width=device-width, initialscale=1">
```

'뷰포트'란 '페이지가 표시되는 화면의 영역'을 의미하는 것으로서 스마트폰이라면 단말기 화면 전체를 가리키고, PC라면 브라우저 창을 가리킨다. 이 <meta> 태그는 페이지가 스마트폰 또는 태블릿에 표시될 때에만 효력을 발휘한다.

<meta name="viewport">가 없는 HTML을 연 경우 스마트폰의 브라우저는 해당 페이지가 PC 화면 크기에 맞추어 제작됐다고 가정해서 작은 화면에 전체를 축소해서 표시하려고 한다.

하지만 페이지가 작은 화면에서도 표시될 수 있도록 제작돼 있다면 스마트폰의 브라우저에 맞게 일부러 축소해서 표시할 필요가 없다. 그래서 위 형식에서 본 것처럼 <meta name="viewport">라고 작성하면 브라우저의 축소 기능을 무효화시키게 된다. 스마트폰용 웹페이지를 만드는 경우는 반드시 이 <meta name="viewport">를 작성하자.

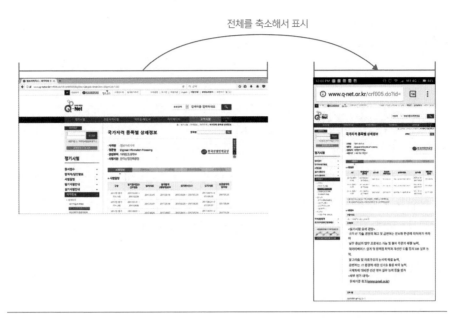
전체를 축소해서 표시

그림 9-6 <meta name="viewport">가 작성돼 있지 않으면 스마트폰 브라우저가 페이지 전체를 축소해서 표시한다

노멀라이즈 CSS

이번에 소개한 템플릿에서는 기본 CSS(style.css) 외에 'normalize.css'라는 CSS 파일을 읽고 있다. 이 파일은 '노멀라이즈 CSS'라고 하는 라이브러리로 다른 종류의 브라우저에서 발생하는 약간의 표시 차이를 조절해 주는 것이다. 이 노멀라이즈 CSS를 읽어오므로 브라우저 간 표시 차이를 신경쓰지 않고 CSS를 작성할 수 있게 된다.

최근에는 노멀라이즈 CSS보다 스마트폰용 웹사이트 구축에 최적화된 '세니타이즈 (sanitize) CSS'를 사용하는 경우도 있다.[131]

노멀라이즈 CSS
URL https://necolas.github.io/normalize.css/

---

131 옮긴이 참고로 노멀라이즈(normalize)란 '평준화'라는 뜻이며, '세니타이즈'는 '소독하다, 검사하다, 청소하다' 등의 뜻을 가지고 있다.

세니타이즈 CSS

URL https://jonathantneal.github.io/sanitize.css/

1단 칼럼형 페이지 레이아웃

화면 상단에 헤더와 내비게이션을 두고, 하단에 푸터가 있으며, 가운데(메인 부분)에 1단 칼럼을 두는 페이지 레이아웃을 소개하겠다. 레이아웃 상태를 이해하기 쉽도록 예제에서는 헤더, 내비게이션, 메인, 푸터에 각각 다른 배경색을 적용하고 있다.

HTML **1단 칼럼형 페이지 레이아웃의 HTML** chapter9/c09-01-b/index.html

```html
<body>
<header>
    <div class="container">
        <div class="header-inner">
            <!-- 헤더 요소 -->
            <div class="logo">Header</<div>
        </div><!-- /.header-inner -->
    </div><!-- /.container -->
</header>
<nav>
    <div class="container">
        <div class="nav-inner">홈 회사안내 제품안내 고객지원 문의</div>
    </div>
</nav>
<section>
    <div class="container">
        <main>
            <div class="main-inner">
                <!-- 콘텐츠 요소 -->
                <p class="main-title">Main</p>
            </div><!-- /.main-inner -->
        </main>
    </div><!-- /.container -->
</section>
<footer>
    <div class="container">
        <div class="footer-inner">
```

```
              <!-- 푸터 요소 -->
              <p class="copyright">footer ©20XX HTML/CSS Technic</p>
         </div><!-- /.footer-inner -->
      </div><!-- /.container -->
</footer>
</body>
```

⬇ chapter9/c09-01-b/style.css

CSS 1단 칼럼형 레이아웃의 CSS

```css
@charset "utf-8";

body {
    margin: 0;
}

/*
각 파트에 패딩, 배경, 텍스트 색 등을 지정한다
<div class="container">의 자식 요소에 지정한다
*/
.header-inner {
    background: #bad7f5;
}
.nav-inner {
    color: #fff;
    background: #0086f9;
}
.main-inner {
    background: #fffde3;

    /*
     레이아웃을 이해하기 쉽도록 높이를 설정.
     일반 웹디자인에서는 높이를 지정하지 않는다.
    */
    height: 400px;
}
.sidebar-inner {
    background: #c0f5b9;
}
.footer-inner {
    background: #bad7f5;
}
```

```
/* 구조를 알기 쉽도록 하는 CSS */

...
```

※ 이 style.css에서는 〈div class="main-inner"〉에 height 프로퍼티로 높이를 지정하고 있다. 이것은 레이아웃
   상태를 알기 쉽도록 하는 것이 목적으로 실제 웹디자인에서는 레이아웃 박스의 높이를 지정할 필요가 없다.
   또한, '/*구조를 알기 쉽도록 하는 CSS */' 부분에 콘텐츠에 포함되는 요소의 레이아웃을 설정하는 CSS가
   작성돼 있다. 이 CSS들도 구조를 알기 쉽게 하는 용도로 레이아웃과 직접적인 관계는 없다.

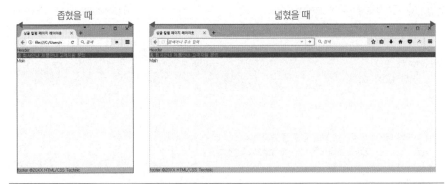

좁혔을 때   넓혔을 때

그림 9-7 창 너비에 맞추어 조절되는 1단 칼럼형 레이아웃

✈️ HTML 구조

1단 칼럼형 레이아웃은 사실 소개한 HTML보다 더 단순한 구조로 작성할 수도 있다.
하지만 반응형 웹디자인과의 궁합이나 디자인의 유연성을 높이기 위해서(마진, 패딩, 배
경 등을 쉽게 설정할 수 있는) 다소 복잡하더라도 예제에서 소개한 구조를 사용하는 것이
좋다.

뒤에서 소개하는 2단 칼럼형 레이아웃이나 3단 칼럼형 레이아웃도 기본적으로는 이 1
단 칼럼형 레이아웃의 구조를 기반으로 발전시킨 것이다.

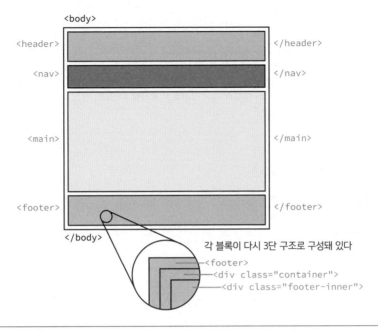

각 블록이 다시 3단 구조로 구성돼 있다

```
<footer>
<div class="container">
<div class="footer-inner">
```

그림 9-8 **HTML의 기본적인 구조**

✒️ 예제에서 사용한 각종 태그

이 예제에서는 <header>, <nav>, <section>, <main>, <footer> 태그를 사용하고 있다. 모두 '다른 태그를 감싸서 정보를 정리하거나 그룹화하는[132]' 태그다. 표시할 때는 <div>와 같다.

표 9-1 **사용한 태그 목록**

요소	설명
<header>	'헤더'를 뜻한다
<nav>	'페이지의 주요 내비게이션'을 뜻한다
<section>	'섹션'을 뜻한다. 섹션이란 기사의 일부를 모은 부분을 뜻하지만, 웹페이지의 레이아웃에서는 '헤더' '푸터' 이외의 '콘텐츠 중심 부분'을 <section>으로 감싼다.

---

132 '태그와 화면 표시의 관계'(p.156)

표 9-1 사용한 태그 목록(계속)

요소	설명
<main>	'페이지의 메인 콘텐츠'를 뜻한다. 페이지 내에서 한 번만 사용할 수 있다. <article>, <header>, <footer>, <nav> 태그의 자식 요소로 설정할 수는 없다(<section> 태그의 자식 요소로는 사용할 수 있다)
<footer>	'푸터'를 뜻한다

 Note HTML, CSS의 주석문

HTML 문서 내에 주석을 남기고 싶을 때는 다음과 같이 작성한다.

> 형식 **HTML의 주석문**

```
<!-- 주석 내용 -->
```

또한, CSS 문서에 주석을 남기고 싶을 때는 다음과 같이 작성한다.

> 형식 **CSS의 주석문**

```
/* 주석 내용 */
```

HTML과 CSS 모두 적절한 주석을 남겨서 관리하기 쉽도록 해두자. 실무에서는 웹디자인 시에 HTML 시작 태그와 종료 태그 간 관계를 알기 쉽도록 종료 태그 뒤에 클래스명 등을 주석으로 남겨 두곤 한다.

▶ **종료 태그에 남기는 주석의 예**

```
<div class="container">
    <div class="content">
    </div><!-- /.content -->
    <div class="sidebar">
    ...
    </div><!-- /.sidebar -->
</div><!-- /.container -->
```

1단 칼럼형에 공백 넣기

페이지의 레이아웃을 만들기 위해 다양한 요소에 마진이나 패딩을 설정한다. 하지만 어떤 요소에 마진이나 패딩을 설정하면 좋을지 고민하는 경우가 많다. 마진과 패딩을 설정해야 할 요소에는 어느 정도의 패턴이 존재한다. 구체적인 예를 보도록 하자.

✈️ 창의 끝에 붙지 않도록 설정하기

먼저, 헤더 부분이나 메인 부분 등의 각종 요소가 창의 끝에 붙지 않도록 설정하는 것이다. 이를 위해서는 <body>를 기준으로 2단계 아래에 있는 요소에 패딩을 설정하면 된다.

CSS **페이지의 좌우에 공백을 넣는다**　　　　　　　⤓ chapter9/c09-01-c/style.css

```css
@charset "utf-8";
body {
    margin: 0;
}
.container {
    padding: 0 16px 0 16px;
}
```

그림 9-9 페이지의 좌우에 공백이 생긴다

✈️ 공백을 넣는 위치

페이지의 양끝에 공백을 넣으려면 <body>의 2단계 아래에 있는 자식 요소(<div class="container">)에 패딩을 설정하면 된다(1단계 자식 요소는 <header>, <nav>, <section>, <footer>이다).

단순히 페이지의 양끝에 공백을 넣는다면 <body>의 자식 요소에 마진 또는 패딩을 설정해도 된다. 하지만 디자인의 유연성을 높이려면 기본적으로 <body>의 자식 요소에는 좌우 마진, 보더, 패딩을 설정하지 않는 것이 좋다[133].

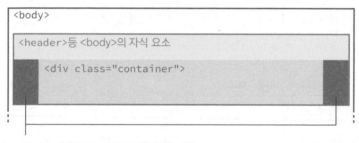

\<body\> 자식 요소의 자식 요소에 패딩을 설정

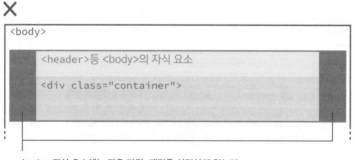

\<body\> 자식 요소에는 좌우 마진, 패딩을 설정하지 않는다

그림 9-10 페이지 좌우에 공백을 넣으려면 **<body>** 자식 요소의 자식 요소에 패딩을 설정한다

---

133 예를 들어, 페이지 디자인에 따라서는 헤더나 푸터 등의 배경색만 창 너비에 맞춰야 하는 경우가 있다. 이럴 때는 <body>의 자식 요소 좌우에 마진과 패딩을 설정하면 스타일을 제대로 조절할 수 없다.

✈️ 헤더, 메인 콘텐츠 등의 주변에 공백 만들기

헤더, 내비게이션, 메인 부분 등의 외곽선과 그 요소들에 포함되는 콘텐츠 사이에 공백을 설정하려면 <div class="container">의 자식 요소(<div class="header-inner"> 등)에 상하 좌우 패딩을 설정하면 된다.

CSS **헤더, 메인 콘텐츠 등의 주변에 공백 설정하기**　　　⬇ chapter9/c09-01-d/style.css

```
...
.container {
    padding: 0 16px 0 16px;
}

/*
각 파트에 패딩, 배경, 텍스트 색 등을 지정한다
<div class="container">의 자식 요소에 지정한다
*/
.header-inner {
    padding: 10px 10px 0 10px;
    background: #bad7f5;
}
.nav-inner {
    padding: 10px 10px 0 10px;
    color: #fff;
    background: #0086f9;
}
.main-inner {
    padding: 20px 10px 20px 10px;
    background: #fffde3;
    ...
}
.sidebar-inner {
    padding: 20px 10px 20px 10px;
    background: #c0f5b9;
}
.footer-inner {
    padding: 20px 16px 10px 16px;
    background: #bad7f5;
}
```

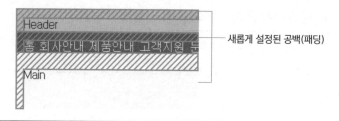

그림 9-11 배경과 콘텐츠 사이에 공백이 생긴다

🚀 배경의 외곽선과 콘텐츠 사이에 공백을 설정하려면

헤더 부분이나 메인 부분 등 각 파트의 배경선(외곽선)과 콘텐츠 사이에 공백을 넣으려면 <div class="container">의 자식 요소(즉, <div class="header-inner"> 등)에 패딩을 설정하면 된다.

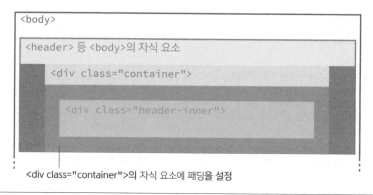

그림 9-12 각 부분의 외곽선과 콘텐츠 사이에 공백을 넣으려면 <div class="container">의 자식 요소에 패딩을 설정한다

🚀 <header>, <footer>와 <section> 사이에 공백 넣기

내비게이션 부분과 메인 부분, 메인 부분과 푸터 부분 등, 각 부분 간에 공백을 설정하려면 <body>의 자식 요소(<header> 등)에 상단 마진 또는 하단 마진을 적용하면 된다.

다음 예제에서는 내비게이션 부분에 하단 마진, 푸터 부분에 상단 마진을 설정해서 메인 부분의 상하단 공백을 만들고 있다.

CSS | 헤더, 푸터와 메인 사이에 공백 넣기   ⬇ chapter9/c09-01-e/style.css

```
...
.container {
    padding: 0 16px 0 16px;
}

/*
  내비게이션과 메인 부분에 공백을 넣으려면
  메인에 상단 마진을 설정한다
 */
nav {
    margin-bottom: 20px;
}
footer {
    margin-top: 20px;
}
```

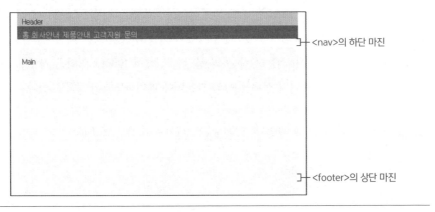

그림 9-13 헤더, 푸터와 메인 사이에 공백이 생긴다

📧 상하단에 공백을 만드는 방법

헤더 부분, 내비게이션 부분, 메인 부분, 푸터 부분 간에 공백을 만들 때는 <body>의 자식 요소에 상단 마진 또는 하단 마진을 설정한다. <body>의 자식 요소에 상하단 마

진을 설정하면 각각에 적용한 배경과 배경 사이에 공백이 만들어지니 주의하자. 마진과 패딩은 다음과 같이 구분해서 사용하면 된다.

- 내비게이션 부분과 메인 부분의 배경을 서로 분리하고 싶을 때 또는 내비게이션 부분과 메인 부분에 외곽선을 그리고 싶을 때

  내비게이션 부분의 `<body>` 자식 요소에 하단 마진을 설정(또는 메인 부분에 상단 마진을 설정)한다. 외곽선을 그리는 경우도 동일하다

- 내비게이션 부분과 메인 부분의 배경을 서로 분리하고 싶을 때

  내비게이션 부분과 메인 부분의 `<div class="container">` 자식 요소(예제에서는 클래스 명이 '-inner'인 요소)에 상하단 패딩을 설정. '헤더, 메인 콘텐츠 등의 주변에 공백 만들기'(p.285)에서 소개한 방법으로 상하단에도 공백을 만들 수 있다

신축 폭의 상한 설정하기

화면이 넓은 PC 등으로 페이지를 볼 때에 가로 폭이 너무 넓어지면 텍스트를 읽기 어려워진다. 따라서 다음 예에서는 신축 폭의 상한을 정해서 1000px 이상은 가로로 늘어나지 않도록 설정하고, 페이지 전체를 창의 가운데에 배치하도록 설정하고 있다.

> **CSS** 페이지의 가로 폭 상한을 1000px로 설정하고 창의 가운데 오도록 배치 ⬇ chapter9/c09-01-f/style.css

```css
.container {
    margin: 0 auto 0 auto;
    padding: 0 16px 0 16px;
    max-width: 1000px;
}
```

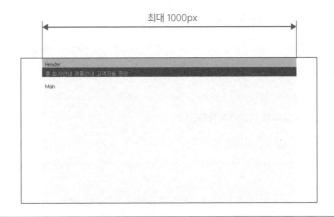

최대 1000px

Header

회 사안내 제품안내 고객지원 문의

Main

그림 9-14 페이지 가로 폭은 **1000px**으로 늘어나지 않고 창의 가운데 배치된다

max-width 프로퍼티

max-width 프로퍼티를 사용하면 적용한 박스의 가로 너비 상한을 정할 수 있다. 위 예와 같이 페이지 가로 폭의 상한을 설정할 때 자주 사용된다.

또한, max-width 프로퍼티보다 사용 빈도는 떨어지지만 박스의 가로 폭이나 높이의 상한, 하한을 설정할 때 다음과 같은 프로퍼티가 사용된다.

표 9-2 박스 크기의 상한, 하한을 설정하는 프로퍼티

프로퍼티와 사용 예	설명
max-width: 500px;	박스의 너비가 500px보다 커지지 않도록 설정한다. 페이지 너비의 상한을 정할 때 자주 사용된다
min-width: 100px;	박스의 너비가 100px보다 작아지지 않도록 설정한다. 페이지 너비의 하한을 설정할 때 사용된다
max-height: 500px;	박스의 높이가 500px보다 커지지 않도록 설정한다. 거의 사용되지 않는다
min-height: 1000px	박스의 높이가 1000px보다 낮아지지 않도록 설정한다. 가로로 나열되는 박스의 높이를 맞추거나 사이드바의 높이를 확보해야 할 때 가끔씩 사용된다

페이지를 창의 가운데 배치하기

가로 폭이 설정돼 있는 박스의 좌우 마진 값을 'auto'로 설정하면 해당 박스는 부모 요소의 가운데 배치된다.

> **형식** | **박스를 부모 요소의 가운데에 배치한다**
>
> ```
> margin: 0 auto 0 auto;
> ```

페이지 가로 폭의 상한을 설정하거나 창의 가운데에 배치할 때는 창 너비에 꽉 차도록 늘어나는 요소의 자식 요소에 이 max-width 프로퍼티와 margin 프로퍼티를 설정하면 된다. 예제에서는 <div class="container">에 이 프로퍼티들을 설정하고 있다.

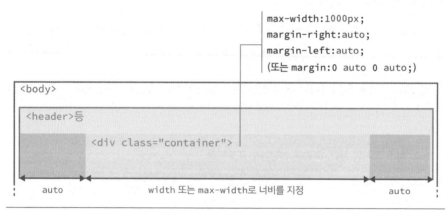

그림 9-15 **창 너비에 맞게 늘어나는 요소의 자식 요소에 설정한다**

📖 Note 페이지를 변동시키지 않고 가로 폭을 고정하려면

페이지를 변동시키지 않고 가로 너비를 고정시키려면 max-width 프로퍼티 대신에 width 프로퍼티를 사용하면 된다. 다음 CSS 예에서는 페이지의 가로 폭을 980px로 설정하고 있다. 최근의 웹디자인에서는 페이지의 가로 폭을 고정시킬 때 일반적인 PC의 화면 크기를 고려해서 960~980px로 설정하고, 신축성을 고려한다면 상한을 1000~1200px 정도로 설정하는 경우가 많다.

CSS 페이지의 가로 폭 고정하기　　　　　　　　　　⬇ chapter9/c09-01-g/style.css

```css
.container {
    margin: 0 auto 0 auto;
    padding: 0 16px 0 16px;
    width: 980px; /* max-width 대신에 width를 사용한다 */
}
```

float보다 간단하고 유연한 플렉스 박스

플렉스 박스를 사용한 칼럼 레이아웃

플렉스 박스(flex box)는 최근에 새롭게 정의된 CSS 레이아웃 기능이다. 플롯(float)을 사용한 이전 방법보다 쉽게 2단 칼럼형 레이아웃이나 3단 칼럼형 레이아웃을 표현할 수 있다.

2단 칼럼형 레이아웃

플렉스 박스를 사용한 2단 칼럼형 레이아웃의 코드를 살펴보자[134].

HTML	2단 칼럼형 레이아웃의 HTML	⬇ chapter9/c09-02-a/index.html

```
...
<body>
<header>
    <div class="container">
        <div class="header-inner">
            <!-- 헤더 요소 -->
            <div class="logo">Header</<div>
        </div><!-- /.header-inner -->
    </div><!-- /.container -->
</header>
<nav>
    <div class="container">
        <div class="nav-inner">홈 회사안내 제품안내 고객지원 문의</div>
    </div>
</nav>
<section>
```

---

134 지금부터 소개하는 2단 칼럼형 레이아웃, 3단 칼럼형 레이아웃의 HTML, CSS는 모두 '1단 칼럼형 레이아웃'(p.275)에서 소개한 코드를 기반으로 작성한 것이다.

```html
    <div class="container"> ●
        <main> ●
            <!-- 콘텐츠 요소 -->
            <p class="main-title">Main</p>
        </main> ●
        <aside class="sidebar"> ●
            <!-- 사이드바 요소 -->
            sidebar
        </aside><!-- /.sidebar --> ●
    </div><!-- /.container --> ●
</section>
<footer>
    <div class="container">
        <div class="footer-inner">
            <!-- 푸터 요소 -->
            <p class="copyright">footer ©20XX HTML/CSS Technic</p>
        </div><!-- /.footer-inner -->
    </div><!-- /.container -->
</footer>
</body>
...
```

❶ ❷ ❸

CSS **2단 칼럼형 레이아웃의 CSS** 　　　　　⤓ chapter9/c09-02-a/style.css

```css
@charset "utf-8";

body {
    margin: 0;
}
.container {
    margin: 0 auto 0 auto;
    max-width: 1000px;
}
section .container {
    display: flex;
    flex-flow: column;
}

/*

각 파트에 패딩, 배경, 텍스트 색 등을 지정한다
*/
```

CHAPTER 9

```
.header-inner {
    padding: 10px 10px 0 10px;
    background: #bad7f5;
}
.nav-inner {
    padding: 10px 10px 0 10px;
    color: #fff;
    background: #0086f9;
}
main {
    padding: 20px 10px 20px 10px;
    background: #fffde3;

    /*
    레이아웃을 이해하기 쉽도록 높이를 설정.
    일반 웹디자인에서는 높이를 지정하지 않는다.
    */
    height: 400px;
}
.sidebar {
    padding: 20px 10px 20px 10px;
    background: #c0f5b9;
}
.footer-inner {
    padding: 20px 16px 10px 16px;
    background: #bad7f5;
}

@media only screen and (min-width: 768px) {
    section .container {
        flex-flow: row;
    }
    main {
        flex: 1 1 auto;
    }
    .sidebar {
        flex: 0 0 340px;
    }
}
...
```

그림 9-16 신축성을 지닌 2단 칼럼형 레이아웃이 만들어졌다

미디어 쿼리

style.css의 '@media only screen and (min-width: 768px) {~}' 부분을 '미디어 쿼리'라고 한다[135]. 미디어 쿼리란 특정 조건을 만족할 때만 '{~}'에 기술한 CSS를 적용하고, 만족하지 않으면 적용하지 않는 기능이다. 주로 화면 크기를 조건으로 해서 레이아웃을 변경할 때에 사용한다. 반응형 웹디자인을 구현하기 위한 중요한 기능이다.

'특정 조건'은 '@media' 뒤에 작성한다. 이 예제에서는 창 또는 화면 크기가 768px 이상이면 '{~}' 의 CSS를 적용하도록 조건을 설정하고 있다.

그림 9-17 예제에서 사용된 미디어 쿼리

---

135 미디어 쿼리는 IE9 이상과 모든 주요 브라우저에서 사용할 수 있다. 미디어 쿼리가 적용되지 않는 브라우저로 페이지를 열람하면 '{~}'에 있는 CSS는 조건 일치 여부와 상관없이 적용되지 않는다.

참고로 이 미디어 쿼리에서는 기본 태블릿(아이패드)의 화면 크기인 768px×1024px에 맞추고 있으며, 그보다 큰 단말기(PC 등)로 열람한 경우에는 2단 칼럼형이 되도록 조건을 설정하고 있다.

✈ 플렉스 박스

플렉스 박스(정식명: Flexible box layout)는 CSS의 새로운 레이아웃 시스템이다. 사용 가능한 브라우저는 IE11 이상으로 점점 사용 빈도가 늘어나고 있다. 플롯(float)[136]에 비해 기능이 더 유연하며, 익숙해지면 사용도 쉬워서 칼럼 레이아웃이나 뒤에서 설명할 내비게이션 레이아웃 등에서는 현재의 플롯을 사용한 기술이 전면적으로 플렉스 박스로 대체될 것으로 예상된다.

플렉스 박스에는 다양한 기능이 있지만, 대략 다음과 같은 이점이 있다.

(1) 플롯을 사용한 레이아웃에 비해 HTML, CSS의 코드가 간단하고 이해하기 쉽다

(2) CSS만으로 박스를 가로로 나열하거나 세로로 나열할 수 있어서 반응형 웹디자인과 궁합이 매우 좋다

(3) 가로로 나열한 박스의 높이를 맞출 수 있다

(4) 박스의 순서를 바꿀 수 있다

그러면 칼럼 레이아웃에 플렉스 박스를 사용한 HTML과 CSS를 보도록 하자.

---

136 플렉스 박스가 등장하기 전까지 칼럼 레이아웃에 사용되었다. 플롯을 사용한 2단 칼럼형 레이아웃은 ('플롯과 포지션' (p.313)에서 자세히 다루고 있다.

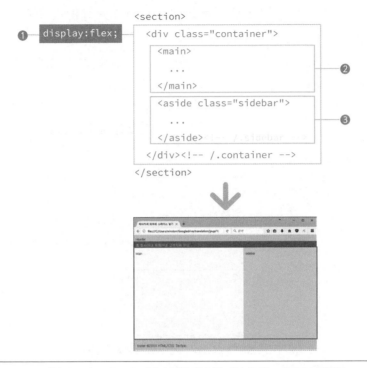

그림 9-18 HTML 기본 구조. 'display: flex;'를 설정한 요소의 자식 요소는 가로로 나열된다

<main>(❷)과 <aside class="sidebar">(❸)을 가로로 나열하려면 두 개의 요소를 감싸는 부모 요소(❶)가 필요하다(이 책에서는 이 부모 요소를 '플렉스 박스의 부모 요소'라고 부른다). 그리고 ❶의 CSS에 'display: flex;'라고 설정한다. 'display: flex;'를 설정한 요소의 자식 요소(여기선 ❷와 ❸)는 초기 설정에서는 가로로 나열된다(이 책에서는 이 자식 요소들을 '플렉스 아이템'이라고 부른다). 또한, 가로로 나열된 ❷와 ❸의 높이도 자동으로 맞추어진다. ❷와 ❸의 너비는 콘텐츠의 양에 맞추어 자동으로 조절된다.

이 상태에서는 창의 크기가 아무리 작아져도 플렉스 아이템인 ❷와 ❸이 가로로 나열된 상태를 유지한다. 창 너비가 어느 정도로 좁아지면(예에서는 768px 이하일 때) ❷와 ❸을 세로로 나열하도록 변경해야 한다.

플렉스 아이템의 나열 방향을 가로 또는 세로로 설정하려면 flex-flow 프로퍼티를 사용하면 된다. flex-flow 프로퍼티를 'flex-flow: column;'으로 설정하면 플렉스 아이템이 세로로 나열된다. 또한, 'flex-flow: row;'라고 하면 플렉스 아이템이 가로로 나열된다. 참고로 이 flex-flow 프로퍼티는 'display: flex;'를 설정한 요소, 즉 플렉스 박스의 부모 요소(❶)에 적용한다.

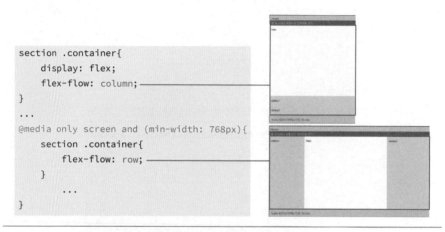

```
section .container{
    display: flex;
    flex-flow: column;
}
...
@media only screen and (min-width: 768px){
    section .container{
        flex-flow: row;
    }
        ...
}
```

그림 9-19 **flex-flow** 프로퍼티를 적용해서 박스가 나열되는 방향을 설정한다

이것으로 '화면이 좁을 때는 1단 칼럼형, 넓을 때는 2단 칼럼형'이라는 기본적인 반응형 웹디자인 구조가 만들어졌다. 다음은 2단 칼럼형일 때 ❷와 ❸의 박스 너비를 지정하는 방법을 알아보겠다.

플렉스 아이템의 너비를 설정하려면 ❷와 ❸ 양쪽에 flex 프로퍼티를 적용하면 된다. flex 프로퍼티에는 세 개의 값을 공백으로 구분해서 기술한다. 첫 번째 값에는 플렉스 박스의 부모 요소가 커질 때에 플렉스 아이템이 '늘어나는 비율'을 지정한다. 두 번째 값에는 반대로 부모 요소의 너비가 좁아질 때에 플렉스 아이템이 '줄어드는 비율'을 지정한다. 예제와 같이 사이드바(❸)의 너비를 고정하고 ❷만 변경하고 싶을 때는 첫 번째, 두 번째 값을 다음과 같이 설정한다. 구조를 알기 쉽도록 그림도 함께 소개한다.

- ❷와 같이 창 크기에 맞추어 변경하고 싶은 박스에는 '**flex: 1 1 …;**'라고 지정한다
- ❸와 같이 창 크기에 연동시키지 않고 너비를 고정하고 싶은 박스에는 '**flex: 0 0 …;**'라고 지정한다

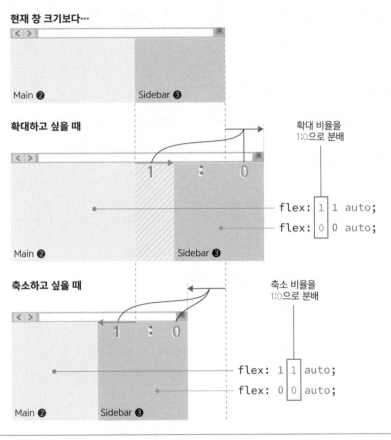

그림 9-20 **flex 프로퍼티의 첫 번째, 두 번째 값**

다음으로 사이드바(❸)의 너비를 340px으로 설정하면 완성이다. 너비를 고정하는 박스의 크기는 flex 프로퍼티의 세 번째 값으로 지정하면 된다. 변경(신축)하는 ❷에서는 flex 프로퍼티의 세 번째 값을 'auto'로 설정하고 있다. 세 번째 값에는 '확대도, 축소도 하지 않을 때의 너비'를 지정한다. 이 값의 가장 기본적인 설정 방법은 다음과 같다.

- 변경(신축)할 박스(flex 프로퍼티의 첫 번째, 두 번째 값이 1)에는 'auto'를 지정한다
- 변경(신축)하지 않을 박스(flex 프로퍼티의 첫 번째, 두 번째 값이 0)에는 너비를 px 또는 em 단위로 지정한다(%는 사용하지 않는다)

flex 프로퍼티의 설정 방법에는 이외에도 몇 가지 있지만, 우선은 이 방법만 제대로 알아 두어도 대부분 해결될 것이다.

✈️ 사이드바의 좌우 변경하기

플렉스 박스를 사용하면 사이드바와 콘텐츠 영역의 순서도 쉽게 변경할 수 있다.

| CSS | 사이드바를 왼쪽으로 이동하기 | ⬇️ chapter9/c09-02-b/style.css |

```
...
.footer-inner {
    padding: 20px 16px 10px 16px;
    background: #bad7f5;
}

@media only screen and (min-width: 768px) {
    section .container {
        flex-flow: row;
    }
    main {
        flex: 1 1 auto;
        order: 2;
    }
    .sidebar {
        flex: 0 0 340px;
        order: 1;
    }
}
...
```

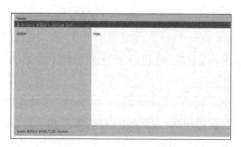

그림 9-21 사이드바가 왼쪽으로 이동했다

➡️ order 프로퍼티

order는 플렉스 아이템에 설정하는 프로퍼티로 배치 순서를 지정하기 위한 것이다. order 프로퍼티의 값이 작은 것이 먼저 배치된다. 사이드바를 왼쪽으로 이동하기 위해 (먼저 배치하기 위해) 예제에서는 사이드바의 order 프로퍼티에 메인 콘텐츠의 order 프로 퍼티보다 작은 값을 지정하고 있다.

3단 칼럼형 레이아웃

이전 방법인 플롯을 사용하는 3단 칼럼형 레이아웃은 위치 변경이 쉽지 않아서 반응 형 웹디자인에는 적합하지 않았다. 코드도 꽤 복잡해서 구현하기가 어려웠다.

이런 3단 칼럼형 레이아웃도 플렉스 박스를 사용하면 코드 작성이 쉬워지고 위치 변경 도 유연하게 할 수 있다.

이번 예제에서는 콘텐츠 영역을 가운데 두고, 좌우에 사이드바를 배치하도록 한다. 왼 쪽 사이드바의 너비는 200px, 오른쪽 사이드바의 위치는 250px으로 설정한다.

HTML **3단 칼럼형 레이아웃**　　　　　　　　　　⬇️chapter9/c09-02-c/index.html

```
...
<section>
    <div class="container">
        <main>
            <!-- 콘텐츠 요소 -->
            <p class="main-title">Main</p>
        </main>
        <aside class="sidebar sidebar1">
            <!-- 사이드바1 요소 -->
            sidebar1
        </aside><!-- /.sidebar -->
        <aside class="sidebar sidebar2">
        <!-- 사이드바2 요소 -->
            sidebar2
        </aside>
```

새로운 사이드바를 추가

```
        </div><!-- /.container -->
    </section>
    ...
```

3단 칼럼형 레이아웃

```
...
@media only screen and (min-width: 768px) {
    section .container {
        flex-flow: row;
    }
    main {
        flex: 1 1 auto;
        order: 2; /* order로 나열 순서를 설정 */
    }
    .sidebar1 {
        flex: 0 0 200px;
        order: 1; /* order로 나열 순서를 설정 */
    }
    .sidebar2 {
        flex: 0 0 250px;
        order: 3; /* order로 나열 순서를 설정 */
    }
}
...
```

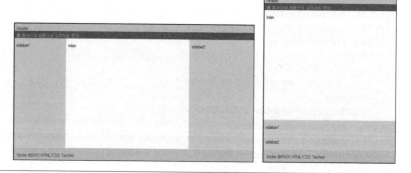

그림 9-22 **3단 칼럼형 레이아웃. 화면 너비가 좁아지면 메인 → 사이드바 1 → 사이드바 2순으로 나열된다**

✈️ HTML 작성 순서에 주목

이 예제에서는 화면 너비가 넓어지면 왼쪽부터 '사이드바 1 → 메인 콘텐츠 → 사이드바 2'순으로 배치된다. 또한, 화면 너비가 좁아지면 위에서부터 '메인 콘텐츠 → 사이드바 1 → 사이드바 2'순으로 배치된다.

하지만 HTML에는 '메인 콘텐츠 → 사이드바 1 → 사이드바 2'순으로 작성돼 있는 것에 주목하자. 플렉스 박스의 order 프로퍼티를 사용해서 화면 너비가 넓어질 때의 배치 순서를 HTML과는 다른 순서로 나열하고 있는 것이다.

HTML은 위에서부터 순서대로 해석되므로 가능하면 중요한 콘텐츠를 위에 작성하는 것이 좋다[137].

---

137 예를 들어, 화면 읽기를 사용하는 경우 메인 콘텐츠를 먼저 작성해 두어야 중요한 정보가 먼저 읽힌다. 적어도 접근성 관점으로는 중요한 콘텐츠를 먼저 작성하는 것이 유익하다고 볼 수 있다.

패턴화된 마크업만 알면 OK

내비게이션 메뉴 작성하기

플렉스 박스를 사용한 내비게이션 메뉴 작성 방법을 소개하겠다.

플렉스 박스를 사용해 내비게이션 만들기

플렉스 박스는 내비게이션 작성에도 최적화돼 있다. 먼저, 기본적인 예로 내비게이션 항목을 왼쪽으로 정렬(화면 왼쪽에 배치)하는 예제를 보겠다.

HTML 내비게이션의 HTML   ⬇ chapter9/c09-03-a/index.html

```
...
<body>
<header>
    <div class="container">
        <div class="header-inner">
            <button class="hamburger" id="mobile-menu"></button> ●————————❶
        </div><!-- /.header-inner -->
    </div><!-- /.container -->
</header>
<nav>
    <div class="container">
        <ul class="navbar">
            <li><a href="#">홈</a></li>
            <li><a href="#">회사안내</a></li>
            <li><a href="#">제품안내</a></li>
            <li><a href="#">고객지원</a></li>
            <li><a href="#">문의</a></li>
        </ul>
    </div>
</nav>
```

```
...
<script src="script.js"></script>  ●━━━━━━━━━━━━━━━━━━━━━━━━━━ ❷
</body>
</html>
```

CSS | 내비게이션의 CSS   ⬇ chapter9/c09-03-a/style.css

```
...
/* 헤더 부분 */
.hamburger {  ●━━━━━━━━━━━━━━━━━━━━━━━━━━━━━━━━━━━┓
    border: none;                                      ┃
    width: 50px;                                       ┃
    height: 50px;                                      ┣━ ❸
    background: url(../../images/hamburger.png) no-repeat;  ┃
    background-size: contain;                          ┃
}  ●━━━━━━━━━━━━━━━━━━━━━━━━━━━━━━━━━━━━━━━━━━━━━━┛

/* 내비게이션 */
.navbar {
    display: none;  ●━━━━━━━━━━━━━━━━━━━━━━━━━━━━━ ❹
    margin: 0;
    padding: 0;
    list-style-type: none;
    background: #565656;
}
.navbar li a {
    display: block;  ●━━━━━━━━━━━━━━━━━━━━━━━━━━━┓
    padding: 10px 8px;  ●━━━━━━━━━━━━━━━━━━━━━━━━━┻━ ❺
    color: #fff;
    text-decoration: none;
}
.navbar li a:hover {
    background: #fff;
    color: #565656;
}

@media only screen and (min-width: 768px) {
    ...
    /* 내비게이션 */
    .hamburger {
        display: none;
    }
    .navbar {
```

```
        display: flex !important;  ●━━━━━━━━━━━━━━━━━━━━━━━━━━⑥
    }
}
...
```

그림 9-23 화면 너비가 넓어지면 내비게이션이 왼쪽으로 몰려서 배치된다

➤🖾 <header>~</header>에 <button> 태그 추가

이번 예제에서는 화면 너비가 좁아지면 헤더에 표시되는 버튼을 탭하여 내비게이션 메뉴가 펼쳐지도록 하고 있다. 이 동작을 구현하려면 페이지에 자바스크립트 프로그램을 내장해야 한다.

따라서 HTML의 헤더 부분에 <button> 태그를 추가해서(❶), 미리 작성해 둔 자바스크립트 프로그램(script.js[138])을 불러오고 있다(❷). 프로그램이 제대로 실행되도록 <button> 태그에는 id 속성을 부여했다.

➤🖾 <button>에 적용한 CSS의 내용

헤더에 추가한 <button>에는 style.css의 ❸ 부분이 적용된다. 이 버튼의 배경에는 100px × 100px로 만들어진 'hamburger.png'가 표시된다.

하지만 이 버튼 크기는 CSS에서 50px × 50px로 설정돼 있다. 요소의 크기보다 배경 이미지의 크기가 크므로 이 상태로는 다음 그림과 같이 이미지의 일부만 표시된다.

---

138 scritp.js에서는 버튼을 클릭했을 때 <ul class="navbar">에 적용되는 display 프로퍼티의 값을 변경해서 요소를 표시하거나 감추도록 하고 있다.

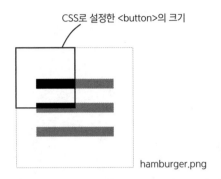

CSS로 설정한 \<button\>의 크기

hamburger.png

그림 9-24 **background** 프로퍼티만으로는 이미지의 일부만 표시된다

이때 사용하는 것이 background-size 프로퍼티다. 이 프로퍼티를 'background-size: contain;'이라고 지정하면 이미지의 가로, 세로 비율을 유지하면서 박스 크기에 맞게 축소해서 전체 이미지를 표시하게 된다.

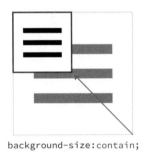

background-size:contain;

그림 9-25 박스 크기에 맞추어 이미지를 축소해서 표시한다

📖 **N o t e** 표시 크기보다 큰 이미지를 사용하는 이유

표시 크기보다 큰 이미지를 사용하는 이유는 '고해상도 화면에서도 깔끔한 이미지를 보이기' 위해서다. 많은 스마트폰과 태블릿은 물론이고, 일부 노트북이나 외부 모니터에도 고해상도 화면이 탑재돼 있다.

고해상도 화면은, CSS의 'px'로 지정하는 값이나 \<img\> 태그의 width 속성, height 속성으로 지정하는 값보다 두 배(또는 그 이상)의 픽셀 수를 가지고 있어서 높은 해상도의 이미지를 표시할 수 있다.

이 성능을 살리기 위해서는 웹사이트에서 사용하는 이미지를 실제 표시할 픽셀 수의 두 배 크기로 만드는 것이 좋다.

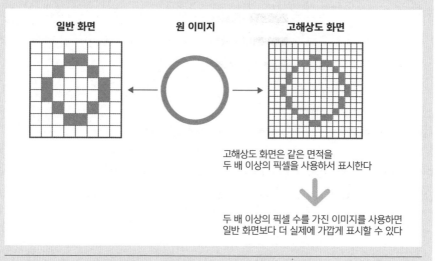

그림 9-26 고해상 화면은 동일한 면적을 두 배 이상의 픽셀 수로 표시한다

내비게이션 부분의 CSS

내비게이션 부분의 HTML과 CSS를 보도록 하자.

화면 너비에 상관없이 공통으로 사용되는 CSS에서는[139], <ul>, <li>의 기본 CSS 초기화와 내비게이션 항목의 링크를 조절하고 있다.

또한, 화면 너비가 좁을 때는 버튼을 클릭하기 전까지 내비게이션을 닫아 두어야 한다. 따라서 <ul class="navbar">에 'display: none;'을 적용해서 내비게이션 전체를 감추고 있다(❹).

❺는 <a>의 클릭할 수 있는 영역을 확대하는 패턴화된 기법이다. 중요한 것은 <a>에 'display: block;'을 적용해서 블록 박스로 표시한다는 점이다. 블록 박스를 사용하면 <a>의 너비가 자동적으로 부모 요소의 <li>와 같아지므로 클릭할 수 있는 영역도 넓어

---

139 '/* 내비게이션 */'부터 미디어 쿼리 전까지.

진다. 이 CSS는 내비게이션의 <a>에 적용하는 필수 CSS라고 보면 된다.

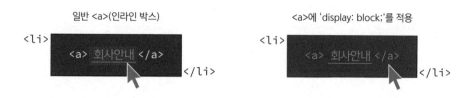

그림 9-27 <a>를 블록 박스로 표시하면 클릭할 수 있는 영역이 확대된다

다음에 나오는 미디어 쿼리 부분에는 화면 너비가 넓을 때만 적용되는 CSS를 작성하고 있다. 여기서는 주로 각 내비게이션 항목의 <li>를 가로로 배치하는 처리를 한다. 내비게이션 항목을 가로로 배치하려면 부모 요소의 <ul>에 'display: flex;'를 적용하면 된다(❻). 이 한 줄의 CSS로 <ul class="navbar">가 플렉스 박스의 부모 요소가 되고, 그 자식 요소가 플렉스 아이템이 되므로 <li>가 가로로 배치된다.

> 📖 **N o t e**   '!important'가 있는 것은 왜?
>
> '!important'는 상세도에 상관없이 CSS를 적용하기 위한 키워드다[140]. 원칙적으로 '!important'는 사용하지 않는 것이 좋지만, 이 예제에서는 자바스크립트를 실행하기 위해 예외적으로 사용하고 있다.

✈️ 내비게이션을 오른쪽 정렬하기

내비게이션을 플렉스 박스로 작성하면 링크 항목을 자유롭게 배치할 수 있다는 이점이 있다. 이번에는 내비게이션 항목으로 오른쪽 정렬(화면 오른쪽에 배치)해 보겠다.

CSS 내비게이션을 오른쪽 정렬하기   ⬇️ chapter9/c09-03-b/style.css

```
...
@media only screen and (min-width: 768px) {
    ...

    /* 내비게이션 */
```

---

140 '!important란?'(p.274)

```
    .hamburger {
        display: none;
    }
    .navbar {
        display: flex !important;
        justify-content: flex-end;
    }
}
...
```

그림 9-28 **내비게이션이 오른쪽으로 정렬된다**

✈️ justify-content 프로퍼티

justify-content 프로퍼티는 플렉스 아이템(예제에서는 내비게이션의 <li>)의 위치를 정하는 프로퍼티다. 예제에서 소개한 것처럼 'justify-content: flex-end;'라고 설정하면 플렉스 아이템이 오른쪽으로 정렬돼서 배치된다. 이 justify-content 프로퍼티는 플렉스 박스의 부모 요소에 적용해야 한다.

justify-content 프로퍼티에는 이외에도 다음과 같은 값을 지정할 수 있다.

왼쪽으로 정렬해서 배치하기

justify-content를 생략하든가 'justify-content: flex-start;'라고 지정하면 플렉스 아이템이 왼쪽으로 정렬된다.

▶ **플렉스 아이템을 왼쪽으로 정렬해서 배치하기**

```
.navbar {
    display: flex !important;
    justify-content: flex-start;
}
```

그림 9-29 **플렉스 아이템(<li>)이 왼쪽으로 정렬돼서 배치된다**

가운데 정렬하기

'justify-content: center;'라고 하면 플렉스 아이템이 가운데 정렬된다.

▶ **플렉스 아이템 가운데 정렬하기**

```
.navbar {
    display: flex !important;
    justify-content: center;
}
```

그림 9-30 **플렉스 아이템(<li>)이 가운데 정렬된다**

균등 배치하기

'justify-content: space-around;'라고 지정하면 플렉스 아이템이 균등 배치된다. 참고로 'space-between'이라는 값도 있다. 이 두 개 값의 효과는 비슷하므로 양쪽을 비교해 본 후 사용하자.

▶ **플렉스 아이템 균등배치하기**

```
.navbar {
    display: flex !important;
    justify-content: space-around;
}
```

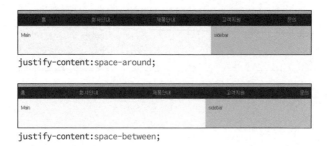

`justify-content:space-around;`

`justify-content:space-between;`

그림 9–31 균등 배치. space–around와 space–between

하나만 왼쪽 정렬하고 나머지는 모두 오른쪽 정렬하기

'첫 번째 것만 왼쪽 정렬하고, 나머지는 모두 오른쪽 정렬'하는 것도 가능하다.

CSS 하나만 왼쪽 정렬하고, 나머지는 모두 오른쪽 정렬하기   ⬇ chapter9/c09-03-c/style.css

```
.navbar {
display: flex !important;
    justify-content: flex-end;  ●────────────────────── 삭제
}
.navbar li:first-child {  ●──────────────── 첫 번째 <li>에만 적용된다
    margin-right: auto;
}
```

그림 9–32 '홈'만 왼쪽 정렬되고 나머지는 오른쪽 정렬된다

➡️ margin-right: auto;

margin-right 프로퍼티의 값을 'auto'로 지정하면 박스의 오른쪽 마진이 자동으로 계산 돼서 앞의 그림과 같이 표시된다. 마찬가지로 <li>의 마지막 요소에 'margin-left: auto;' 를 적용하면 마지막 하나만 오른쪽 정렬시킬 수 있다(실제 그런지 시도해 보자).

참고로 margin-right 프로퍼티나 margin-left 프로퍼티에 'auto'를 적용할 수 있는 것은

플렉스 박스만이다. 일반적인 마진에 auto를 지정하면 아무런 변화도 발생하지 않는다.

플롯과 포지션

플렉스 박스가 실용화 단계에 진입하기 전까지는 레이아웃이나 내비게이션 작성에 플롯이 오랫동안 사용돼 왔다.

이후로 신규 웹사이트를 만들 때는 기본적으로 플렉스 박스를 사용하면 되지만, 기존 사이트를 유지 보수하거나 옛날 브라우저[141]를 지원해야 하는 경우에는 플롯을 사용한 레이아웃 기법도 알고 있어야 한다.

플롯을 사용해서 가로 너비가 고정된 레이아웃을 만드는 것은 비교적 간단하지만, 창 너비에 맞추어 변경하려면 꽤 복잡한 CSS를 작성해야 한다. 다행히 이 CSS는 정해진 패턴이 있다. 여기서는 그 패턴을 사용한 2단 칼럼형 레이아웃을 소개하겠다.

플롯을 사용한 2단 칼럼형 레이아웃은 사이드바의 너비를 340px로 고정하고, 메인 콘텐츠는 변경되도록 한다[142]. 여기서는 사이드바의 너비를 변경하고 싶을 때 편집할 코드만 게재하고 있다. 전체 코드를 확인하고 싶다면 예제 데이터의 'extra/float'을 참고하자.

CSS 플롯을 사용한 2단 칼럼형 레이아웃과 내비게이션 ⬇ extra/float/style.css

```
...
@media only screen and (min-width: 768px) {
    section .container {
        overflow: hidden;
    }
    main {
        float: left;
        width: 100%;
        margin-right: -340px; /* 사이드바의 너비에 마이너스 붙이기 */
    }
    .main-inner {
        margin-right: 340px; /* 사이드바 너비 지정 */
    }
```

---

141 IE 10 이전 버전.

142 이 예제는 물론 반응형 웹디자인으로 작성된 것으로 창 또는 화면의 가로 너비가 768px 이상일 때만 2단 레이아웃으로 표시한다. 단, 플롯을 사용한 레이아웃에서는 메인 콘텐츠와 사이드바의 높이는 맞출 수 없다.

```
    .sidebar {
        float: right;
        width: 340px; /* 사이드바 너비 지정 */
    }
    ...
}
```

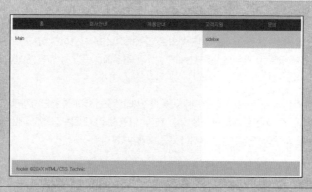

그림 9-33 **오른쪽 사이드바의 2단 레이아웃**

왼쪽 사이드로 설정하려면

style.css에서 'right'이라고 적힌 부분을 모두 'left'로 변경하고, 'left'로 적힌 부분을 모두 'right'라고 변경하면 왼쪽 사이드바를 2단 레이아웃으로 변경할 수 있다. 'extra/float-left/' 폴더에는 왼쪽 사이드바로 변경한 예제 파일이 있다.

CSS 왼쪽 사이드로 변경한 예   ⬇ extra/float-left/style.css

```
...
@media only screen and (min-width: 768px) {
    ...
    main {
        float: right;
        width: 100%;
        margin-left: -340px; /* 사이드바의 너비에 마이너스 붙이기 */
    }
    .main-inner {
        margin-left: 340px; /* 사이드바 너비 지정 */

    }
    .sidebar {
        float: left;
        width: 340px; /* 사이드바 너비 지정 */
```

```
    }
...
```

그림 9-34 왼쪽 사이드바가 2단 레이아웃으로 표시된다

포지션

플렉스 박스나 플롯과 함께 레이아웃에 사용되는 기능으로 '포지션(position)'이라는 것이 있다.
포지션은 좌표를 사용해서 요소를 자유롭게 배치할 수 있는 기능이다. 단, 자유롭게 배치할 수
있다고는 하지만, 대부분의 경우는 요소의 너비뿐만 아니라 높이도 고정해야 하거나, 좌표를 px
등의 고정 값으로 지정해야 하는 등 반응형 웹디자인과는 궁합이 좋지 않은 편이다.

포지션이 자주 사용되는 경우는 화면 너비가 넓은 PC용 레이아웃으로 헤더를 창 상단에 고정
하는 예가 대표적이다. 예제 데이터의 'extra/position/' 폴더에는 10장에서 다루는 웹페이지를
기반으로 헤더를 고정한 예제를 수록하고 있다.

CSS **헤더를 고정하는 CSS** ⬇ extra/position/css/main.css

```
...
/* ========== 헤더를 상단에 고정 ========== */
@media screen and (min-width: 768px) {
    .position-lock {
        position: fixed;
        top: 0;
        left: 0;
        width: 100%;
    }
    header {
        width: 100%;
        height: 86px;
```

```
    }
    nav {
        width: 100%;
        height: 47px;
    }
    .main,
    .home-keyvisual {
        margin-top: 133px;
    }
}
...
```

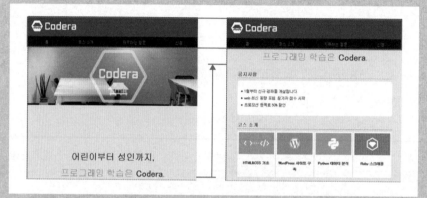

그림 9-35 **페이지를 스크롤해도 헤더는 움직이지 않는다**

반응형 웹디자인
페이지 만들기

이 장에서는 실제 작업 프로세스와 비슷한 방법으로 반응형 웹디자인 사이트를 만들어 보겠다. 사용할 HTML/CSS 기능은 앞에서 배운 것이 대부분이지만, 이 기능들을 조합해서 실제로 페이지에 적용하는 방법과 순서를 소개하겠다.

유동형 디자인 + 가변형 이미지 + 미디어 쿼리

반응협 웹디자인이란?

하나의 HTML으로 화면 크기가 다른 단말기(스마트폰이나 PC) 에 맞추어 최적의 레이아웃으로 표시하는 것을 '반응형 웹디자인'이라고 한다. 최근에는 많은 사이트들이 도입하고 있다. 여기서는 반응형 웹디자인에 필요한 기초 지식을 확인하겠다.

반응형 웹디자인을 실현하는 기술

반응형 웹디자인을 실현하기 위한 기술에는 크게 다음 세 가지가 있다.

- 화면 크기에 맞추어 페이지의 너비를 변동하는 '유동형 디자인(fluid design)'
- 화면 크기에 맞추어 적용할 CSS를 변경하는 '미디어 쿼리'와 미디어 쿼리와 관련된 '변경점(breakpoint)'
- 화면 크기에 맞추어 표시할 이미지의 크기를 조절하는 '가변형 이미지 표시'

이 중에 '가변형 이미지 표시'에 대해서는 '원본과 다른 크기로 표시하기'(p.142)를 참고하자. 여기서는 이것을 제외한 유동형 디자인, 미디어 쿼리, 변경점에 대해 설명하겠다.

✈️ 유동형 디자인

유동형 디자인이란 박스 크기를 가능한 한 고정하지 않고, 창의 크기, 화면 크기에 맞추어 변하도록 만드는 디자인을 가리킨다. 이 책에서 소개하는 예제의 대부분은 너비를 고정하지 않고 있다. 특히, 9장에서 소개한 레이아웃과 내비게이션은 모두 유동형 디자인으로 만들어졌다.

단, 표시할 요소나 레이아웃에 따라서는 너비를 고정하지 않으면 구현할 수 없거나 가능하다고 해도 구현이 어려운 것이 있다. 또한, 태그나 사용하는 CSS에 따라서는 너비 변경이 어려운 것도 존재한다. 이런 태그(기능)를 사용할 때는 유동형 디자인이 가능한지 충분히 검토한 후에 페이지를 디자인하는 것이 좋다. 변동이 어려운 기능(또는 요소), 쉬운 기능에는 다음과 같은 것이 있다.

표 10-1 너비의 변동이 어려운 기능(요소), 쉬운 기능(요소)

너비의 변동이 어려운 기능(요소)	어려운 이유	해결 방법
폼 부품	텍스트 필드 등의 폼 부품의 너비를 'width: 100%;'로 지정하면 전체 너비가 패딩, 보더만큼 부모 요소보다 커져서 부모 요소를 벗어나게 된다	box-sizing: border-box;를 적용해서 패딩, 보더의 너비를 width 프로퍼티에 포함시킨다. '텍스트 필드의 박스 모델(p.245)'을 참고하자
플롯	HTML이나 CSS 코드가 길어지고 복잡해지는 경향이 있다	HTML을 개선하면 어느 정도 해결이 가능하지만 가능하면 플렉스 박스 사용을 검토하자. 9장 참고
테이블	테이블의 데이터가 가로 및 세로로 나열되므로 화면 너비가 좁으면 보기가 힘들다	유동형 디자인 웹페이지에 테이블을 사용하는 경우는 가능하면 간단하게 구성하고, 가로 방향의 항목 수가 적어지게 구성한다. 테이블의 마크업이나 CSS에 대해서는 7장 참고
블록 박스 전반	가로 너비가 변경되도록 width 프로퍼티를 % 단위로 지정하면 패딩, 보더, 마진을 지정하는 것이 어렵다	box-sizing: border-box;를 적용해서 패딩, 보더의 너비를 width 프로퍼티에 포함시킨다. 또는 HTML을 개선해서 패딩, 보더를 지정하는 요소 밖에 반드시 부모 요소가 있도록 한다. 9장의 칼럼형 레이아웃 참고
너비 변경이 쉬운 기능(요소)	쉬운 이유	사용 방법
플렉스 박스	자식 요소가 부모 요소의 범위 내에서 변경되므로 박스 크기를 신경 쓰지 않아도 된다	플롯으로 할 수 있는 것은 대부분 플렉스 박스로 가능하다. 따라서 IE11보다 오래된 브라우저를 지원할 필요가 없다면 플렉스 박스를 사용한다
box-sizing: border-box;	width 프로퍼티로 지정할 수 있는 너비에 콘텐츠 영역, 패딩, 보더를 포함시킬 수 있으므로 부모 요소를 벗어나지 않고 변경할 수 있다	레이아웃에 제한받지 않고 블록 박스를 표시하고 싶을 때는 대부분의 경우에 'box-sizing: border-box;'를 사용할 수 있다[143]

---

143 이 책에서는 기본적인 박스 모델을 익혀 두는 것이 도움이 된다는 관점에서 설명하고 있어서, 'box-sizing: border-box;' 사용은 최소화하고 있다.

✈ 미디어 쿼리

'미디어 쿼리'(p.295)에서도 소개한 것처럼 특정 조건을 만족할 때만 적용되는 CSS를 만들 수 있다. 다음 예에서는 화면 너비가 768x 이상일 때만 '{~}'에 작성한 CSS가 적용된다.

▶ 미디어 쿼리 예

```
@media screen and (min-width: 768px) {
    .content {
        float: left;
    }
}
```

반대로 '@media'의 '{~}'에 포함되지 않은 CSS는 화면 크기에 상관없이 무조건적으로 적용된다. 즉, 미디어 쿼리에 포함되지 않는 부분은 모든 화면 크기(모든 단말기)에 공통적으로 적용되는 '기반 디자인'이라고 생각할 수 있다.

이 기반 디자인의 부분에서 먼저 스마트폰용 디자인을 완성하고, 그 다음에 미디어 쿼리를 사용해서 화면 너비가 넓은 PC나 태블릿용 CSS를 추가하는 방법을 '모바일 우선 CSS(mobile-first CSS)'라고 한다.

모바일 우선과는 반대로 기반 디자인에서 PC용 CSS를 먼저 작성하는 '데스크톱 우선 CSS(desktop-first CSS)'라는 기법도 있다. 옛날 브라우저(IE8 이전)를 지원해야 한다는 이유 등으로 이전에는 데스크톱 우선 CSS가 주류였다[144]. 하지만 모바일 우선 CSS를 작성하는 것이 전체 작성량도 줄고 관리하기도 쉽다. 이 때문에 현재는 모바일 우선 CSS가 일반적이다.

---

144 미디어 쿼리를 지원하지 않은 브라우저에서 페이지를 열람한 경우, 미디어 쿼리의 '{~}'에 작성한 CSS는 조건 만족 여부와 상관없이 적용되지 않는다. 그러므로 미디어 쿼리를 지원하지 않는 브라우저를 위해서 기반 디자인에 PC용 CSS를 작성해 둘 필요가 있었다. 과거에 데스크톱 우선 CSS가 주류였던 것은 이런 사정 때문이다.

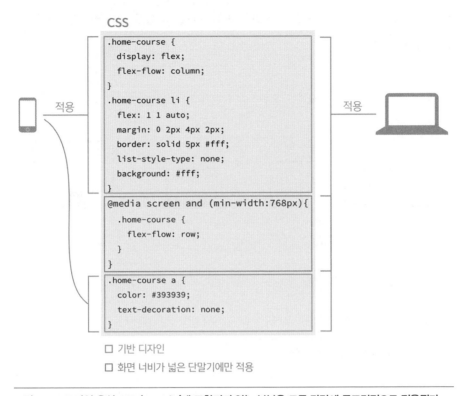

```
CSS
```

```
.home-course {
  display: flex;
  flex-flow: column;
}
.home-course li {
  flex: 1 1 auto;
  margin: 0 2px 4px 2px;
  border: solid 5px #fff;
  list-style-type: none;
  background: #fff;
}
@media screen and (min-width:768px){
  .home-course {
    flex-flow: row;
  }
}
.home-course a {
  color: #393939;
  text-decoration: none;
}
```

적용 적용

☐ 기반 디자인
☐ 화면 너비가 넓은 단말기에만 적용

그림 10-1 모바일 우선 CSS. '@media'에 포함되지 않는 부분은 모든 단말에 무조건적으로 적용된다

변경점

변경점(breakpoint)이란 '디자인을 변경하는 기준이 되는 화면 너비'를 가리킨다. 구체적으로는 미디어 쿼리의 'min-width: ○○px'에서 ○○에 넣는 숫자가 변경점이 된다. 변경점은 '표준 단말기의 화면 너비'에 맞추어 설정하는 것이 기본이다[145].

---

145 사이트 디자인에 따라서는 단말기의 화면 크기에 상관없이 보기 좋은 곳에 변경점을 설정하는 경우도 있다. 이때는 여러 번의 시행 착오를 거쳐서 변경점을 결정하게 된다.

화면 크기에 맞추어 세부적으로 디자인을 변경할 때는 다음과 같은 변경점이 자주 사용된다.

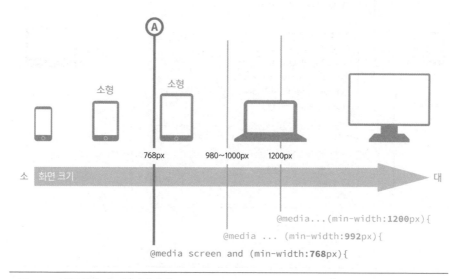

그림 10-2 자주 사용되는 변경점의 예

이 변경점들 중에서 가장 중요한 것은 태블릿 이상과 이하에서 CSS를 변경하는 '변경점 Ⓐ'다. 변경점 Ⓐ보다 작은 단말기에는 단일 칼럼, 큰 단말기에는 2단 칼럼 레이아웃으로 표시하는, 큰 폭의 레이아웃 변경이 발생하는 변경점이다.

참고로 표준 크기의 태블릿에는 원칙적으로 PC와 같은 디자인으로 표시하는 것이 바람직하다. 그 외의 변경점은 자잘한 디자인을 변경할 때 사용되며[146] 변경점 Ⓐ만큼 중요하지는 않다.

---

146 자잘한 디자인 변경에는 단말기의 크기에 맞추어 폰트 크기를 변경하거나 태블릿과 PC에서 사이드바의 너비를 변경하는 방법 등이 있다.

실제 제작 프로세스를 따라가 보도록 하자

반응형 웹디자인 사이트 만들기

지금까지 배운 내용을 정리하는 차원에서 반응형 웹디자인 사이트를 만들어 보겠다. 여기서는 HTML이나 CSS 기술 자체보다도 전체 작업의 흐름이나 아무것도 없는 상태에서 페이지를 만들 때의 접근 방법을 중심으로 소개한다.

작성할 페이지의 개요

지금까지 설명한 기술들과 실무에서 적용하는 제작 프로세스를 바탕으로 네 개의 페이지로 구성된 웹사이트를 만들어 보겠다. 우리가 만들 사이트는 '프로그래밍 학습 스쿨' 사이트다.

이 사이트는 물론 반응형 웹디자인으로 작성하며 변경점을 768px, 페이지의 최대 가로너비를 1000px로 설정한다. IE11 이상을 지원하고 레이아웃에는 기본적으로 플렉스 박스를 사용한다.

| 톱
(index.html) | 코스 소개
(course.html) | 자주 하는 질문
(qanda.html) | 신청
(contact.html) |

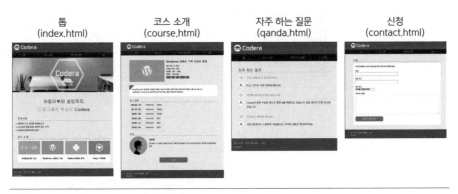

그림 10-3 **작성할 페이지의 예상 완성도**

CHAPTER 10

✈️ 폴더 준비하기

HTML과 CSS를 작성하기 전에 파일을 정리해 두기 위한 폴더를 구성해야 한다. 이 책에서 소개하는 예제는 '페이지 하나당 폴더 하나 만들기'(p.17) 방법으로 폴더를 작성한다. 파일, 폴더 구성은 다음 그림과 같다.

참고로 만들 사이트는 규모가 작으므로 페이지의 폴더마다 'images' 폴더를 두는 것이 아니라 모든 이미지를 루트의 'images' 폴더에 저장하고 있다.

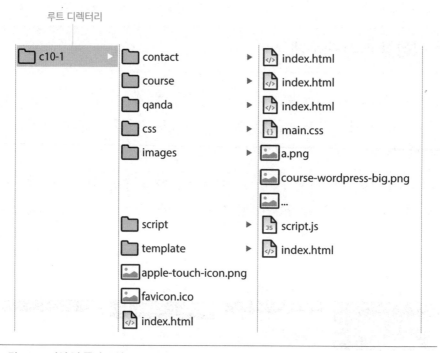

그림 10-4 **파일 및 폴더 구성**

각 페이지에 공통적으로 적용되는 기반 HTML 작성하기

웹사이트를 만들 때는 보통 메인 페이지(접속 시에 가장 처음 나오는 페이지)부터 작성한다. 먼저, 루트 디렉터리(웹사이트의 최상위 폴더)에 index.html을 작성하고, HTML의 기초 부분과 각 페이지에서 공통으로 사용하는 <head>~</head>를 작성한다.

HTML　**기반이 되는 HTML**　⬇ chapter10/c10-01/index.html

```
<!doctype html>
<html lang="ko">
<head>
<meta charset="utf-8">
<meta name="viewport" content="width=device-width, initial-scale=1">
<link rel="shortcut icon" href="/favicon.ico">              ┐  파비콘 설정
<link rel="apple-touch-icon" href="/apple-touch-icon.png">  ┘
<meta name="description" content="어린이부터 성인까지 프로그램 학습에는 Codera.">
<title>프로그래밍 스쿨 Codera</title>
<link rel="stylesheet" href="css/normalize.css">
<link rel="stylesheet" href="css/main.css">
</head>
<body>

</body>
</html>
```

✈ 파비콘 설정

파비콘(favicon)이란 브라우저의 주소창이나 즐겨찾기 등에 표시되는 아이콘을 가리킨다. 안드로이드나 iOS에서는 즐겨찾기를 홈 화면에 등록할 때 이 파비콘을 이용하기도 한다.

브라우저 탭에 표시되는 파비콘(크롬)

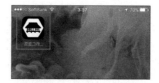

홈 화면에 등록된 즐겨찾기 아이콘(iOS)

그림 10-5 **파비콘이 사용되는 위치**

CHAPTER 10

파비콘용 이미지에는 PC용인 'favicon.ico'라는 ICO 형식의 파일과 스마트폰이나 태블 릿용인 'apple-touch-icon.png'라는 PNG 형식의 파일 두 종류를 준비해서 웹사이트의 루트 디렉터리에 저장해 둔다. 이 중 PNG 형식 이미지의 크기는 180px × 180px를 사용한다.

참고로 ICO 형식의 이미지는 이미지 처리 소프트웨어로 작성하는 것이 어려우므로 웹 서비스를 사용하는 것이 좋다. '파비콘 작성' 등의 키워드로 검색하면 ICO 파일을 작성해 주는 웹서비스를 찾을 수 있을 것이다.

 형식 **파비콘 추가**[147]

```
<link rel="shortcut icon" href="/favicon.ico">
<link rel="apple-touch-icon" href="/apple-touch-icon.png">
```

📖 N o t e   **파비콘의 이미지 크기**

파비콘의 이미지는 단말기 종류나 용도에 맞게 다른 크기의 이미지들을 준비해 두면 좋다. 단, 모든 단말기와 용도를 고려해서 이미지를 준비하면 최대 20종의 파일이 만들어야 하고, 만든 이미지 수만큼 <link> 태그를 작성해야 한다. 이미지 크기를 변경해서 <link> 태그를 추가하는 작업은 꽤나 번거로운 작업이지만, 그만큼의 효과는 없다. 간략화하기 위해 ICO 형식의 파일 하나와 180px x 180px의 PNG 파일 하나만 준비하도록 하자.

단일 칼럼형 레이아웃과 내비게이션 구현

HTML의 기반 부분을 만들었다면 계속해서 메인 페이지의 <body>~</body> 부분을 작성해 보자. 메인 페이지 작성을 시작하기 전에 최종 완성도를 보고, 골격이 되는 대

---

147 이 예제를 로컬 환경에서 확인하고 싶을 때는 루트의 상대 경로가 제대로 인식되지 않으므로 파비콘이 표시되지 않는다. 로컬 환경에서 동작을 확인하고 싶다면 href 속성의 값을 index.html을 기준으로 한 상대 경로를 지정하면 된다. 즉, '/favicon.ico'를 'favicon.ico'로 변경해야 한다(**옮긴이** 참고로 함께 제공하는 코드에는 로컬용 상대 경로(/가 없는 경로)가 적용돼 있어서 별도로 변경하지 않아도 된다).

략적인 레이아웃의 구조와 공통적으로 만들 수 있는 부분이 어디인지 확인하도록 하
겠다.

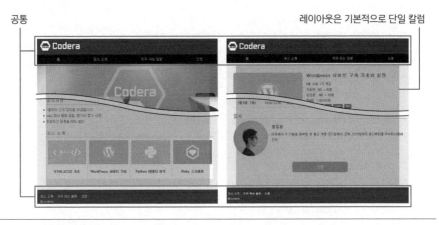

그림 10-6 **각 페이지에 공통으로 사용되는 부분과 기본적인 레이아웃 생각해 보기**

헤더, 푸터 부분이 공통 부분이라는 것을 알 수 있다. 또한, 메인 부분의 레이아웃은
위치에 따라 칼럼 수가 달라지긴 하지만, 기본적으로는 '단일 칼럼'이라고 볼 수 있다.
따라서 먼저 헤더와 내비게이션, 푸터, 단일 칼럼의 메인 부분까지 작성한다. 그러고
나서 메인 페이지를 더 진행하기 전에 HTML을 복사해서 다른 페이지에서 사용할 템
플릿으로 만들어 둔다.

참고로 내비게이션과 단일 칼럼은 9장에서 소개한 코드를 거의 그대로 사용하고 있다
[148].

| HTML **각 페이지에 공통적으로 적용되는 HTML** | ⬇ chapter10/c10-01/index.html |

```
<!doctype html>
<html lang="ko">
<head>
<meta charset="utf-8">
```

---

148 여기서 작성하는 HTML과 CSS에 대해서는 '신축 폭의 상한 설정하기'(p.288)와 '플렉스 박스를 사용해 내비게이션 만
들기'(p.304)에 자세한 설명이 있다

```html
<meta name="viewport" content="width=device-width, initial-scale=1">
<link rel="shortcut icon" href="favicon.ico">
<link rel="apple-touch-icon" href="apple-touch-icon.png">
<meta name="description" content="어린이부터 성인까지 프로그램 학습에는 Codera">
<title>프로그래밍 스쿨 Codera</title>
<link rel="stylesheet" href="css/normalize.css">
<link rel="stylesheet" href="css/main.css">
</head>
<body>
<!-- ========== header ========== -->
<header>
    <div class="container header-container">
        <div class="header-inner">

        </div>
    </div><!-- /header-container -->
</header>
<!-- ========== /header ========== -->

<!-- ========== nav ========== -->
<nav>
    <div class="container nav-container">
        <ul class="navbar">
        <li><a href="index.html">홈</a></li>
          <li><a href="course/index.html">코스 소개</a></li>
          <li><a href="qanda/index.html">자주 하는 질문</a></li>
          <li><a href="contact/index.html">신청</a></li>
      </ul>
    </div><!-- /nav-container -->
</nav>
<!-- ========== /nav ========== -->
<!-- ========== main ========== -->
<section class="main">
    <div class="container">
        <main>

        </main>
    </div><!-- /.container -->
</section>
<!-- ========== /main ========== -->

<!-- ========== footer ========== -->
<footer>
    <div class="container footer-container">
    </div><!-- /.footer-container -->
```

```
</footer>
<!-- ========== /footer ========== -->

<script src="script/script.js"></script>
</body>
</html>
```

📥 chapter10/c10-01/css/main.css

CSS 각 페이지의 공통 부분에 적용되는 CSS

```css
@charset "utf-8";

/* ========== 모두 공통 ========== */
html, body {
    font-size: 16px;
    font-family: sans-serif;
    color: #393939;
    background: #efefef;
}
body, div, p, h1, h2, h3, h4, ul, figure {
    margin: 0;
    padding: 0;
}
p, td, th, li {
    line-height: 1.8;
}
img {
    width: 100%;
    height: auto;
}
a {
    color: #709a00;
}
a:hover {
    color: #95cd00;
}
a:active {
    color: #4b6700;
}
.img-responsive {
    display: block;
    max-width: 100%;
    height: auto;
}
```

```
/* 공통 제목 */
main h1 {
    margin-bottom: 1rem;
    border-bottom: 1px dashed #c84040;
    font-weight: normal;
    font-size: 1.6rem;
}

.container {
    margin: 0 auto;
    padding-left: 10px;
    padding-right: 10px;
    max-width: 1000px;  ●─────────────────────── 변동 너비를 최대 1000px로 설정
}
@media screen and (min-width: 768px) {
    .container {
        padding-left: 20px;
        padding-right: 20px;
    }
}

/* ========== 헤더 ========== */
header {
    background: #c84040;
}
.header-inner {
    display: flex;
    justify-content: space-between;
    align-items: center;
}
.header-logo {
    padding: 10px 0;
    width: 160px;
    height: 37px;
}
.menu-btn {
    padding: 10px 0;
    border: 1px solid #fff;
    border-radius: 4px;
    width: 40px;
    height: 40px;
    background: url(../images/hamburger.png) no-repeat center center;
    background-size: contain;
}
```

```css
@media screen and (min-width: 768px) {
    .header-logo {
        width: 200px;
        height: 46px;
    }
    .header-container {
        padding-left: 20px;
        padding-right: 20px;
    }
    .header-logo {
        padding: 20px 0;
    }
    .menu-btn {
        display: none;
    }
}

/* ========== 내비게이션 ========== */
nav {
    background: #393939;
}
.navbar {
    display: none;
    list-style-type: none;
}
.navbar a {
    display: block;
    padding: 0.6rem 0;
    color: #fff;
    text-decoration: none;
}
.navbar a:hover {
    background: #c84040;
}

@media screen and (min-width: 768px) {
    .navbar {
        display: flex !important;
    }
    .navbar li {
        flex: 1 1 auto;
        text-align: center;
    }
    .navbar a.nav-current {
        background: #c84040;
```

```
        }
    }
    /* ========== 메인 부분의 기본 레이아웃 ========== */
    main {
        padding-top: 50px;
        padding-bottom: 50px;
        background: #efefef;
    }

    @media screen and (min-width: 768px) {

        main {
            padding-left: 30px;
            padding-right: 30px;
        }
    }

    /* ========== 푸터 ========== */
    footer {
        background: #c84040;
        font-size: 0.9rem;
        color: #fff;
    }
    .footer-container {
        padding-top: 20px;
        padding-bottom: 20px;
    }
```

그림 10-7 **<nav>** (내비게이션)과 **<body>**, **<footer>**에 지정한 배경색이 표시된다[149]

---

149 여기까지 과정을 확인하고 싶을 때는 'chapter10/c10-a/' 폴더 내에 있는 파일들을 참고하자.

▶️ 창 너비에 꽉 차도록 배경색을 적용하려면

페이지 너비 또는 최대 너비[150]가 설정돼 있고, 내비게이션이나 헤더 등 일부 요소에만 창 너비에 맞추어 배경색을 칠하고 싶을 때는 `<body>` 자식 요소에 background 프로퍼티를 적용하면 된다. 창 너비에 꽉 차도록 배경색을 칠하는 기술은 매우 자주 사용되는 기술이다.

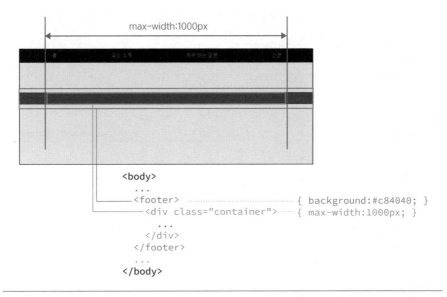

```
<body>
  ...
  <footer>　　　　　　　　　　　　　{ background:#c84040; }
    <div class="container">　　　　{ max-width:1000px; }
      ...
    </div>
  </footer>
  ...
</body>
```

그림 10-8 **창 너비에 꽉 차도록 배경색을 칠하려면 `<body>`의 자식 요소에 background 프로퍼티를 적용한다**

헤더 작성하기

`<header>`~`</header>` 사이에 로고와 화면 너비가 좁을 때만 표시할 내비게이션용 버튼을 배치한다.

---

150 이 예제에서는 최댓값을 1000px로 설정하고 있다.

```html
<!-- ========== header ========== -->
<header>
    <div class="container header-container">
        <div class="header-inner">
            <h1 class="header-logo"><a href="index.html">
                <img src="images/logo.png" srcset="images/logo.png 1x,
                          images/logo@2x.png 2x" alt="Codera">   ─┐
            </a></h1>                                            ─┘ ❶
            <button class="menu-btn" id="mobile-menu"></button>
        </div>
    </div><!-- /header-container -->
</header>
<!-- ========== /header ======== -->
```

```css
/* ========== 헤더 ========== */
header {
    background: #c84040;
}
.header-inner {
    display: flex;
    justify-content: space-between; ●————————————————————❷
    align-items: center; ●————————————————————————————————❸
}
.header-logo {
    padding: 10px 0;
    width: 160px;
    height: 37px;
}
.menu-btn {
    padding: 10px 0;
    border: 1px solid #fff;
    border-radius: 4px;
    width: 40px;
    height: 40px;
    background: url(../images/hamburger.png) no-repeat center center;
    background-size: contain;
}

@media screen and (min-width: 768px) {
    .header-logo {
```

```
        width: 200px;
        height: 46px;
    }
    .header-container {
        padding-left: 20px;
        padding-right: 20px;
    }
    .header-logo {
        padding: 20px 0;
    }
    .menu-btn {
        display: none;
    }
}
```

화면이 넓을 때   화면이 좁을 때

그림 10-9 **화면이 좁을 때는 헤더에 로그와 버튼이 함께 표시된다**[151]

🖼 <img> 태그의 srcset 속성

로고 이미지는 표준 해상도용 'logo.png'와 고해상도용 'logo@2x.png'(두 배 크기) 두 개를 준비해 두었다.

<img> 태그의 srcset 속성을 사용하면 화면 해상도에 따라 표시할 이미지를 변경할 수 있다.

srcset 속성의 형식은 다음 그림과 같다. 참고로 srcset 속성을 지원하지 않는 브라우저(IE 이전)는 src 속성에서 지정한 이미지를 표시한다.

---

151 여기까지의 중간 결과: chapter10/c01-b/

CHAPTER 10

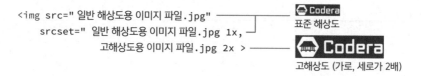

```
<img src=" 일반 해상도용 이미지 파일.jpg"
    srcset=" 일반 해상도용 이미지 파일.jpg 1x,
            고해상도용 이미지 파일.jpg 2x >
```

표준 해상도

고해상도 (가로, 세로가 2배)

그림 10-10 **srcset 속성의 형식**

justify-content: space-between;

로고(\<h1\>)와 버튼(\<button\>)은 플렉스 박스를 사용해서 가로로 나열하고 있다. 9장에서 소개하지 않은 플렉스 박스 기능이 나오므로 설명하고 넘어가겠다.

플렉스 박스의 부모 요소(\<div class="header-inner"\>)에는 플렉스 박스 관련 프로퍼티로 justify-content 프로퍼티(❷)와 align-items 프로퍼티(❸)를 적용하고 있다.

이 중 justify-content 프로퍼티는 9장에서도 소개했지만, 플렉스 아이템의 '수평 방향 정렬 방법'을 정하기 위한 것이다[152]. 이 로고와 버튼처럼 하나를 왼쪽으로, 다른 하나를 오른쪽으로 정렬하려면 'justify-content: space-between;'을 지정하면 된다.

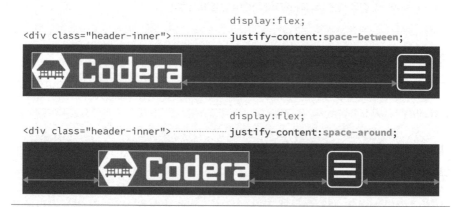

그림 10-11 **justify-content 프로퍼티 값의 차이.** 'space-between'으로 지정하면 플렉스 아이템이 두 개일 때 하나는 왼쪽, 하나는 오른쪽으로 정렬된다

---

152 'justify-content 프로퍼티'(p.310)

✈️ align-items: center;

align-items 프로퍼티는 플렉스 아이템의 '수직 방향 정렬 방법'을 정하기 위한 것이다.

플렉스 아이템의 높이가 다를 때(이 예제에서 로고의 높이는 37px, 버튼의 높이는 40px로 설정하고 있다) align-items 프로퍼티를 사용하면 상단 정렬, 가운데 정렬, 하단 정렬 등을 설정할 수 있다. 예제에서는 'align-items: center;'로 설정해서(❸) 로고와 박스를 수직 방향으로 가운데 정렬하고 있다.

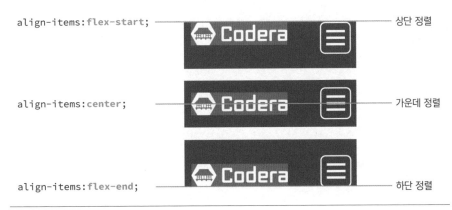

그림 10-12 align-items 프로퍼티의 주요 값과 효과

헤더 작성하기

다음은 푸터를 만들어 보겠다. 푸터 부분은 <li>를 가로로 정렬하고 있는 것이 전부이며 특별한 기술을 사용하고 있지는 않다.

| HTML | 푸터 부분의 HTML | ⬇ chapter10/c10-01/index.html |

```html
<!-- ========== footer ========== -->
<footer>
    <div class="container footer-container">
        <ul class="footer-nav">
```

CHAPTER 10

```
            <li><a href="course/index.html">코스 소개</a></li>
            <li><a href="qanda/index.html">자주 하는 질문</a></li>
            <li><a href="contact/index.html">신청</a></li>
        </ul><!-- /.footer-nav -->
        <p class="footer-copyright">
        &copy; codera
        </p><!-- /.footer-copyright -->
    </div><!-- /.footer-container -->
</footer>
<!-- ========== /footer ========== -->
```

CSS 푸터 부분의 CSS

chapter10/c10-01/css/main.css

```
/* ========== 푸터 ========== */
footer {
    background: #c84040;
    font-size: 0.9rem;
    color: #fff;
}
.footer-container {
    padding-top: 20px;
    padding-bottom: 20px;
}
.footer-nav {
    list-style-type: none;
}
.footer-nav li {
    display: inline;
    padding: 0 1rem 0 0;
}
.footer-nav a {                           여기를 추가
    color: #fff;
    text-decoration: none;
}
.footer-nav a:hover {
    opacity: 0.5;
}
```

그림 10-13 푸터 부분이 완성됐다[153]

템플릿 작성하기

푸터까지 완성했다면 각 페이지의 공통 HTML과 CSS가 준비된 것이다. 이제 당초 계획대로 메인 페이지 작업에 들어가기 전에 HTML 파일을 복사해서 다른 페이지 작성의 기반이 되는 템플릿 파일을 만들어 두겠다.

템플릿을 만들기 위해 루트 디렉터리에 'template'이라는 폴더를 만들고, 그 안에 작업 중인 index.html를 복사한다.

템플릿의 index.html는 원래의 index.html과 폴더 계층 관계가 달라지므로 모든 경로를 변경해 주어야 한다. 변경이라고는 하지만 단순히 경로 앞에 '../'만 추가하면 된다. 여기서는 모든 코드를 게재하지는 않지만, 내비게이션 부분의 HTML를 예로 보여 주고 있다. 경로를 변경하면 템플릿 작성 작업이 끝난다.

HTML **템플릿 index.html 내의 경로를 변경하는 예**   ⬇ chapter10/c10-01/template/index.html

```
<!-- ========== nav ========== -->
<nav>
    <div class="container nav-container">
        <ul class="navbar">
```

---

153 여기까지의 코드: chatper10/c10-c/

```
        <li><a href="../index.html">홈</a></li>
        <li><a href="../course/index.html">코스 소개</a></li>
        <li><a href="../qanda/index.html">자주 하는 질문</a></li>
        <li><a href="../contact/index.html">신청</a></li>
      </ul>
    </div><!-- /nav-container -->
</nav>
<!-- ========== /nav ========== -->
```

신축성 메인 이미지와 메인 콘텐츠 완성하기

템플릿 파일을 만든 후에는 루트 디렉터리의 index.html로 돌아가 메인 페이지의 나머지 부분을 작성하도록 한다. 여기서 추가하는 것은 메인 이미지(key-visual)와 메인 콘텐츠 부분이다. 메인 이미지는 화면 너비에 따라 변동(신축)되도록 설정한다[154].

또한, '코스 안내' 부분의 네 개 박스는 플렉스 박스로 나열하며, 화면 너비가 좁을 때는 세로로, 넓을 때는 가로로 나열한다[155].

HTML	메인 이미지와 콘텐츠 부분의 HTML	⬇ chapter10/c10-01/index.html

```
...
<!-- ========== nav ========== -->
<nav>
    <div class="container nav-container">
        <ul class="navbar">
          <li><a href="index.html">홈</a></li>
          <li><a href="course/index.html">코스 소개</a></li>
          <li><a href="qanda/index.html">자주 하는 질문</a></li>
          <li><a href="contact/index.html">신청</a></li>
      </ul>
    </div><!-- /nav-container -->
</nav>
```

---

154 신축성 이미지를 구현하는 CSS에 대해서는 '원본과 다른 크기로 표시하기'(p.142)를 참고하자.
155 '플렉스 박스'(p.296)

```html
<!-- ========= /nav ========= -->
</div><!-- /.position-lock -->

<!-- ========= keyvisual ========= -->
<div class="home-keyvisual">
    <img src="images/keyvisual.jpg" alt="Codera"
class="img-responsive">
</div><!-- /.home-keyvisual -->
<!-- ========= /keyvisual ========= -->

<!-- ========= main ========= -->
<section class="main">
    <div class="container">
        <main>
            <p class="home-maincopy">어린이부터 성인까지,<br>
            <span class="home-color1">프</span><span class=
"home-color2">로</span><span class="home-color3">그</span>
<span class="home-color4">래</span><span class="home-color1">
밍</span><span class="home-color2"> 학습은 <strong>Codera
</strong>.</p>
            <h2 class="home-h2">공지사항</h2>
            <div class="home-news">
            <ul>
            <li>1월부터 신규 강좌를 개설합니다.</li>
            <li>web 최신 동향 포럼. 참가자 접수 시작</li>
            <li>프로모션 등록료 50% 할인</li>
            </ul>
            </div><!-- /.home-news -->

            <h2 class="home-h2">코스 소개</h2>
            <ul class="home-course">
                <li>
                    <a href="html.html"><figure><img src="images/
course1.png" alt="HTML&CSS 기초">
                    <figcaption>HTML&amp;CSS 기초</figcaption>
                    </figure></a>
                </li>
                <li>
                    <a href="#"><figure><img src="images/course2.png"
alt="WordPress 사이트 구축">
                    <figcaption>WordPress 사이트 구축</figcaption>
                    </figure></a>
                </li>
                <li>
```

메인 이미지

캐치카피

공지

박스가 나열되는
코스 안내

```
                        <a href="#"><figure><img src="images/course3.png"
alt="Python 데이터 분석">
                        <figcaption>Python 데이터 분석</figcaption>
                        </figure></a>
                </li>
                <li>
                        <a href="#"><figure><img src="images/course4.png"
alt="Ruby 스크래핑">
                        <figcaption>Ruby 스크래핑</figcaption>
                        </figure></a>
                </li>
            </ul>
        </main>
    </div>
</section>
<!-- ========== /main ========== -->
...
```

박스가 나열되는
코스 안내

CSS 메인 이미지와 콘텐츠 부분의 CSS   ⤓ chapter10/c10-01/css/main.css

```css
/* ========== index 메인 페이지========== */

/*캐치카피 */
.home-maincopy {
    text-align: center;
    font-size: 1.4rem;
}
.home-maincopy strong {
    color: #c84040;
}

@media screen and (min-width: 768px) {
    .home-maincopy {
        font-size: 2.4rem;
    }
}

.home-color1 {
    color: #f8b173;
}
.home-color2 {
    color: #74b9d9;
}
```

```css
.home-color3 {
    color: #8bca85;
}
.home-color4 {
    color: #f8817e;
}

/* 제목 */
.home-h2 {
    padding-bottom: 5px;
    margin: 30px 0 10px 0;
    color: #c84040;
    border-bottom: 1px dashed #c84040;
    font-size: 1.3rem;
}

/* 공지사항
.home-news {
    padding: 30px;
    border-radius: 10px;
    background: #fff;
}

/* 코스 소개 */
.home-course {
    display: flex;
    flex-flow: column;
}
.home-course li {
    flex: 1 1 auto;
    margin: 0 2px 4px 2px;
    border: solid 5px #fff;
    list-style-type: none;
    background: #fff;
}

/* 화면 너비가 넓은 경우(태블릿, PC용) */
@media screen and (min-width: 768px) {
    .home-course {
        flex-flow: row;
    }
}

.home-course a {
    color: #393939;
    text-decoration: none;
```

```
}
.home-course figure:hover {
    opacity: 0.5;
}
.home-course figcaption {
    padding: 15px 0;
    font-size: 0.9rem;
    font-weight: bold;
    text-align: center;
}
```

그림 10-14 메인 페이지 완성[156]

📤 플렉스 박스의 패딩, 마진

가로로 나열하거나 세로로 나열하는 박스에는 마진과 보더가 적용돼 있다. **플렉스 아이템에서 변하는 것은 박스의 콘텐츠 영역만으로 패딩, 보더, 마진은 변하지 않는다.** 또한, 상하 마진이 어긋나는 현상[157]도 발생하지 않는다.

플렉스 박스의 패딩, 보더, 마진에 대해서는 한 가지 더 주의해야 할 것이 있다. 그것은

---

156 여기까지 코드: chapter10/c10-d/
157 '두 개 이상의 박스 나열하기'(p.189)

패딩이나 마진의 크기를 '%'로 지정해서는 안 된다는 것이다[158]. 브라우저에 따라 해석이 달라서 화면이 깨져서 표시될 수도 있기 때문이다[159].

📖 **Note** 미디어 쿼리는 변경할 스타일과 가까운 곳에 작성하는 것이 좋다

미디어 쿼리는 동일 CSS 문서 내에서 몇 번이고 사용할 수 있다. 이 특성을 살려서 변경할 스타일과 가까운 곳에 작성하는 것이 좋다. 나중에 CSS를 다시 보더라도 변경할 스타일이 바로 가까이에 있는 것이 이해하기도 쉽고 관리도 수월하다.

```css
.home-maincopy {
    text-align: center;
    font-size: 1.4rem;
}
.home-maincopy strong {
    color: #c84040;
}
@media screen and (min-width: 768px) {
    .home-maincopy {
        font-size: 2.4rem;
    }
}
```

그림 10-15 미디어 쿼리를 작성하는 위치. 변경할 스타일 가까운 곳에 작성해야 이해하기 쉽다

코스 소개 페이지 만들기

코스 소개 페이지를 만들어 보자. 코드 소개 페이지는 템플릿 HTML을 바탕으로 작성하면 된다. 메인 페이지 이외의 페이지는 모두 동일하다. 헤더, 푸터, 기본적인 레이아웃 등은 이미 템플릿에 있으므로 페이지의 콘텐츠 부분을 작성하면 된다(이 사이트에서

---

158 플렉스 박스 여부와 상관없이 보더의 크기는 '%'로 지정할 수 없다.

159 패딩이나 마진을 '%'로 지정하는 것이 이상하다고 생각하는 독자도 많을 것이다. 하지만 수년 전까지만 해도 반응형 웹 디자인에서는 패딩이나 마진을 '%'로 지정하는 경우가 있었다. 현재는 '%'로 지정하지 않는 것이 당연시되고 있다.

는 <main>~</main> 사이).

먼저, 'template' 폴더를 복사한 후 'course'라는 이름으로 변경한다. 복사한 폴더 안에
있는 index.html과 'css' 폴더의 main.css를 열어서 다음과 같이 편집한다.

HTML 코스 소개 페이지 HTML   chapter10/c10-01/course/index.html

```
...
<head>
...
<meta name="viewport" content="width=device-width, initial-scale=1">
<link rel="shortcut icon" href="favicon.ico">
<link rel="apple-touch-icon" href="apple-touch-icon.png">
<meta name="description" content="Wordpress 사이트 구축 기초와 실전, 실제 구축 및 운영
노하우를 배우는 6회 코스입니다.">                                    ●①
<title>코스 소개: Wordpress 사이트 구축 기초와 실전</title>           ●②
<link rel="stylesheet" href="../css/normalize.css">
<link rel="stylesheet" href="../css/main.css">
</head>
<body>
...

<!-- ========== main ========== -->
<section class="main">
    <div class="container">
        <main>
            <div class="course-container">
                <div class="course-image">
                    <img src="../images/course-wordpress-small.png"
                        srcset="../images/course-wordpress-small.png 1x,
                            ../images/course-wordpress-big.png 2x"
                        alt="wordpress">
                </div><!-- /.course-image -->

                <div class="course-text">
                    <h2 class="course-h2">Wordpress 사이트 구축 기초와 실전</h2>
                    <ul class="course-spec">
                    <li>6월 30일 1기 개강</li>
                    <li>기초편: 3회x90분<br>
                    실천편: 3회x90분</li>
                    <li>전6회 108,000원</li>
                    <li>
                        <span class="course-label">HTML</span>
                        <span class="course-label">CSS</span>
```

코스 개요

```
                              <span class="course-label">PHP</span>
                              <span class="course-label">MySQL</span>
                              <span class="course-label">보안</span>
                    </li>
                    </ul><!-- /.course-text -->
               </div><!-- /.course-block2 -->
          </div><!-- /.course-container -->

          <div class="course-description">
               <p>WordPress로 사이트를 구축하기 위한 기초 지식부터
실제 운영 노하우까지 배우는 6회 코스입니다.</p>
               <p>기초편에선 WordPress 설치부터 글 작성 방법, 테마 작성까지 배웁니다.</p>
          </div>

          <h3 class="course-h3">코스 일정</h3>
          <table class="course-schedule">
               <tr><th>6월30일(토)</th><td>19:00-20:30</td><td>기초편1
</td></tr>
               <tr><th>7월 1일(일)</th><td>19:00-20:30</td><td>기초편2
</td></tr>
               <tr><th>7월2일(월)</th><td>19:00-20:30</td><td>기초편3
</td></tr>
               <tr><th>7월3일(화)</th><td>19:00-20:30</td><td>실전1</td></tr>
               <tr><th>7월4일(수)</th><td>19:00-20:30</td><td>실전2</td></tr>
               <tr><th>7월5일(목)</th><td>19:00-20:30</td><td>실전3</td></tr>
          </table>

          <h3 class="course-h3">강사</h3>
          <div class="course-instructor">
               <img src="../images/instructor.jpg" alt="강사 홍길동">  ●─③
               <p class="course-instructor-name">홍길동</p>
               <p>미국에서 IT 기술을 공부한 후 통신 계열 대기업에서 근무.
2013년부터 웹스펙터클 주식회사에서 근무. </p>
          </div><!-- /.course-instructor -->

          <a href="#" class="course-button">신청</a>

     </main>
   </div><!-- /.container -->
</section>
<!-- ========== /main ========== -->
...
</body>
</html>
```

코스 설명

스케줄

강사
프로필

```css
/* ========== course 코스 소개 ========== */
/* 코스 개요 */
.course-container {
    display: flex;
    flex-flow: column;
}

@media screen and (min-width: 768px) {
    .course-container {
        flex-flow: row;
    }

    .course-image {
        flex: 1 1 400px;
        margin-right: 20px;
    }
    .course-text {
        flex: 1 1 580px;
    }
}
.course-image img {
    border-radius: 10px;
}
.course-h2 {
    font-size: 1.6rem;
    margin-bottom: 1rem;
}
.course-spec {
    list-style-type: none;
}
.course-label {
    display: inline-block;
    padding: 0.1rem 0.5rem;
    margin-right: 0.1rem;
    border-radius: 3px;
    background: #c84040;
    font-size: 0.7rem;
    color: #fff;
}

/* 코스 설명 */
.course-h3 {
    margin: 30px 0 10px 0;
    color: #c84040;
```

```
        border-bottom: 1px dashed #c84040;
        font-size: 1.3rem;
    }
    .course-description {
        margin-top: 30px;
        padding: 30px;
        background: #fff url(../images/point.png) no-repeat;
        background-size: 50px 50px;                                    ④
        border-radius: 10px;
    }

    /* 스케줄 (테이블) */
    .course-schedule {
        border-collapse: collapse;
    }
    .course-schedule td, .course-schedule th {
        padding: 0.5em 1em;
        border-bottom: 1px dotted #aeaeae;
    }

    /* 강사 프로필 */
    .course-instructor {
        overflow: hidden;
    }
    .course-instructor img {
        float: left;
        margin-right: 20px;
        border-radius: 50%;                                           ⑤
        width: 20%;
    }
    .course-instructor-name {
        font-size: 1.2rem;
        font-weight: bold;
        padding: 1rem 0 0.5rem 0;
    }

    /* 신청 버튼 */
    .course-button {
        display: block;
        width: 300px;
        margin: 30px auto;
        padding: 1rem 0;
        background-color: #709a00;
        border-radius: 10px;
        text-align: center;
```

```
        text-decoration: none;
        color: #fff;
        font-size: 1.2rem;
    }
    .course-button:hover {
        background-color: #95cd00;
        color: #fff;
    }
```

그림 10-16 코스 소개 페이지가 완성됐다[160]

📧 <meta name="description">과 <title> 내용은 페이지 단위로 변경할 수 있다

<meta name="description">(❶)의 content 속성에 작성하는 텍스트와 <title>(❷)의 내용은 페이지마다 다르게 적용하는 것이 좋다. 2장의 'HTML 문서의 기반 부분 마크업' (p.49)에서도 설명했지만, 특히 <title> 태그의 내용은 해당 페이지의 가장 중요한 제목 (보통은 가장 처음 나오는 <h1>)과 같은 내용으로 설정하는 것이 좋다.

---

160 여기까지 코드: chapter10/c10-e/

✈️ 고해상도 이미지를 배경 이미지로 사용하는 방법

'코스 설명' 부분을 감싸는 <div class="course-description">에는 배경 이미지를 지정하고 있다. 이 배경 이미지는 50px × 50px로 표시되지만, 이미지 파일 자체는 100px × 100px의 크기를 가지고 있다. 배경 이미지에 고해상도 이미지를 사용하려면 CSS에서 background-size 프로퍼티를 적용해야 한다[161].

여기서처럼 이미지보다 큰 박스에 배경을 지정할 때는 ❹와 같이 실제 표시 크기를 픽셀 수로 지정한다. 반대로 이미지보다 작은 박스의 배경을 지정할 때는 background-size 프로퍼티 값을 'contain'으로 지정하면 된다.

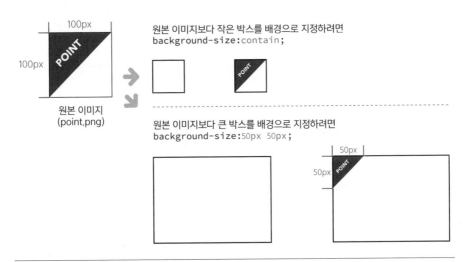

그림 10-17 **background-size 프로퍼티 지정 방법**

✈️ 박스를 둥글게 만들기

border-radius 프로퍼티[162] 값을 '50%'로 지정하면 4각형의 박스가 원형으로 표시된다. 특히 <img> 태그에 적용해서 사진을 둥글게 표시할 때 자주 사용된다(❸❺).

---

161 'background-size 프로퍼티'(p.307)
162 'border-radius 프로퍼티'(p.206)

원본 이미지   border-radius:50%;

그림 10-18 **border-radius: 50%; 를 적용하면 4각형의 박스를 원형으로 표현할 수 있다**

'자주 하는 질문' 페이지 만들기

'자주 하는 질문' 페이지를 만들어 보자. template 폴더를 복사한 후 폴더명을 'qanda'로 변경하자. 그리고 qanda 폴더와 css 폴더 안에 있는 index.html과 main.css를 다음과 같이 편집한다.

HTML   **'자주 하는 질문 페이지' HTML**   ⬇ chapter10/c10-01/qanda/index.html

```
<main>
        <h1>자주 하는 질문</h1>
        <p class="q-and-a question">수강 시에 PC가 필요한가요?</p>  ●————————❶
        <p class="q-and-a answer">PC는 본인이 직접 지참해야 합니다.</p>

        <p class="q-and-a question">학원에 출석할 시간이 없습니다.</p>
        <p class="q-and-a answer">Codera의 모든 수업은 온라인 동영상을 제공하고 있
습니다. 또한, 온라인 전용 코스도 있습니다.</p>

        <p class="q-and-a question">수업료는 환불이 되나요?</p>
        <p class="q-and-a answer">개강 2일 전까지 신청하면 가능합니다. 자세한 내용
은 문의해 주세요.</p>
    </main>
```

```
/* ========== qanda 자주 하는 질문 ========== */
.q-and-a {
    margin-top: 1em;
    padding: 8px 0 0 60px; ●━━━━━━━━━━━━━━━━━━━━━━━━━❷
}
.question {
    font-weight: bold;
    color: #6eba44;
    background: url(../images/q.png) no-repeat;
    background-size: 40px 40px;
}
.answer {
    margin-bottom: 2em;
    background: url(../images/a.png) no-repeat;
    background-size: 40px 40px;
}
```

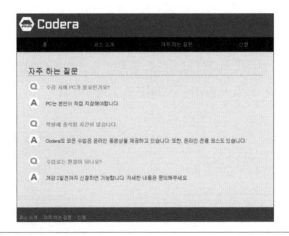

그림 10-19 자주 하는 질문 페이지 완성[163]

➤🖥 \<p\>에 적용되는 CSS

각 질문과 대답은 \<p\>~\</p\>로 마크업하고 있다(❶). 이 \<p\>에는 배경 이미지를 적용하
고 있으며, 상단 8px, 왼쪽 60px의 패딩도 적용하고 있다(❷). 박스 모델은 다음 그림과

---

163 여기까지 코드: chatper10/c10-f/

같이 구성돼 있다. 텍스트의 선두 부분에 작은 이미지를 표시하고 싶을 때 자주 사용하는 기법이다.

그림 10-20 `<p>`의 패딩 상태

여러 개의 클래스 사용

그런데 질문 단락과 대답 단락의 스타일을 잘 보면 사용하고 있는 배경 이미지 및 텍스트 색 등은 다르지만, 마진이나 패딩 설정은 기본적으로 같다는 것을 알 수 있다.

CSS의 일부 설정이 같을 때에 '공통 부분의 스타일'과 '독자 스타일'을 별도로 작성해두고, HTML 요소에는 양쪽 CSS가 적용되도록 여러 개의 클래스를 지정하는 경우가 있다. 공통 부분을 모아서 하나의 클래스로 만들어 두면 일괄적으로 수정할 수 있어서 [164] 관리도 쉬워진다. 자주 사용되는 기법이므로 기억해 두자.

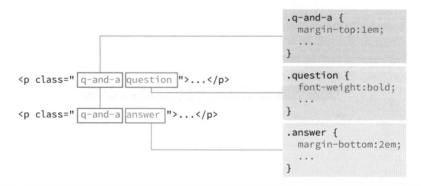

그림 10-21 요소에 여러 개의 클래스를 지정한다

---

164 예를 들어, 패딩 값을 수정해야 할 때에 공통 부분이 하나로 묶여 있으면 CSS의 한 곳만 수정하면 된다.

신청 페이지 만들기

'신청' 페이지를 만들어 보자. '코스 소개' 페이지, '자주 하는 질문' 페이지와 마찬가지로 'template' 폴더를 복사한 후 폴더명을 'contact'으로 변경한다. 그리고 나서 index.html 과 main.css를 다음과 같이 편집한다. 폼의 마크업과 CSS 적용에 대해서는 8장을 참고 하자.

| HTML | 신청 페이지 HTML | ⬇ chapter10/c10-01/contact/index.html |

```html
<main>
        <h1>신청</h1>
        <div class="contact">
            <p>수업을 희망하는 분은 다음 폼에 필수 항목을 입력해 주세요.</p>
            <form action="#" method="POST">
                <p><label for="name-field">이름</label><br>
                <input type="text" name="name" id="name-field"></p>
                <p><label for="email-field">메일 주소</label><br>
                <input type="email" name="email" id="email-field"></p>
                <p>
                    <label for="course">희망 코스</label><br>
                    <select name="course" id="course">
                        <option value="" selected>코스를 선택해 주세요.</option>
                        <option value="course1">HTML&amp;CSS 기초</option>
                        <option value="course2">WordPress 사이트 구축</option>
                        <option value="course3">Python으로 데이터 분석</option>
                        <option value="course4">Ruby 스크래핑</option>
                    </select>
                </p>
                <p><label for="comment">의견이나 질문</label><br>
                <textarea name="comment" id="comment"></textarea></p>
                <p><input type="submit" name="submit" value="입력한 내용
확인" id="submit"></p>
            </form>
        </div>
    </main>
```

```css
/* ========== contact 신청 ========== */
.contact {
    padding: 20px;
    background: #fff;
    border-radius: 10px;
}
.contact p {
    margin-bottom: 1em;
}

input[type="text"],
input[type="email"],
textarea {
    width: 100%;
}
textarea {
    height: 200px;
    border: 1px solid #ccc;
}

@media screen and (min-width: 768px) {
    input[type="text"],
    input[type="email"] {
        width: 50%;
    }
}

/* 신청 버튼 */
input[type="submit"] {
    width: 300px;
    padding: 8px 0;
    background-color: #709a00;
    border: none;
    border-radius: 10px;
    -align: center;
    text-decoration: none;
    color: #fff;
    font-size: 1.2rem;
}
```

그림 10-22 **신청 페이지 완성**[165]

✈️ 필요하다면 최종 마무리로 경로를 변경하자

웹사이트의 페이지들이 완성됐다면 다음은 인터넷에 공개하기만 하면 된다.

하지만 경우에 따라서는 웹서버에 데이터를 업로드하기 전에 HTML 문서 내의 경로를 변경해야 한다.

URL의 'index.html'은 웹서버상에서는 생략해도 연결이 되므로 공개돼 있는 대부분의 웹사이트에서는 이를 생략하고 있다[166]. 그래서 공개 직전에 링크 경로에서 index.html을 생략하거나 상대 경로를 루트 상대 경로[167]로 바꾸는 등 '후가공'을 하는 경우가 있다.

링크의 경로를 변경하려면 여러 개의 파일을 일괄적으로 검색, 치환할 수 있는 텍스트 편집기 또는 드림위버(dreamweaver) 등을 사용하면 편리하다. 단, 검색, 치환으로 경로를 변경하는 것은 조금만 틀려도 큰 사고로 연결될 수 있는 위험한 조작이다. 백업 등을 한 후에 주의해서 작업하자.

---

165 이것으로 모든 과정이 끝났다. 최종 파일을 확인하려면 'chapter10/c10-01'을 보면 된다.
166 '특수한 파일명 index.html'(p.123)
167 '루트 상대 경로'(p.124)

이런 위험한 후가공을 피하기 위해서라도 현재는 대부분의 회사가 개발용 웹서버로 작업을 진행하고 있다. 웹사이트 제작 시에는 개발용 웹서버를 준비해서 작업할 것을 추천한다.

> 📖 **N o t e** 포토샵을 사용하지 않고 바로 HTML과 CSS를 작성하는 시대로 들어선 웹디자인
>
> 반응형 웹디자인이 보급되기 이전에는 포토샵 등의 이미지 편집 소프트웨어를 사용해서 디자인을 이미지 파일로 작성했었다. 그리고 작성한 디자인 이미지로부터 실제 페이지에서 사용할 부분을 잘라 내거나 각 위치의 크기를 측정해서 HTML이나 CSS를 작성했었다. 현재도 이 방법이 건재하며, 특히 페이지 디자인을 담당하는 디자이너와 HTML, CSS를 마크업하는 마크업 엔지니어가 분업하고 있는 경우 디자인 이미지 작성은 필수라고 할 수 있다.
>
> 하지만 반응형 웹디자인에서 페이지 디자인은 화면의 너비에 따라 변하므로 디자인을 정지된 이미지 파일로 그려 내는 것이 어렵다. 또한, CSS 기능이 강화된 덕분에 일부러 이미지를 그리지 않아도 작업이 가능한 경우가 많아졌다. 따라서 디자인 이미지를 만드는 것 자체가 작업을 지연시킨다고 인식되는 경우가 늘고 있다.
>
> 그래서 최근에는 이미지 편집 소프트웨어로 디자인을 하지 않고, 바로 HTML, CSS를 작성하는 경우가 늘고 있다. 이 작업 흐름에서는 '디자인이 완성된 시점에 HTML과 CSS도 완성'되는 것이다. 디자인 이미지 파일을 만들지 않으므로 작업 공정이 간략화된다는 이점이 있지만, 한편으로는 디자이너가 HTML, CSS를 작성해야 하거나 엔지니어가 디자인을 배워야 할 수도 있다. 즉, 이전보다 더 높은 기술이 요구되는 것이다.
>
> 참고로 직접 HTML, CSS를 작성해서 디자인을 하는 경우, 자주 사용하는 레이아웃이나 부품의 CSS가 이미 작성돼 있는 'CSS 프레임워크'라는 것을 사용하는 경우도 있다. 유명한 CSS 프레임워크로 '부트스트랩(Bootstrap)'이 있다.
>
> 또한, 상업용 웹사이트에서는 페이지가 몇 페이지에 불과해도 CSS가 1000행을 넘어가는 경우가 자주 있다. 사이트 규모가 커지면 이 CSS도 함께 커지므로 관리도 힘들어진다. 그래서 관리를 조금이라도 쉽게 하기 위해서 'CSS 전처리기(CSS pre-processor)'라는 툴을 사용하는 경우도 있다. CSS 전처리기로는 '새스(Sass)'가 유명하며, 많은 웹 개발자가 사용하고 있다.
>
> 부트스트랩이나 새스는 많은 사용자를 확보하고 있어서 검색하면 다양한 기술을 찾을 수 있을 것이다. HTML이나 CSS가 익숙해지면 이런 라이브러리나 툴을 시도해 보는 것도 도움이 될 것이다.
>
> 부트스트랩
> 🔗 http://getbootstrap.com
>
> 새스
> 🔗 http://sass-lang.com

HTML/CSS 기능과 브라우저 지원 현황

현재 스마트폰을 지원하지 않는 웹사이트를 만드는 것은 생각할 수 없는 일이다. 전 세계 웹사이트의 접속 통계를 발표하고 있는 'StatCounter Global Stats[168]'에 의하면 PC(윈도우, 맥) 접속이 약 40%이고, 스마트폰 및 태블릿(안드로이드, iOS) 접속이 약 45%로 스마트폰이 PC 접속보다 많은 것을 알 수 있다.

스마트폰을 지원하는 두 가지 방법

웹사이트를 PC와 스마트폰 양쪽 모두에 맞추어 최적의 디자인으로 제공하기 위해서는 다음 두 가지 방법 중 하나를 선택해야 한다. 하나는 반응형 웹디자인이며, 다른 하나는 PC용과 스마트용 웹사이트를 별도로 만드는 방법이다. 각각의 장단점을 다음 표에 정리해 보았다.

표 10-2 반응형 웹디자인과 별도 사이트를 구축하는 방법의 장단점 비교

기술	장점	단점
반응형 웹디자인	• 별도 사이트를 구축하는 것에 비해 작업량이 적다 • PC에서도 열람하든 스마트폰에서 열람하든 동일 페이지라면 URL이 바뀌지 않는다. 따라서 스마트폰에서 보고 있던 페이지를 계속해서 PC에서도 볼 수 있다. 페이지당 HTML 하나만 있으면 되기에 관리가 용이하며, 접속 통계 분석 등이 쉬워서 운영 측면의 이점도 있다	• PC용으로만 만들어진 기존 콘텐츠가 많은 경우, 레이아웃 변경이 어려우므로 반응형 웹디자인을 도입하는 것이 어렵다 • 기능적으로 오래된 브라우저를 지원해야 하는 경우에는 구축에 손이 많이 간다
별도 사이트 구축하기	• 오래된 브라우저도 쉽게 대응할 수 있다	• 일반적으로 반응형 웹디자인에 비해 작업량이 많다 • 동일 내용의 페이지라도 PC용과 스마트폰용 URL이 달라진다. 즉, 현재 보고 있는 페이지를 다른 단말기에서 계속해서 보는 것이 어렵다

---

168 2017년 7월 시점. 전 세계에서 웹사이트 열람에 사용하고 있는 OS의 비율. http://gs.statcounter.com/os-market-share#monthly-201607-201707

브라우저 지원 현황과 대응 방법

반응형 웹디자인으로 구축할 수 있는지를 판가름하는 요인 중 하나가 '얼마나 오래된 브라우저를 지원하냐'다. 당연히 오래된 브라우저일수록 지원하는 기능이 적어진다. 반응형 웹디자인에서는 미디어 쿼리 등 비교적 새로운 기능을 사용하므로 옛날 브라우저를 지원하려고 하면 할수록 스마트폰 지원이 어려워지는 것이 일반적이다.

따라서 원칙적으로는 'IE8을 지원해야 한다면 반응형 웹디자인을 포기하는 것'이 안전하다. 또한, IE9, IE10을 지원해야 한다면 플렉스 박스가 아닌 플롯을 사용해야 한다. 참고로 IE10 이전 버전은 마이크로소프트의 공식 사이트에서 2016년 1월 12일자로 지원을 멈춘 상태다[169]. 또한, IE8~IE10 브라우저의 점유율이 2% 이하라는 통계도 있어서[170] 이 버전까지 스마트폰을 지원하는 것은 큰 의미가 없다고 볼 수 있다. IE11보다 오래된 브라우저를 지원할 필요가 있는지 검토해 볼 필요가 있다.[171]

다음에 브라우저 지원 여부에따라 웹사이트 구축 방법이 크게 달라지는 세 가지 기능(미디어 쿼리, 플렉스 박스, rem 단위)과 지원 브라우저를 정리해 보았다.

• 미디어 쿼리

미디어 쿼리는 IE9 이상에서 지원한다. IE8은 미디어 쿼리 부분을 완전히 무시한다. IE8을 지원해야 하는 경우는 앞서 말한 것처럼 반응형 웹디자인을 포기하든지 데스크톱 우선 CSS[172]를 작성해야 한다.

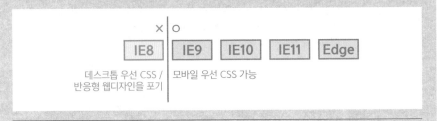

그림 10-23 **미디어 쿼리 지원 현황과 대체 수단**

---

169 Windows Server의 경우 일부 지원 사이트가 아직 존재한다.

170 2017년 7월 시점의 전 세계 브라우저 점유율 기준.

171 옮긴이 참고로 한국에서의 IE8~IE10 점유율은 20%로 아직 높은 편이다(2017년 7월 기준).

172 '미디어 쿼리'(p.295)

• 플렉스 박스

플렉스 박스는 IE11 이상에서 지원한다[173]. 그러므로 IE10 이하 버전을 지원해야 하는 경우는 플렉스 박스가 아닌 플롯을 사용해서 레이아웃이나 내비게이션을 구현해야 한다.

그림 10-24 **플렉스 박스의 지원 현황과 대체 수단**

• rem 단위

CSS의 단위 'rem'은 IE9 이상에서 지원한다. 그러므로 IE8 이하에서는 '모든 폰트 크기를 상대적으로 정하는 방법'(p.79)에서 소개한 내용은 적용할 수 없다.

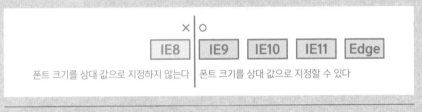

그림 10-25 **rem 단위 지원 현황과 대체 수단**

---

173 단, IE11의 플렉스 박스에는 다소 버그가 존재한다. 플렉스 박스를 사용할 때는 동작을 잘 확인해야 한다.

찾아보기

HTML5&CSS3

기호/숫자

!important	274, 309
%	74
::after	137
::before	137
:active	131
:after	138
:before	138
:first-child	223
:focus	248
:hover	131, 133
:last-child	171, 230
:link	131
:nth-child(n)	228, 229
:visited	131
1단 칼럼형 페이지 레이아웃	278
2단 칼럼형 페이지 레이아웃	292
3단 칼럼형 페이지 레이아웃	301
404 페이지	4

태그

<a>	46, 117
<article>	48, 177
<aside>	177
<b>	46
<blockquote>	205

<body>	51, 53
 	44, 112
<caption>	221
<div>	173
<em>	46
<footer>	177
<form>	237, 238
<h1>	41, 42
<h2>~<h6>	42
<head>	51
<header>	177
<html>	51
<i>	46
<img>	140
<input>	240
<label>	241
<li>	44, 159, 160
<link>	62
<main>	177
<mark>	46
<nav>	177
<ol>	160
<p>	43
<section>	47, 177
<span>	111
<strong>	46
<style>	63
<table>	211

<td>	211	~ 지원 현황	359
<th>	211	CSS 전처리기	358
<title>	52	CSS 파일	9
<tr>	211	~ 불러오기	62
<u>	46	~의 문자 코드	62
<ul>	44, 160	CSS 프레임워크	358

A

align-items 프로퍼티	337
alt 속성	140
autofocus 속성	244

D

disabled 속성	244
display 프로퍼티	171
DOCTYPE 선언	50

B

background 프로퍼티	200
~의 그러데이션(gradation)	262
background-color 프로퍼티	198
background-size 프로퍼티	307, 351
Bootstrap	358
border 프로퍼티	184, 185
border-bottom 프로퍼티	186
border-collapse 프로퍼티	213
border-left 프로퍼티	186
border-radius 프로퍼티	206
border-right 프로퍼티	186
border-top 프로퍼티	186
box-sizing 프로퍼티	246
breadcrumb list	169

E

em	74
entity reference	217

F

file:///	6
flex 프로퍼티	298, 299
flex-flow 프로퍼티	298
float 프로퍼티	152
fluid design	318
font-family 프로퍼티	65, 89
font-size 프로퍼티	67
font-weight 프로퍼티	86
FTP 클라이언트	25

C

checked 속성	243, 243
class 선택자	69, 107
class 속성	34, 107
color 프로퍼티	102
colspan 속성	216
content 프로퍼티	137
crawler	119
CSS	56
~ 기본 형식	58
~ 덮어쓰기	268
~ 적용	63

G

GIF 형식	12

H

headers 속성	223
height 프로퍼티	179
HTML	30
~ 버전	31
~ 사양의 문서	31
~ 형식	31
HTML 문서의 기본 영역	49

HTML 파일　9
http　6
https　6

I

id 선택자　108, 270
id 속성　34, 107
id명　127
index.html　18, 121

J

JPEG 형식　10
justify-content 프로퍼티　310, 336

L

lang 속성　51
line-height 프로퍼티　83

M

margin 프로퍼티　191
margin-bottom 프로퍼티　192
margin-left 프로퍼티　192, 261
margin-right 프로퍼티　192, 261
margin-top 프로퍼티　192
max-height 프로퍼티　289
max-width 프로퍼티　289
min-height 프로퍼티　289
min-width 프로퍼티　289
MP3 형식　15
MP4 형식　15

O

opacity 프로퍼티　148
order 프로퍼티　301
overflow 프로퍼티　152, 233
overflow-x 프로퍼티　232, 233
overflow-y 프로퍼티　233

P

padding 프로퍼티　186, 187
padding-bottom 프로퍼티　188
padding-left 프로퍼티　100
padding-right 프로퍼티　188
padding-top 프로퍼티　188
PNG 형식　11
PNG-8　11
PNG-24　12
property　59
px　74

R

rem　75, 81
request　2
required 속성　243
response　2
RGB 컬러　103
rgb()　105
rgba()　105
rowspan 속성　218

S

sans-serif　89
Sass　358
scope 속성　224
selected 속성　243
selector　58
serif　89
Specificity　269
srcset 속성　335
style 속성　63, 270
SVG 형식　13

T

text-align 프로퍼티　97
text-decoration 프로퍼티　133
text-indent 프로퍼티　100

U

URL   5
UTF   49, 52

V

vh   75
vw   75

W

W3C   31
webkit tap highlight color 프로퍼티   134
width 프로퍼티   179

ㄱ

강제 줄바꿈   44
강조   46
개발 툴   195, 265
개체 참조   217
검색 엔진   119
경로(Path)   7
계층 구조   37
고딕체   89
고해상도 화면   307
공요소   35
구글 폰트   92
굵은 글씨   46
기본 CSS   164, 192
기울임꼴   46

ㄴ

내부 링크   119
내비게이션 메뉴   304
노멀라이즈 CSS   277

ㄷ

단락   43
대제목   41

데스크톱 우선 CSS   320
도메인명   6
동생 요소   38
동영상 파일   15
동일 계층   122
    ~의 폴더   123
동적 페이지   18

ㄹ

라디오 버튼   253
래퍼 구조   176
루트 상대 경로   124
루트 폴더   17
루트엠   75, 81
리드 문장   85
링크   46, 116

ㅁ

마진(margin)   178, 180
    ~ 상쇄   190
마커   46
메일 주소 필드   249
메타 데이터   51
명조체   89
모바일 우선 CSS   321
목록 만들기   44
문의 폼   263
문자 코드   49
미디어 쿼리   295, 309
밑줄   46
    ~ 지우기   46

ㅂ

박스   156, 178
    ~를 부모 요소의 가운데 배치하기   290
    ~의 모서리를 둥글게 만들기   206
    ~의 배경 이미지   198, 202
    ~의 배경색   198
반응형 웹디자인   318
변경점(breakpoint)   321

보더(border)	178, 180
부모 요소	38
부제목	111
부트스트랩	358
뷰포트	277
브라우저	22
블록 박스	157
~의 콘텐츠 영역	157
비생략형 프로퍼티	182
비순열 항목	45, 159

ㅅ

사이트 내 링크	119
상대 경로	119
상세도	269
상속	65, 269
상위 계층	121
새스(Saas)	358
생략형 프로퍼티	182
서브 내비게이션	163
서브 도메인	7
선언 블록	59
선택자	58
섬네일	141
세니타이즈 CSS	278
섹션	47
셀 215	
~을 가로 방향으로 병합	215
~을 세로 방향으로 병합	218
~의 배경 지정	219
속성	33, 34
속성 선택자	135
숫자 입력 필드	251
스마트폰	
~ 지원	360
~ 화면 확인	265
스킴	6
시작 태그	33

ㅇ

요소	34

요청(request)	2
웹서버	2, 125
웹폰트	90
유동형 디자인	318
유사 요소	137
유사 클래스	131
유형 선택자	59, 65
음성 파일	15
응답 코드	3
응답(response)	2
이미지	
~ 주변에 텍스트 배치하기	150
~ 크기 변경	142
~에 링크 걸기	145
~에 외곽선 그리기	148
~의 투명도 변경하기	147
인라인 박스	156
~의 콘텐츠 영역	156

ㅈ

자바스크립트 파일	10
자손 선택자	71, 148, 273
자손 요소	38
자식 요소	38
전송 버튼	260
전역 속성	34
전화번호 필드	250
절대 경로	118
접근성	140, 220
정렬 방식	97
정적 페이지	18
조상 요소	38
종료 태그	33
주석문	282
중요	46
중제목	42

ㅊ

처리 프로그램	236
체크 박스	253
최신 기사	167

ㅋ

캐스케이드	269, 271
컬러 키워드	104
콘텐츠	33
콘텐츠 영역	179
크롤러	119
클래스 선택자	273
클래스명	109

ㅌ

탐색 경로 목록	169
태그	34
~ 종류	34
태그명	34, 35
테이블	210
~ 캡션	220
~을 가로 스크롤하기	232
~의 박스 모델	214
테이블 속성	243
텍스트 색	106
텍스트 에어리어	252
텍스트 편집기	21, 22
텍스트 필드	239
~의 박스 모델	245

ㅍ

파비콘(favicon)	325
파일명	19
패딩(padding)	178, 180
패스워드 필드	249
페이지 내 링크	125
페이지의 가로 폭 고정	291
포지션(position)	313
폰트	88
폰트 크기	74, 76
폴더 구조	16
폴더명	19
폼(form)	236
폼 부품	239
풀다운 메뉴	258

프로퍼티	59
플렉스 박스	296
플렉스 아이템	298
플롯(float)	313
픽셀	74
필수 항목	243

ㅎ

하위 계층	120
하이라이트(highlight)	134
행간	82
형 요소	38
형제 요소	38
호버 상태	133
화면 읽기	140
화면 읽기 기능	226
확장자 표시	26